LA ROUE À LIVRES

Collection dirigée

par

François Hartog

*Directeur d'études à l'École
des Hautes Études en Sciences Sociales*

Michel Casevitz

*Professeur de philologie grecque
à l'Université Lumière — Lyon 2*

John Scheid

*Directeur d'études à l'École Pratique
des Hautes Études*

LE ROMAN
D'YSENGRIN

LE ROMAN D'YSENGRIN

Traduit et commenté

par

ELISABETH CHARBONNIER

PARIS

LES BELLES LETTRES

1991

Tous droits de traduction, de reproduction, et d'adaptation réservés pour tous les pays.

© *1991, Société d'édition Les Belles Lettres,
95 bd Raspail 75006 Paris.*

*ISBN : 2-251-33908-7
ISSN : 1150-4129*

Introduction

L'*Ysengrimus* fut découvert à Paris, en avril 1814, parmi les manuscrits de la Bibliothèque Nationale par J. Grimm. C'est un poème latin, composé de sept livres, écrits en distiques élégiaques d'une scansion à peu près régulière. Il compte environ six mille cinq cents vers.

On ne sait rien de précis sur les circonstances de sa composition. Il semble que ce texte étrange soit l'œuvre d'un clerc de Gand, dont un seul manuscrit nous a laissé le nom : Maître Nivard. Ce Nivard étant un parfait inconnu, il est peu probable que ce soit là une supercherie destinée à rehausser le prestige de l'œuvre. Les seuls renseignements que nous possédions sur lui sont précisément ceux que nous livre le texte : une partie de l'action se déroule dans l'abbaye bénédictine de Saint-Pierre-au-mont-Blandin à Gand, le texte se réfère sans cesse à la Bible et à la règle de saint Benoît, de nombreuses, allusions évoquent des saints et des sanctuaires du nord de la France et des Flandres. Il est donc certain que Nivard était clerc — il possédait parfaitement la culture ecclésiastique — et qu'il a habité la région dont parle son œuvre, et en particulier la ville de Gand.

Au-delà de ces maigres certitudes, commencent les suppositions : Nivard était-il moine ? Son expérience de la vie monastique est indubitable, mais la violence de ses attaques contre les moines laisse difficilement supposer qu'il ait pu vivre dans un monastère au moment de la rédaction du poème. Peut-être était-il en rupture de cloître, peut-être occupait-il une autre fonction, chanoine, curé, écolâtre ?

Autre incertitude, la langue maternelle de l'auteur : beaucoup d'indices laissent néanmoins supposer que le poète était de langue germanique. Les parents d'Ysengrin ont des noms allemands (IV 742 sq), des mots néerlandais apparaissent latinisés (III 952, V 609 et 1059, VI 299), et le loup lui-même trahit ses origines : à l'office, le trouble et la faim lui font dire « cum ! » pour « veni ! (viens) » (V 549).

Dernier point : la date du poème qu'on ne peut dater qu'approximativement, bien que les indices ne manquent pas. Le texte a été écrit après l'échec de la seconde croisade, donc après 1148, et avant la mort de saint Bernard, c'est-à-dire avant 1153. Episodiques dans les quatre premiers livres, les allusions politiques vont ensuite en se multipliant. On peut même supposer une influence directe de l'actualité : le poète aurait appris l'échec de l'expédition en Terre Sainte alors qu'il rédigeait les livres V et VI. D'où un changement du ton, qui devient plus polémique.

L'*Ysengrimus* est de toute façon un texte curieux, sans équivalent, qui fait éclater la notion même de genre. Par sa forme versifiée comme par sa structure narrative, l'opposition de deux caractères, il est une épopée. Mais il tient de la fable, voire de l'exemplum, par la fiction animale et la signification morale de l'ensemble. L'*Ysengrimus* emprunte aussi à la satire bon nombre de traits : la cupidité des moines, l'arrogance des puissants inspirent au poète des vers vengeurs qui tiennent du pamphlet et de l'exercice d'école. C'est encore de notre *Roman de Renart*, dont elle est l'ancêtre, que se rapproche le plus cette œuvre nourrie d'érudition et d'humour monastique.

La première édition critique du texte fut donnée en 1884 par E. Voigt, érudit allemand spécialiste de la poésie latine médiévale. Cette édition est aujourd'hui encore l'ouvrage de référence. L'*Ysengrimus* fut traduit en néerlandais par J. Van Mierlo en 1946, en allemand par A. Schönfelder en 1955, en anglais par F.J. et E. Sypher en

1980, en français par moi-même en 1982, puis encore en anglais par J. Mann en 1987. Ce dernier travail constitue la synthèse la plus complète sur l'*Ysengrimus* depuis le livre de E. Voigt.

Outre son intérêt propre, ce texte occupe une place importante dans la polémique qui oppose depuis le XIXe siècle les folkloristes, partisans de l'origine orale et populaire du *Roman de Renart*, aux défenseurs des sources savantes de l'épopée animale. Histoire de clercs, l'*Ysengrimus* est une pièce maîtresse de cette littérature savante, trop peu connue, dont est sorti le *Renart* français.

La première grande épopée animale

Au centre de la fresque dessinée par l'*Ysengrimus*, deux personnages s'appellent et se définissent par contrastes : Ysengrin et Renard. Leurs caractéristiques sont déjà celles de la tradition, puisqu'à la force sotte et brutale, représentée par le loup, s'oppose la ruse du goupil.

Quels adjectifs qualifient Ysengrin dans le texte? Ils sont de deux sortes : les uns insistent sur l'âge du loup, qui aurait dépassé trente-deux lustres et qui est donc *vetus*, *vetulus*, *senior*..., les autres soulignent sa sottise et son inexpérience : Ysengrin est *incautus*, *amens*, *stultus*, *rudis*... Cette alliance de la vieillesse et de l'inexpérience met en lumière la profonde bêtise du loup, incapable de tirer la leçon des événements. A ce défaut s'en ajoutent d'autres, pires encore : la brutalité, la gloutonnerie et la cupidité, la présomption. Il suffit pour s'en convaincre de lire cet exposé d'anti-morale, où Ysengrin définit les grandes lignes de son caractère :

« Je ne donne rien, je méprise la mesure et je déteste la loyauté » (I 576).

Ainsi, confiant dans sa force physique et son immoralité, Ysengrin ne respecte rien, ni la parole donnée, ni la *pietas* qui lie les membres d'une même famille, ni même Dieu. C'est donc un personnage solitaire autant qu'antipathique, que ses crimes vont livrer sans allié aux vilains tours de Renard.

Quant au goupil, il symbolise la ruse et l'habileté : il est *versutus, callidus, lepidus* et *sapiens, vafer, sollers, sagax, providus*... Il dit de lui-même :

> « L'expérience acquise compense la petitesse de mes membres, mes tours contrebalancent le fardeau de ma faiblesse » (I 177-8).
> Renard lui aussi est gourmand, vorace, mais en fait sa ruse épuise tout son personnage.

C'est qu'Ysengrin est véritablement le personnage principal de l'épopée. Bien sûr le goupil est constamment présent à ses côtés, il apparaît même dans certaines aventures dont le loup est absent. Cette présence de Renard a d'ailleurs conduit Mone, le premier éditeur du poème, à donner à l'œuvre de Nivard un titre qui n'était pas le sien, celui de *Reinardus Vulpes*. E. Voigt rendit à l'*Ysengrimus* son véritable titre. C'est l'histoire du loup, et non celle du renard que le poème nous raconte ; l'auteur le dit explicitement à plusieurs reprises. Et de fait dans l'*Ysengrimus*, Renard n'est encore que l'ombre du loup, son mauvais génie, sa perte ; il n'a pas d'existence réelle en dehors de ses démêlés avec son oncle, si l'on excepte un épisode qui l'oppose à Sprotinus, le coq. La preuve en est que Renard n'a pas de famille, sinon son oncle Ysengrin. Ni Hermeline, ni les renardeaux n'existent encore, tandis que le loup a déjà femme et enfants.

Nous sommes encore ici dans le premier des deux stades que connaît la littérature animalière au Moyen Age. Car on peut distinguer deux périodes. La première est surtout religieuse, les histoires d'animaux sont colportées dans les couvents pour un public de moines et de clercs. C'est alors le loup, personnage à la frontière de l'imaginaire populaire et de la pensée chrétienne qui joue le premier rôle. Que l'on songe à ce passage de l'Évangile selon saint Matthieu : « Gardez-vous des faux prophètes. Ils viennent à vous en vêtements de brebis, mais au-dedans ce sont des loups ravisseurs » (Matthieu VII 15). Les textes sacrés trouvent un écho dans les traditions populaires, et le loup garda longtemps la prééminence sur le renard. Mais dans la première moitié du XIIe siècle, la situation s'inversa : dans le moment même où les trouvères prenaient le relais des clercs, Renard détrôna Ysengrin.

L'*Ysengrimus* appartient encore à la première période : le loup est le personnage principal, et c'est un personnage monastique. Renard relève du monde laïque, mais Ysengrin est sans cesse appelé moine, ermite, anachorète. Il est même prêtre, abbé, évêque, pape... La fiction se fait l'écho des conditions de la genèse de l'œuvre.

Une vingtaine de personnages évoluent autour des deux ennemis. Ce sont, sous d'autres noms, les animaux qui apparaissent dans le *Roman de Renart* : le roi est le lion Rufanus, l'ours Bruno, le sanglier Grimmo, le cerf Rearidus sont les grands seigneurs de la cour, sans oublier Joseph le bélier et ses trois frères, ennemis mortels d'Ysengrin. La science est représentée par l'âne Carcophas, dont la pédanterie n'a d'égale que sa haine pour Ysengrin. On voit encore apparaître Bertiliana le chevreuil, Gérard le jars et Sprotinus, le coq, Gutero le lièvre, messager officiel de Rufanus, et une foule de personnages secondaires. La grande innovation de maître Nivard est d'avoir donné un nom à tous ses personnages, et non pas seulement aux héros, comme l'avaient fait jusqu'alors les autres clercs.

Ces noms sont très divers : certains sont des prénoms humains, comme Gérard, Bernard, Joseph..., d'autres sont inspirés par les caractères physiques de leurs propriétaires, comme Rufanus ou Bruno. E. Voigt a fort bien montré que peu de ces noms étaient gratuits et a analysé l'étymologie de la plupart d'entre eux. L'auteur lui-même se complaît dans les analyses fantaisistes, compliquées et peu convaincantes.

Enfin des hommes apparaissent dans le récit : ce sont des paysans qui se laissent berner par Renard, ou qui rossent Ysengrin, ou bien encore des gens d'église. Et tous ne sont pas des personnages fictifs : Nivard fait figurer dans son œuvre plusieurs de ses contemporains, parmi lesquels Bernard de Clairvaux. Cette intrusion humaine dans un monde animal ne détruit à aucun moment l'harmonie de l'anthropomorphisme. Les animaux parlent, et les humains ne s'étonnent pas de les voir prendre la parole, mais ils gardent en même temps toutes les caractéristiques de leur espèce.

Ces personnages ne sont pas isolés, mais appartiennent à des clans qui les soutiennent. Dans l'épisode de l'arpentage, la complicité est complète entre Joseph et ses trois frères. Face au danger Ysengrin et Salaura font tous deux appel à leurs parents (III 741 sq et VII 136 sq). Des querelles héréditaires renforcent ce lien familial : avant les fils, les pères se sont déjà affrontés et haïs. Les héros sont donc les héritiers de longues inimitiés et de vengeances inassouvies : II 450, IV 1019, VI 70, VII 10... Cette histoire familiale ajoute à la cohérence du monde de la fable et à sa richesse psychologique.

On constate pourtant sur ce point un curieux mélange de simplicité et de finesse. Finesse, car la psychologie de certains personnages est bien analysée. L'auteur refuse de figer chacun dans un rôle précis. Ainsi, Ysengrin mis à part, tous sont susceptibles d'être tour à tour trompeur ou trompé. Renard lui-même est joué par Sprotinus, et Corvigarus, trompé par la cigogne, parvient à mettre en échec la méchanceté du loup. C'est qu'il n'existe pas de ruse universelle : « Si rusé que l'on soit, on ne connaît jamais tous les tours qui existent » (V 1178). De plus, l'auteur tente souvent de personnaliser ses héros : face au loup, le jeune Belin réagit plus vivement et plus spontanément que Joseph, son aîné. Enfin Nivard aime les longs dialogues, les monologues intérieurs ou non, et il ne nous laisse rien ignorer des sentiments de ses héros, de leurs inquiétudes et de leurs espoirs. Il aime, surtout lorsqu'il s'agit d'Ysengrin ou de Renard, souligner le contraste entre les pensées et les mots, entre les prétextes et les intentions profondes. Il développe aussi volontiers l'écho d'un événement sur les consciences, même si tous les personnages restent muets.

Simplicité cependant, car le poète modèle aussi l'attitude de ses personnages en fonction du rôle dramatique exigé par la fable. C'est alors l'action qui dessine le caractère et non le personnage qui décide l'action. Exception faite de Carcophas que son caractère chicanier rend particulièrement apte aux arguties d'un procès imaginaire, les autres personnages ont souvent des rôles interchangeables. N'importe quel animal à sabots pourrait à la rigueur remplir le rôle de Corvigarus au livre V et n'importe quel animal à cornes pourrait jouer à Ysengrin le tour que lui joue Joseph au livre VI. Il semble donc que les personnages de l'*Ysengrimus* soient loin d'avoir tous la même consistance. Tout le soin de Nivard va aux deux compères. Derrière eux les autres personnages ne sont plus qu'esquissés plus ou moins précisément. Certains n'ont qu'un seul trait pour nourrir leur existence : Rufanus est souverain, il a la force et l'hypocrisie du pouvoir. Bertiliana est une aristocrate toujours distante. Carcophas a la pédanterie du faux savant, Joseph et Salaura l'expérience doublée d'une haine féroce pour Ysengrin. Mais aucun trait ne caractérise Gérard : sa seule originalité est la crainte que ses battements d'ailes inspirent aux loups. Les personnalités de Grimmo, Berfridus, Rearidus, Bruno sont encore moins individualisées. Ce contraste entre des analyses, qui ne vont pas d'ailleurs sans quelques subtilités ni quelques longueurs, et l'atonie de certains autres caractères tient au projet même de Nivard qui cherche moins à nous dessiner une galerie de portraits exemplaires et moraux, qu'à nous dépeindre des situations où les faits et les mots comptent plus que les personnalités.

A la différence du *Roman de Renart*, l'*Ysengrimus* ne constitue pas un foisonnement désordonné d'aventures décousues, mais une épopée unique et cohérente, savamment construite. Voici les douze épisodes que l'on peut y distinguer :

1. *Le jambon volé* : Ysengrin rencontre Renard dans la campagne et le somme de descendre dans son gosier. Pour échapper au péril, le goupil propose à son oncle de s'emparer d'un jambon que transporte un vilain. Renard fait mine de boiter et attire derrière lui le paysan qui, pour mieux courir, dépose à terre son fardeau. Le loup s'enfuit avec le jambon, le dévore et ne laisse à Renard que la corde.

2. *La pêche à la queue* : Pour se venger, Renard invite Ysengrin à pêcher dans un vivier avec sa queue. Mais l'aventure se passe en hiver, et le loup reste prisonnier, la queue prise dans la glace. Pendant ce temps, Renard va jusqu'au village voisin, vole le coq du curé et attire tous les paroissiens à l'endroit où se trouve Ysengrin. Roué de coups, le malheureux est finalement délivré par un coup de hache qui lui coupe la queue.

3. *Le loup arpenteur* : Quatre béliers, quatre frères, se disputaient un champ. Sur les conseils de Renard, Ysengrin tente de les mettre d'accord en les dévorant. Il échoue et les béliers, armés de bonnes cornes, le laissent à demi mort.

4. *Le loup médecin* : Le roi Rufanus est malade. Ysengrin se déclare médecin, et pour la guérison du roi, réclame la chair du bouc et du bélier, ses ennemis. On repousse sa requête. Mais Renard, lui, qui demande dans le même but la peau d'Ysengrin, obtient gain de cause, et le loup est écorché vif.

5. *Le pèlerinage* : Au cours d'un pèlerinage, Renard et six compagnons sont contraints d'accorder l'hospitalité à Ysengrin dont les mauvaises intentions sont évidentes. Ils parviennent à le coincer dans une porte, le rouent de coups et repoussent l'attaque d'une bande de loups ameutés par Ysengrin, grâce à une chute de Carcophas, qui écrase deux des assaillants sous son poids.

6. *Renard et le coq* : En le défiant de chanter les yeux fermés, comme son père, Renard parvient à attraper Sprotinus. Mais les vilains poursuivent le goupil qui emporte sa proie. Le coq persuade Renard de ne pas se laisser insulter sans rien répondre à leurs cris, Renard ouvre la gueule pour parler, et Sprotinus s'enfuit.

7. *Ysengrin au couvent* : Dupé par Renard, qui prétend s'être fait moine et mener depuis joyeuse vie au couvent, Ysengrin entre à l'abbaye du Mont-Blandin. Pendant son absence, Renard se rend chez son oncle, insulte et viole la louve. Au couvent, le loup se conduit comme un stupide et un glouton, et les moines finissent par le chasser.

8. *Ysengrin et le cheval* : La fable d'Ysengrin et de Corvigarus est précédée d'un court épisode, où l'on voit le cheval chassé du marais par la cigogne qui le menace d'un péril imaginaire. Le loup cherche ensuite à se procurer une nouvelle peau. Il demande la sienne à Corvigarus, qui en réponse lui propose de rafraîchir sa tonsure avec ses fers. Ysengrin accepte et reçoit un magistral coup de sabot.

9. *Ysengrin et le bélier* : Cette fois Ysengrin va trouver Joseph le bélier, et prétend se venger du malheureux arpentage. Joseph lui offre de se jeter tout vivant dans son gosier. Le loup accepte, s'arc-boute sur ses pattes, et ouvre largement la gueule : il est bel et bien assommé.

10. *Le partage du butin* : Rufanus, Renard et Ysengrin ont attrapé un veau. Renard partage le butin à la plus grande satisfaction du roi, en lui attribuant les meilleurs morceaux, et en réservant les autres à la lionne et au lionceau.

11. *Ysengrin et l'âne* : Ysengrin réclame sa peau à Carcophas, sous le prétexte que le père de l'âne aurait promis la sienne à son père. Carcophas prétend ne se souvenir de rien, et propose à Ysengrin de prêter serment. Le loup accepte et se fait prendre la patte dans un piège.

12. *La mort d'Ysengrin* : Ysengrin, pour avoir voulu embrasser la truie Salaura, meurt sous les coups de celle-ci et de toute sa parenté.

Ces aventures ne nous sont pas présentées dans un ordre indifférent, mais leur succession obéit à une composition très précise. Au moment où le texte commence, une haine violente oppose déjà l'oncle et le neveu. Et Ysengrin fait allusion à ses malheurs passés :

> « Pourquoi rappeler les outrages que tu m'as infligés, que tu as infligés à mes petits et à mon épouse ? N'ont-ils pas été connus de tous ? » (I 51-52).

Ces outrages, ce sont évidemment les méfaits du goupil pendant le séjour d'Ysengrin au couvent. Renard s'est rendu chez le loup, a injurié ses petits et son épouse, si bien que celle-ci, hors d'elle-même, s'est lancée à la poursuite de l'insolent. Elle rejoignit Renard au moment où il pénétrait dans son terrier et voulut l'y suivre. Malheureusement, la pauvre louve resta coincée dans le passage trop étroit pour elle, si bien que Renard, ressortant par une autre issue, put faire d'elle toute sa volonté. Ainsi le texte commence à un moment où les sentiments des personnages sont déjà à leur paroxysme. De plus, l'épisode du jambon volé, sur lequel s'ouvre le récit, est la seule des aventures où Ysengrin ait le dessus. Les épisodes suivants se concluront de plus en plus mal pour lui, jusqu'à ce qu'il y laisse la vie. La Fortune s'acharne sur lui, et le texte prend un sens que l'épisode heureux du jambon aurait affaibli. La mort d'Ysengrin nous a été annoncée, et le poème devient le récit de son agonie.

Aussi Nivard utilise-t-il un subterfuge bien connu pour nous raconter les événements qui ont précédé l'affaire du jambon. A la fin du livre III, le lion guéri par Renard demande qu'on lui raconte les aventures de ce dernier, l'entrée d'Ysengrin au couvent et ses malheurs. C'est ainsi que les livres IV et V rapportent des événements antérieurs au livre I. La succession chronologique des épisodes est donc celle-ci : 1. le pèlerinage, 2. Renard et le coq, 3. Ysengrin au couvent, 4. Le jambon volé, 5. La pêche à la queue, 6. Le loup arpenteur, 7. Le loup médecin, 8. Autres fables et mort du loup. Ces fables sont soigneusement reliées entre elles par tout un jeu de repères chronologiques, d'allusions et de rappels, qui fait de l'*Ysengrimus* une œuvre très cohérente. La maladie du roi, par exemple, survient l'été qui suit l'épisode de la pêche à la queue. Tout en assurant l'unité de l'œuvre, ces rappels sont souvent comiques, puisque la peau d'Ysengrin constitue l'un des repères chronologiques favoris de l'auteur : tantôt elle est lacérée de cicatrices, tantôt elle commence à repousser, tantôt on l'arrache à son propriétaire !

A cela s'ajoute un principe de composition binaire que l'on pourrait baptiser « principe de ruse et de contre-ruse ». Ysengrin, trop sot pour être conscient de sa sottise, croit toujours pouvoir tromper les autres et le mécanisme de ses aventures est souvent le même : le loup prépare un piège, une ruse, que ses adversaires font misérablement échouer en y opposant un autre stratagème, une « contre-ruse ». C'est ce qui se produit dans les épisodes 2, 3, 4, 7, 8, 9, 11 et 12. Dans les épisodes 1 et 6 Renard a seulement remplacé Ysengrin : il est l'inventeur de la ruse et la victime de la contre-ruse (Ysengrin mange le jambon, et Sprotinus s'échappe). Entre la ruse, toujours vouée à l'échec, et la contre-ruse, qui assure la victoire de l'adversaire, un point de bascule : le moment où celui qui va être joué perd le contrôle des événements, le tournant où s'amorce sa défaite. Prenons quelques exemples : dans la fable du lion malade, la ruse est le fait d'Ysengrin, qui prétend être médecin pour perdre ses ennemis. La contre-ruse est inventée par Renard, qui déclare que seule une peau de loup peut sauver le souverain. Le point de bascule est donc l'arrivée de Renard à la cour : par sa seule présence, le goupil annonce le renversement de situation qui va perdre Ysengrin. Dans l'épisode du pèlerinage, Ysengrin se présente comme un ermite repenti. A cette ruse répond un autre stratagème, celui de Joseph, qui coince le loup dans la porte avec l'aide de Carcophas. Le point de bascule est constitué par l'épisode de la tête de loup, qui laisse croire à Ysengrin que les pèlerins dévorent ses congénères. A partir de cet instant, la panique le gagne, il est déjà vaincu.

Parfois, le point de bascule n'est pas aussi évident. C'est le cas dans les épisodes qui opposent Ysengrin au cheval, au bélier ou à l'âne. Dans ces trois aventures, le moment fatidique est seulement marqué par la trop grande crédulité d'Ysengrin, qui se fie à son adversaire et permet ainsi le succès de la contre-ruse.

Ce mécanisme, pourtant nuancé et subtil dans son application, trouve cependant deux exceptions : l'épisode du cheval et de la cigogne dans le marais, et le partage de la proie entre Rufanus, Ysengrin et Renard. Dans ces deux cas l'opposition ruse/contre-ruse n'apparaît pas. Ces épisodes semblent, par leur seule construction, appartenir à un genre de récit légèrement différent : l'apologue. A la différence des fables précédentes, ces deux épisodes reposent moins sur une structure dramatique et sur le jeu des stratagèmes, que sur une leçon de morale inhérente au discours qui l'illustre. L'abondance des sentences morales dans ces deux passages prouve évidemment leur valeur d'*exemplum*. L'aventure de la cigogne n'est que le développement du vers 1142 :

« Avec d'habiles menaces, la force simulée repousse la force véritable. »

Et c'est Renard qui se charge de donner tout son retentissement moral à l'épisode du partage (v. 295 sq). Ces passages développent donc une leçon aux dépens de la fable, dont le poète ne cherche pas à tirer parti outre mesure.

Cependant, ces deux apologues mis à part, les autres fables sont loin d'appartenir à un modèle unique, même si leur structure est la même. Examinons en effet les multiples tours que désigne le mot « ruse ». Certains d'entre eux ne sont que des stratagèmes, des ruses de guerre, des provocations qui jouent sur les faits ou sur le caractère de l'ennemi. Ainsi la proposition que Renard fait à Ysengrin de s'emparer d'un jambon ou de pêcher avec sa queue. Ou bien encore la tentation infligée à l'orgueil de Sprotinus. Dans la réalisation de ces projets, le langage joue son rôle le plus traditionnel d'outil de communication et de persuasion. Mais les autres ruses sont plus subtiles. A supposer que les premières soient des « stratagèmes », il faudrait qualifier les secondes de « prétextes » ou mieux encore de « masques ». Le langage trouve alors une pleine utilisation, puisqu'il est la substance même d'une ambition qui n'existe que par lui. Ce qui se produit chaque fois que le loup avance masqué : il est arpenteur, médecin, moine bienveillant, créancier, fidèle plein d'amour pour son prochain... Mais ses masques ne sont que verbaux. A la différence du goupil, Ysengrin ne plonge pas dans la cuve d'un teinturier, ses propos suffisent à le maquiller. Les contre-ruses reflètent elles aussi cette opposition « stratagème »/« masque ». Si le rapt du coq du curé est un stratagème, la transformation d'Ysengrin-arpenteur en Ysengrin-borne appartient avant tout à l'ordre du langage. D'autres cas sont plus ambigus, car ils concilient stratagème et discours. C'est le cas du serment exigé par Carcophas pour livrer sa peau.

Toutefois le rôle du langage est toujours prédominant. Quand Ysengrin est rossé, les mots importent plus que les coups, car ils transforment une banale correction en consécration d'évêque ou en messe (V 1054 sq et VII 169 sq). Le langage est alors toute la matière de la contre-ruse. Cela est d'ailleurs patent dans plusieurs épisodes : Renard le malin est polyglotte, tandis que les benêts, Ysengrin, Carcophas, ne parlent qu'une langue. Et le goupil use de sa science du langage pour tromper : l'exemple le plus frappant est à cet égard l'épisode des chaussures (III 381 sq). Mais Renard se propose aussi de servir d'interprète entre Ysengrin et Carcophas, ce qui lui permet d'abuser son oncle une fois de plus (VI 379 sq).

Cependant cet univers n'est pas celui d'une fiction isolée de la réalité. Ces contes d'animaux se profilent sur un arrière-fond historique précis : l'Europe du XIIe siècle. Si l'action est censée se passer dans le comté de Flandre, l'auteur fait continuellement allusion à la France, aux Pays-Bas, à l'Angleterre et à toute l'Europe centrale. L'Italie est aussi présente à travers Rome, siège de la papauté et but du pèlerinage, et Salerne, où Renard déclare avoir été chercher des remèdes pour le roi. Nivard nous parle de l'Elbe, de l'Escaut, du Rhin, du Danube... Il mentionne des villes et des peuples du centre de l'Europe, mais ces allusions sont toujours très brèves et il ne semble pas que maître Nivard ait beaucoup voyagé. Souvent, on croit deviner qu'il parle par ouï-dire. D'ailleurs l'Europe qu'il nous dépeint est moins géographique et politique que religieuse et culturelle. Religieuse, car les saints et les sanctuaires mentionnés dans le texte sont si nombreux qu'ils permettent de localiser le cadre de la naissance du poème : les Flandres et le nord de la France. Les personnages invoquent tout spécialement saint Bavon et sainte Pharaildis, patrons de la ville de Gand, mais encore

Vedastus (saint Vaast) honoré à Arras, Botulphus, honoré à Maastricht... Vision culturelle aussi de l'Europe : tous les animaux de distinction, comme le renard et le cerf, sont français et parlent français. Ysengrin au contraire ne parle que l'allemand. Le comble de la sottise est représenté par l'âne Carcophas, qui ayant eu la chance de naître à Etampes, a délibérément choisi de devenir allemand. Mais il y a là sans doute une allusion politique : si l'âne est originaire d'Etampes, c'est qu'on y décida la seconde croisade le 11 février 1147. Ainsi la France apparaît-elle comme le pays de la culture et de l'esprit, par opposition aux *arva teutonica*, peuplés de lourdauds et d'ignorants. De ce prestige de la France dans l'*Ysengrimus* il est difficile de conclure quoi que ce soit de précis sur la nationalité de Nivard. E. Voigt incline à penser que l'image de marque d'un pays est toujours mieux conservée par les étrangers, tandis que L. Willems voit dans cette admiration pour la France une preuve supplémentaire que le poète était un flamand gallican.

De plus, nombreuses sont les allusions à l'histoire des années 1100-1150. Ysengrin traite Renard de brabançon, car les gens du Brabant avaient à l'époque une réputation de pillards et de voleurs (I 49), il fait allusion à la création du sanctuaire de saint Géréon à Cologne (II 179), aux tribulations des jongleurs (V 1097)... Nivard va jusqu'à mettre en scène certains de ses contemporains. Les uns sont aujourd'hui oubliés, comme le poète Blitero ou le médecin Obizo (V 1100, I 27), d'autres ont traversé les siècles ; ce sont de grands abbés de la première moitié du XIIe siècle : Baudoin de Liesborn, Gautier d'Egmont ou Siger de Blandigny, ou bien encore de grands personnages historiques, comme le pape Eugène III, le duc de Sicile Roger et surtout saint Bernard. Au point que l'insertion de la réalité dans l'univers de la fiction devient oppressante dans les derniers livres de l'*Ysengrimus*. Insensiblement la fable animale s'efface devant les drames de l'actualité.

Rappelons les faits : au cours de l'année 1146, saint Bernard prêcha la croisade à travers l'Europe, et au printemps de l'année suivante les préparatifs de l'expédition étaient achevés. Deux souverains y participaient :

Louis VII et l'empereur Conrad. Pour se rendre en Terre Sainte, leurs armées empruntèrent la route des Balkans, longue et fatigante. Conrad arriva en juillet à la frontière de l'empire grec, et après bien des maux dont l'*Ysengrimus* se fait l'écho (VII 670-676), il atteignit Constantinople le 10 septembre 1147. Louis VII suivit le même chemin avec un mois de retard. L'armée allemande quitta Nicée le 15 octobre 1147 et pénétra sur le territoire turc. Mal ravitaillée, elle fut presque entièrement détruite près de Dorylée. Les débris de l'armée de Conrad regagnèrent Nicée, et les deux souverains firent route ensemble quelque temps avant de se disputer et de se séparer. Louis VII et ses croisés gagnèrent Adalia après avoir subi beaucoup de pertes dans la vallée du Méandre. De là, Louis appareilla pour Antioche, abandonnant sur la côte une partie de son armée qui fut massacrée. En juillet 1148, une expédition commune de Louis et de Conrad contre Damas se soldait par un échec total. Les croisés durent abandonner le siège de la ville et Louis VII regagna l'Italie au printemps 1149.

L'*Ysengrimus* est un témoignage, non seulement des événements historiques, mais surtout de la manière dont ils furent ressentis en Occident. La déception fut immense et l'on se tourna vers saint Bernard, le responsable spirituel de l'expédition. Comment Dieu pouvait-il permettre ce qui était un scandale pour la foi?

Nivard éprouve visiblement la même indignation, et il se montre impitoyable pour le prédicateur dont l'éloquence a poussé les peuples à la catastrophe : il le qualifie de *sumus magister hiandi*, « le maître le plus expert à ouvrir largement la bouche », et demande :

« Quelles idées sensées ce porteur de froc de Clairvaux a-t-il pu avoir ? » (V 126).

Pour le poète, l'abbé de Clairvaux n'est qu'un fou irresponsable. Néanmoins, il ne lui adresse pas les mêmes reproches qu'aux autres moines, accusés d'ivrognerie, de goinfrerie, d'avarice. Car le verbe *hiare* est ambigu : il peut appartenir soit au registre de la parole et du chant

(I 1043, V 433), soit à celui de l'appétit (VI 87 sq). Mais saint Bernard représente plus l'inconscience et le fanatisme que la simonie et la cupidité. Ces derniers vices sont ceux du pape Eugène III, tout entier défini par son amour immodéré de l'argent (VII 669 sq). Le duc Roger aurait payé le pape afin que les croisés ne traversent pas son royaume, et pour respecter ce contrat, Eugène III aurait poussé les Francs à emprunter la pénible route des Balkans.

Nivard est très partial envers le pape, qui, en réalité ne s'occupa pas du choix du trajet. Il est faux également que Roger ait voulu empêcher les croisés d'emprunter la route maritime; bien au contraire, il souhaitait les servir et envoya des ambassadeurs à Etampes pour proposer ses services. Ayant essuyé un refus, il ne fit plus parler de lui. Enfin Eugène et Roger étaient loin d'être en excellents termes entre 1146 et 1147. Les Normands cherchaient en effet à fonder un empire puissant au sud de l'Italie, et ils ne pouvaient s'agrandir qu'au détriment des Etats pontificaux.

Mais la situation évolua, et en 1148 le pape dut recourir à l'aide de Roger pour renverser Arnold de Brescia. Cette alliance postérieure à la croisade fut peut-être à l'origine d'une légende, suivant laquelle le pape et le duc de Sicile auraient conclu auparavant un marché tenu secret.

De toute façon, la flotte vénitienne, à défaut de la flotte de Roger, eût pu transporter en Terre Sainte une partie des croisés, et si les souverains optèrent pour la voie de terre, ce fut sans doute pour des raisons financières plus que politiques.

Ainsi l'arrière-fond historique de l'*Ysengrimus* est loin d'être un simple décor, indifférent à la genèse de l'œuvre. Le désastre de la seconde croisade pèse sur la rédaction du poème, au point de donner un ton apocalyptique au dernier livre, et de prendre le pas sur la fable animale. Ce poids de l'histoire met parfaitement en lumière la conception que le poète se fait du temps. Car il y a plusieurs temps dans l'*Ysengrimus* : le temps mythique ou biblique, qui va de la création du monde jusqu'à l'Apocalypse, le temps historique, qui est celui de Nivard et des années 1100-1150, et le temps de la fable. L'*Ysengrimus* est donc construit sur ces trois axes temporels : le jeu le plus fréquent consiste bien sûr à rapprocher le temps historique du temps de la fable, c'est-à-dire à placer par exemple le loup en compagnie de contemporains. Mais le poète peut tout aussi bien mêler le temps du mythe au temps de la fable (I 35, 692, II 226), ou au temps historique (VII 620 sq). Et c'est en jouant sur ces niveaux temporels que le poète, très finement, conclut son épopée. L'*Ysengrimus* se termine sur la confusion des trois axes, rendue possible par une double assimilation : assimilation de la seconde croisade à l'Apocalypse, et assimilation de la fin du monde à la fin de la fable. L'*Ysengrimus* se clôt donc sur un point d'orgue unique, qui marque à la fois l'aboutissement des aventures du loup, des crimes du genre humain depuis Caïn, et des erreurs et des vices des contemporains de Nivard.

Une source savante du *Roman de Renart*

Epopée animale, témoignage historique, l'*Ysengrimus* est aussi un texte savant nourri de culture monastique. Nous ne tenterons pas de résoudre ici le problème de ses sources, car ce serait renouer avec l'éternel dilemme : sources folkloriques ou sources savantes?

Nous nous limiterons donc à examiner les textes voisins de l'*Ysengrimus* par leur inspiration et leur sujet, textes que Nivard connaissait peut-être et qui ont pu l'influencer. Il faut mentionner tout d'abord les *Isopets*, ou recueils de fables grecques, traduites de Phèdre et transmises à l'Occident par une série d'intermédiaires latins. Un autre livre de fables connut le plus grand succès, c'est le *Romulus* dont il existe plusieurs versions, en prose et en vers. Enfin la *Disciplina Clericalis* de Pierre Alphonse regroupe des histoires d'animaux à signification morale et de tradition hébraïque. Mais l'ouvrage le plus proche de l'*Ysengrimus* est sans conteste l'*Ecbasis cujusdam captivi per tropologiam* (l'évasion d'un captif par allégorie). Un jeune veau s'ennuie, seul à l'étable. Il décide de rejoindre ses parents dans les prés, et se sauve de la ferme. Il est attrapé par le loup qui l'entraîne dans son antre, et sauvé en dernière minute par les animaux de la ferme conduits par le goupil. Le plus grand intérêt de cette œuvre, légèrement antérieure à 936, est sans doute le long récit où le loup raconte l'origine de sa haine pour le goupil. Le lion souffrait d'une maladie de reins. Il convoqua chez lui tous les animaux pour qu'ils lui indiquent un remède. Un seul ne vint pas : le goupil. Il allait être condamné quand il arriva, mais il sut si bien convaincre le roi de son innocence et de ses talents de médecin, qu'il fit écorcher le loup, dont la peau toute chaude constituait, selon lui, le seul remède qui pût guérir le souverain. On reconnaît là la matière du livre III de l'*Ysengrimus*. Cependant le titre même de l'*Ecbasis* souligne sa nature allégorique. L'auteur veut en fait raconter les dangers qui menacent un jeune moine à l'extérieur du couvent. Le loup est avant tout l'incarnation du mal et de ses tentations. Or si l'importance de l'allégorie et le primat de la moralité sur l'histoire disparaissent dans l'*Ysengrimus*, l'œuvre de Nivard reste pénétrée d'esprit monastique. Elle est en cela l'héritière directe de l'*Ecbasis*.

Mais il faut encore faire mention de trois œuvres de même ordre que l'*Ecbasis*, mais de moindre importance. La première d'entre elles est la *Fecunda Ratis* d'Egbert de Liège. Elle date du début du XIe siècle et est constituée de sentences et de petites pièces inspirées du *Physiologus* et du *Romulus*. Nivard a pu connaître ce recueil comme plusieurs endroits de l'*Ysengrimus* semblent le suggérer. Mais il est possible également que les deux auteurs aient puisé à la même tradition orale et aux mêmes sources proverbiales.

Vient ensuite une petite œuvre de moins de mille vers, attribuée à Hermann von Reichenau : *Conflictus ovis et lini*. Ce poème originaire des Flandres, comme l'*Ysengrimus*, compare les mérites respectifs de la laine et du lin. Le dialogue de la plante et de l'animal a donc un but essentiellement didactique. Cependant des considérations religieuses et théologiques apparaissent dans la seconde partie de l'ouvrage, quand l'agneau se révèle être Dieu même. Ce poème annonce donc l'*Ysengrimus* dans la mesure où il appartient à une même tradition : celle des textes écrits dans les couvents, par des clercs et pour des clercs, et mettant en scène de manière encore maladroite des animaux doués de parole et de raison.

Vient ensuite la fable *De lupo*, écrite vers 1100 : un loup, attrapé par un berger, est contraint de laisser son louveteau en gage pour retrouver sa liberté. Il rencontre un moine, le persuade de le tonsurer, et revient trouver le berger déguisé en frère. Emu et plein de respect, l'homme libère le louveteau et le laisse partir avec son père. Les deux loups reprennent aussitôt leur vie de rapines. Ici encore, comme dans l'*Ecbasis captivi*, le loup est moine, et certains de ses discours annoncent étrangement ceux d'Ysengrin. Par exemple, quand le fauve revient trouver le berger pour délivrer son fils, il lui annonce qu'il est entré au couvent. Il a renoncé à ses crimes et entamé une nouvelle vie. Le héros de Nivard tiendra presque mot pour mot les mêmes propos, quand il tentera un demi-siècle plus tard de persuader Renard et les autres pèlerins de la pureté de ses intentions (*Y*, IV 147 sq).

Pourtant dans tous ces textes, le loup est désigné comme tel et n'a pas de nom. La grande originalité de Nivard est d'avoir baptisé chacun de ses personnages, et d'avoir donné à ses deux grands héros les noms sous lesquels ils allaient devenir immortels. Aussi, cet exposé des avant-textes de l'*Ysengrimus* ne serait-il pas complet, si nous négligions de mentionner le *De vita sua* de Guibert de Nogent, qui écrit entre 1114 et 1117 et rapporte une anecdote très souvent citée : Galdricus, évêque de Laon, s'était rendu odieux aux yeux de ses concitoyens. Un jour, ceux-ci se soulevèrent, envahirent le palais et traquèrent l'évêque jusque dans la cave où il s'était réfugié. Parmi les révoltés, un certain Teudegaldus que l'évêque « avait coutume d'appeler en plaisantant Isengrinus, à cause sans doute de sa ressemblance avec un loup : car certains ont coutume de donner ce nom aux loups ». Vers 1112, la coutume était donc à Laon d'appeler le loup Ysengrin.

Tradition populaire que Nivard, le premier, aurait su exploiter avec toute sa culture de clerc.

Au centre de cette culture, bien sûr, la Bible. Les références bibliques viennent tout naturellement sous la plume du poète. Dans l'épisode de la pêche à la queue, Ysengrin se vante de capturer le poisson qui avala Jonas. Ailleurs Job est cité comme exemple de piété. Parfois apparaît même une citation littérale de l'Evangile : « Ne t'inquiète pas du lendemain » (I 453 et Matthieu, VI 34) ou bien « Donne et l'on te donnera » (V 463 et Luc, VI 38). Mais ces citations, employées à justifier des attitudes et des propos qui n'ont rien de chrétien, sont le plus souvent ironiques. Ainsi Renard dira, parlant de la gloutonnerie de son oncle : « La bible enseigne que pour les purs, tout est pur » (IV 228), (Paul, *Epître à Titus*, I 15). D'où un effet comique évident, né du décalage entre la signification réelle de la parole biblique et l'usage fallacieux qu'en fait Renard.

Mais c'est dans le livre VII (567-584) que le poète déploie toute sa culture. Ysengrin est mort et Salaura entonne un chant funèbre, moins pour déplorer le trépas du loup que les maux de la croisade. Ceux-ci ont été, dit-elle, engendrés par les vices de l'humanité, qui n'a cessé depuis Caïn de mettre à l'épreuve la bonté de Dieu. Et la truie recense tous les crimes dont la Bible nous fait le récit. Certains sont connus, notamment par les représentations qu'en donnent les chapiteaux et les tympans romans. C'est le cas du péché originel, du crime de Caïn, des plaies d'Egypte... D'autres épisodes révèlent une solide connaissance des livres saints, tels les crimes de Datan, Abyron et Chore, telles les ruses de Balac... Dieu a supporté tout cela jusqu'au moment où il a envoyé son fils sur terre pour séparer le bon grain de l'ivraie. Mais le Christ a été crucifié et les hommes ont persévéré dans le mal. C'est pourquoi aujourd'hui la colère divine inflige à l'humanité tant d'épreuves, annoncées par tant de prodiges (VII 620-658). Salaura nous dépeint ces phénomènes — tremblements de terre, raz de marée, comètes — sous des couleurs apocalyptiques. Ces vers ne constituent pas, comme ceux qui ont précédé, un exposé érudit parsemé d'allusions précises. On y trouve au contraire trace d'une culture parfaitement assimilée, qui s'exprime sans référence explicite. Cette aisance nous prouve à la fois la popularité du thème du Jugement Dernier, si important dans la mentalité médiévale, si souvent représenté sur les tympans des églises, mais surtout la parfaite maîtrise du poète en ce domaine.

Cependant un passage curieux montre combien cette connaissance de la Bible est teintée d'hagiographie, de romanesque et même de superstitions populaires. Il s'agit du récit de la mort de Jean-Baptiste (II 71 sq), qui aurait été aimé de Salomé, assimilée par le poète à sa mère Hérodias. Le récit biblique se fait l'écho de croyances païennes, selon lesquelles Hérodias présiderait la chevauchée nocturne des sorcières. Il est impossible pour nous de savoir si le poète, par ailleurs très bien informé, adhère ou non à ces propos placés dans la bouche de l'ignorante Aldrada. Peut-être veut-il seulement souligner son inculture, en lui faisant rapporter des superstitions indignes d'un clerc. Mais il se peut que culture monastique et culture populaire se rejoignent à propos d'une légende locale.

La règle de saint Benoît est aussi fréquemment citée que les Evangélistes : le loup, pour justifier sa gloutonnerie, y fait plaisamment allusion à plusieurs reprises, ce qui prouve d'abord que Nivard connaissait bien la règle bénédictine, peut-être pour avoir été moine, et ensuite qu'il s'adressait à un public très précis, capable de comprendre ses plaisanteries.

Le poète connaît également très bien la liturgie, qui lui fournit l'occasion de nombreuses allusions parodiques. Il sait quels vêtements le prêtre, les évêques, les acolytes revêtent pour célébrer la messe (III 952, V 1074, III 977), quel est le déroulement de celle-ci (VII 173 sq), en quoi consistent les rites de la consécration épiscopale (V 1043 sq).

Enfin la culture antique est constamment présente dans l'*Ysengrimus*, non par de longs développements, mais par des métaphores et des emprunts faits à Ovide essentiellement, mais aussi à Lucain, à Juvénal et à d'autres. Jamais Nivard ne va jusqu'à emprunter un vers entier à ses prédécesseurs : il sait modeler sur eux son style sans tomber dans le plagiat et beaucoup d'endroits de l'*Ysengrimus* sont des réminiscences de vers anciens. Tantôt le poète emprunte un rythme qu'il utilise en le modifiant à peine, tantôt il fait sienne une métaphore, une image. Ces emprunts nous permettent de plonger au cœur du travail poétique et de cerner les mécanismes de l'inspiration. Considérons quelques fragments des *Métamorphoses* d'Ovide, et rapprochons-les des vers qu'ils ont inspirés à Nivard. Parfois le parallélisme est absolu, la ressemblance saute aux yeux. Le poète a gardé le souvenir d'un début de vers, d'un rythme qu'il réutilise (Ovide, *Mét.*, II 47 et *Y*, VII, 16, ou bien Ovide, *Mét.*, II 280 et *Y*, I 323).

La scansion des deux vers est alors strictement la même. Plus que des mots, Nivard s'est souvenu de la musique des hexamètres antiques. Parfois le mécanisme est plus subtil, et la parenté entre les deux passages prend la forme d'un chiasme (Ovide, *Mét.*, III 247 et *Y*. I 62, ou bien *Mét.*, II 844 et *Y*, III 94). Dans certains cas, la formule empruntée est si banale que l'on pourrait croire à une coïncidence (*Mét.*, IV 476 et *Y*, III 483). D'autres fois, le doute n'est pas permis : la filiation d'un texte à l'autre est évidente (*Mét.*, IV 709-10 et *Y*, V 775-6).

Ces réminiscences façonnent le style de Nivard sans rien lui ôter de son originalité, et constituent la preuve la plus éclatante de la culture du poète, qui se souvient visiblement de vers connus par cœur. Témoignage pour nous passionnant de ce que pouvait être le bagage poétique d'un clerc au XIIe siècle. Nous constatons ainsi la popularité d'Ovide, celle de Virgile, en même temps que l'absence des grands prosateurs, orateurs et historiens. Cette absence ne signifie pas que Nivard les ait ignorés, mais leur influence est trop faible pour apparaître autrement qu'à travers une rapide allusion (V 512).

L'Antiquité est également présente par toute une mythologie, source intarissable de métaphores le plus souvent banales. Ainsi le ventre du loup est-il appelé Averne, Carybde, Barathre. Ainsi sa gueule est-elle comparée à la Camène qui lui dicterait toutes ses décisions. De même le soleil est appelé Titan, et l'hiver personnifié sous le nom d'Hylas. Mais ce n'est là qu'un jeu de langage, une préciosité conventionnelle de l'écriture qui ne fait pas la saveur réelle du discours.

Cette saveur tiendrait plutôt à un autre aspect de la culture du poète qui, pour être clerc, n'en parle pas moins le langage de ses contemporains. En même temps qu'un témoignage de culture savante, l'*Ysengrimus* est aussi une mine de renseignements sur la parole et la culture populaires : coutumes et superstitions sont évoquées dans le cadre de l'épopée animale. La taupe n'aurait pas d'os, il faudrait couper un serpent en trois pour ne pas le voir se reconstituer et revivre... Deux passages de notre épopée, l'épisode du pèlerinage (IV 98 sq) et celui du moniage Ysengrin (V 970 sq), font allusion à la coutume qui existait de suspendre des têtes de loups ou de chevaux au-dessus des portes, pour éloigner les mauvais esprits. Agemundus, le petit monstre du livre VII, semble un avatar christianisé des génies domestiques de la mythologie allemande. Mais il réunit en lui tant d'attributs diaboliques — cornes, serres, bec crochu, etc. — qu'il finit par perdre toute crédibilité, toute vraisemblance. Il est plus grotesque que terrifiant, comme le prouvent d'ailleurs les fonctions répugnantes qu'il assume. Agemundus n'est pas un pur produit du folklore médiéval, mais le fruit de l'imagination d'un clerc. Rappelons encore l'histoire biblique de Jean-Baptiste et Hérodiade, ambiguë car elle peut être un témoignage aussi bien qu'une charge contre l'ignorance et la superstition.

L'attitude du poète est très différente de celle, par exemple, de Gautier Map, qui rapporte contes et légendes avec un soin minutieux et un intérêt évident. Nivard, lui, utilise la matière folklorique sans curiosité particulière, et il n'hésite pas à la modifier au gré de son imagination et des exigences narratives. Sauf en de très rares occasions, jamais il n'explique ni ne raconte. Il procède seulement par allusion évoquant en quelques mots les mannequins d'osier de la Saint Jean (VI 381), ou l'effroi inspiré par certains oiseaux (I 20). Le poète puise ainsi dans le trésor du folklore, sans lui accorder néanmoins une importance comparable à celle que revêt son bagage de clerc.

Les proverbes nous fournissent cependant un témoignage plus intéressant, dans la mesure où ils se réfèrent explicitement et sans ambiguïté à une tradition populaire et orale que le texte ne nie pas un seul instant (III 843 ; I 539 ; VI 299).

D'origines diverses, française, allemande, wallonne, ils illustrent une sagesse des nations dont le pragmatisme modéré correspond parfaitement à l'esprit de la fable. Mais l'essentiel est sans doute la fonction logique et stylistique de ces proverbes. Fonction logique tout d'abord, dans la mesure où le proverbe étaye la cohérence du discours. Il ouvre un second espace dans le récit, celui des opinions généralement admises, sur lesquelles l'orateur s'appuie et qu'il prend à témoin. A cet égard le proverbe est une arme polémique qui, tout en confirmant la cohérence du discours, renvoie l'adversaire à ses propres contradictions. D'où une fonction dénonciatrice de l'énoncé, qui contredit le plus souvent l'attitude passée, présente ou future de l'ennemi.

Mais la fonction des proverbes est aussi stylistique. Les proverbes contribuent à la vivacité et à la crédibilité d'un langage parlé par des animaux. Un tel discours fonctionne par référence à une culture commune au poète et à son public. Il est un clin d'œil au lecteur et instaure un second dialogue par-dessus le dialogue de la fable. Ysengrin parle à Renard et en même temps il nous parle. Les proverbes dont il émaille ses propos ne garantissent pas seulement la véracité de son discours, mais aussi la crédibilité de la fiction. Comment ne pas ajouter foi au langage quotidien, humain, symbolisé par le proverbe et que parlent les animaux ?

La manière dont les proverbes sont insérés dans le texte permet aussi de préciser leur rôle. Parfois le proverbe sert de conclusion : il clôt un discours de manière irrémédiable, indiscutable, réduisant ainsi l'adversaire au silence. Fonctions logique et stylistique sont alors mêlées, car l'effet esthétique d'une telle chute est indiscutable (II 584, IV 665, 866). Mais le proverbe a également une fonction d'illustration. Il élève la situation immédiate et obscure au niveau de la généralité, illustrant d'une leçon définitive les vers précédents, plus concrets, plus limités.

Lorsque Corvigarus répond au loup qui lui réclame sa peau et sa chair, il indique d'abord précisément ce que va être son attitude, avant de l'illustrer d'une formule plus générale (V 1219 sq).

Alors, le plus souvent, les proverbes se multiplient. Le personnage est saisi d'une sorte de griserie, il énumère toutes les formules évoquant sa situation. Il y en a souvent deux (III 307-308, VI 143-144, 299-300), parfois trois (IV 368-370) et jusqu'à six (VI 320-325).

L'adversaire ne peut que se laisser convaincre par un tel déferlement de sentences, déferlement dont le rôle esthétique est au moins aussi grand que la force persuasive. Car ces formules sont en elles-mêmes un ornement. Qu'elles aient la forme familière et elliptique des proverbes ou une structure plus nuancée, elles sont d'une part un hors-texte dont l'effet de miroir élargit la portée du discours, et contiennent d'autre part des images parfois banales, mais parfois délicates, comme ce vaisseau chargé de jours qui attend dans le port de la vie (IV 690). Utilisés pour ancrer le discours dans la réalité, les proverbes sont aussi le lieu d'étranges échappées poétiques.

Cependant, malgré cette présence d'une tradition populaire et orale, l'érudition occupe dans le texte une place beaucoup plus large que le folklore. L'*Ysengrimus* est une œuvre écrite par un clerc pour des clercs. Un grand chemin reste encore à parcourir pour arriver aux contes réalistes, vifs et alertes du *Roman de Renart*.

Mais il y a entre les deux textes de nombreuses similitudes, que même les folkloristes n'ont pu nier, et qu'ils attribuent généralement à une tradition orale commune à la vieille épopée latine et aux poèmes des trouvères français. Presque tous les épisodes de l'*Ysengrimus*, en effet, trouvent leur équivalent dans le *Roman de Renart*.

1. *Le jambon volé* : (*Y*, I 1-528 et branche V du *Roman de Renart*, 1-145).

L'épisode du « bacon » est celui où la parenté entre les deux textes apparaît avec le plus d'évidence. Il semble que le trouvère de la branche V se soit inspiré de Nivard. Les circonstances du drame sont les mêmes :

« Un beau matin, comme Ysengrin sortait de la forêt afin d'aller chercher à manger pour ses petits affamés et pour lui-même... » (*Y*, I, 1-2),

Très semblables également les conditions du partage :

« Dieu fait de petites parts pour les petits, de grandes parts pour les grands. Disons que j'ai le quart du butin et que le reste demeure entre tes mains ! » (*Y*, I 218-222).

Or faisommes ci vostre esgart :
Je en aurai la tierce part
Et vous les deus, qui estes grans (*Roman de Renart*, V 75-77).

Dans les deux poèmes, Renard feint de boiter et attire après lui le vilain qui dépose son fardeau à terre pour mieux courir. Ysengrin profite de l'aubaine et ne laisse à Renard que la corde du jambon :

« C'est là, à mon avis, pire que rien ! Ce que tu m'as gardé, garde-le pour qui veut se pendre, car il n'est pas de corde qui soit à mon gré » (*Y*, I 388-390).

Or cette plaisanterie sur la corde, corde de jambon, corde de gibet, est passée en français :

La hart ait qui l'a desservie,
Que je ne la deservi mie (*Roman de Renart*, V 135-136).

Il faut reconnaître ici que le trouvère de la branche V est resté très inférieur à son modèle latin. L'Ysengrin français est une brute qui ne songe qu'à avaler le goupil. La conduite et les motivations psychologiques d'Ysengrimus sont beaucoup plus subtiles. Il cherche à se venger des outrages subis. Mais le trouvère n'a pas compris cette subtilité de Nivard, si bien qu'en français l'attitude du loup est imputable à sa seule voracité. A moins que, comme L. Foulet, on ne fasse de la branche V la suite de l'épisode du viol de la louve. On retrouve alors le même enchaînement de faits que dans l'*Ysengrimus*. Cette hypothèse cependant, qui renforce les liens de notre texte avec le *Roman de Renart*, ne trouve que peu d'échos dans le poème lui-même, et on ne voit pas clairement tout d'abord pourquoi le loup est si acharné après son parent (L. Foulet, *Le Roman de Renart*, p. 239 sq).

2. *La pêche à la queue* : (*Y*, I 529-fin, II 1-158 et branche III, 375-510 du *Roman de Renart*).

Si l'aventure de la pêche est la même dans les deux poèmes, elle se trouve introduite de manière très différente. Elle constitue dans l'*Ysengrimus* un épisode indépendant, alors que dans la branche III, elle sert à conclure l'histoire du « moniage Ysengrin ». Dans l'œuvre latine en effet, le séjour d'Ysengrin au couvent se clôt sur une violente satire des mœurs monastiques, passage qui ne devait pas inspirer le trouvère français. L'épisode de la pêche à la queue lui a donc servi à conclure celui d'Ysengrin devenu moine. Entre ces deux récits, beaucoup de points communs dont deux sont à souligner.

D'autres contes nous montrent le loup pêchant avec sa queue car c'est là un thème folklorique. L'ours aussi peut pêcher de cette façon et on explique ainsi son absence de queue. Mais jamais ailleurs que dans ces deux textes, l'animal ne nous est présenté comme un moine à qui sa règle interdit la viande et qui doit se rabattre sur le poisson. Autre similitude : dans les deux cas le loup est délivré par une personne qui glisse sur la glace au moment où elle frappe. Seule différence amusante : Nivard fait pêcher le loup avec sa seule queue, tandis que le trouvère, plus épris de vraisemblance, prend soin d'attacher un seau au bout de la queue d'Ysengrin !

3. *Le loup-arpenteur* (*Y*, II 159-fin et branche XX du *Roman de Renart*).

Dans cet épisode les ressemblances sont moins nombreuses entre la fable latine et le poème français. La branche XX nous conte une dernière mésaventure d'Ysengrin. Le loup veut dévorer deux béliers. Ceux-ci, pour lui échapper, le prient de régler auparavant la querelle qui les oppose ; chacun d'eux prétend être le propriétaire du champ : que le loup le leur partage équitablement. Pour cela, il n'a qu'à se tenir au milieu du champ. Les deux béliers s'éloigneront de chaque côté à égale distance, puis courront vers lui. Le premier arrivé aura droit à une part d'autant plus grande qu'il aura été plus rapide. Aussitôt dit, aussitôt fait. Il est aisé de deviner le dénouement de l'aventure : les deux complices culbutent le loup et l'abandonnent avec quatre côtes cassées.

Du latin au français, le nombre des adversaires d'Ysengrin est passé de quatre à deux, et la contestation territoriale, réelle dans le livre II, n'est plus dans la branche XX qu'un fallacieux prétexte destiné à tromper le loup. Subsiste néanmoins une coïncidence troublante : les deux béliers du *Roman de Renart* portent des noms empruntés à l'*Ysengrimus*. Si Belin est un nom traditionnel pour un mouton, le choix de Bernard est plus surprenant, ce nom étant habituellement réservé à l'âne. De plus, la ligne générale de l'intrigue reste la même. L. Foulet en déduit que le trouvère français s'est une fois de plus inspiré du texte latin. Si sa conclusion est exacte — et il est permis de penser qu'elle l'est — l'influence de l'*Ysengrimus* se serait fait sentir jusque dans la rédaction des branches les plus tardives, postérieures aux premières années du XIIIe siècle. Cette permanence nous renseigne sur la popularité de l'œuvre de Nivard, et signifie que l'épopée latine était encore une source d'inspiration plus d'un siècle et demi après sa composition (L. Foulet, *Le Roman de Renart*, p. 489 sq).

4. *Le loup médecin* : (*Y*, III et branche X du *Roman de Renart*).

L'histoire du loup et du renard médecins est tirée d'une vieille fable ésopique, thème de prédilection des clercs médiévaux. Nivard lui-même a beaucoup emprunté à ses prédécesseurs : l'intrigue vient d'Esope, des détails ont été pris à l'*Ecbasis*, d'autres à une fable de Paul Diacre. Mais par son désir manifeste de relier, d'expliquer, d'approfondir, le poète fait de l'histoire commune une œuvre personnelle. C'est du récit de Nivard que dérive celui de la branche X. Le poème français commence par les démêlés de Renard et du chien Roenel, totalement absents de l'œuvre latine. Mais les similitudes ensuite se multiplient : Renard n'est pas à la cour et le loup en profite pour l'accuser devant le roi. Arrive le goupil qui apaise aisément la colère du lion par ses mensonges. Son retard est dû, affirme-t-il, à un long voyage qu'il a entrepris pour trouver les remèdes qui guériraient le roi :

> « avec l'espoir pour seul bien et pour seul compagnon, je cours aussitôt à Salerne, et toute la médecine de la ville vole sur mes épaules. Je me hâte de toutes mes forces. Un petit retard m'est aussi odieux que les funestes présages de la comète. J'arrive ici aussi vite que la foudre... » (*Y*, III 375-378).

Ce récit mensonger annonce celui du Renard français :

> Sire, dist Renart, ce sachez
> Que molt sui por vos damachez.
> Tant ai alé par la contree
> Qui asez est et grant et lee,
> Car je ai esté en Ardane,
> En Lonbardie et en Toscane.
> Puis que soi vostre enfermeté
> Ne jui en castel n'en cité
> Plus d'une nuit, ce sachoiz bien.
> N'a de la mer fusicïen,
> Ne en Salerne, ne aillors,
> Ou n'aie esté molt travellos (*Roman de Renart*, X, 1407-1418).

Et le goupil joue parfaitement son rôle : dans l'*Ysengrimus*, il prend le pouls du malade, dans le *Roman de Renart*, il examine son urine. Bref, il convainc le roi de s'envelopper dans la peau toute chaude du loup, qu'on va écorcher vif.

Dans cette dernière partie du poème, le français est souvent proche du latin. Ysengrimus s'écrie, ayant peur de comprendre l'affreux projet de son neveu : « *Delirat rusticus ipse!* — *Quis lupus hic sine me est? me sine nullus adest.* » De même :
> Dont ot Ysengrin grant poor.
> Il a a Deu crié amor :
> Que il n'i a plus lous que lui (*Roman de Renart*, X, 1535-1537).

Et l'on pourrait relever beaucoup d'autres expressions communes : le trouvère français connaissait visiblement l'œuvre de Nivard (L. Foulet, *Le Roman de Renart*, p. 352 sq).

5. *Le pèlerinage* : (*Y* IV 1-810 et branche VIII du *Roman de Renart*).

Cette aventure nous montre Renard, accompagné de six autres animaux chez Nivard, des seuls bélier et âne dans le *Roman de Renart*, repoussant une attaque d'Ysengrin et de toute sa tribu. Les folkloristes voient dans ce récit une version de la « ligue des faibles », motif où les petits, les faibles, remportent une victoire inespérée sur les forts. L. Sudre, notamment explique ainsi les multiples points qui, dans la branche VIII, font songer à l'*Ysengrimus*. Pourquoi le poète français, une fois de plus, n'aurait-il pas connu l'épopée latine (L. Foulet, *Le Roman de Renart*, p. 433 sq) ?

6, 7. *Renard et le coq, les aventures d'Ysengrin au couvent* : (Y, IV 811-fin, V 1-1123 et branche II du *Roman de Renart*, 1-640, 1027-1396 et XIV 204-524).

La branche II est très proche de l'*Ysengrimus* : deux de ses épisodes en sont directement inspirés. Il s'agit des démêlés de Chanteclerc et du goupil et des malheurs de la louve. La branche II nous raconte en effet comment le coq faillit être dévoré par Renard malgré les avertissements de

Pinte. Pour parvenir à ses fins, le goupil français recourt aux mêmes flatteries et au même stratagème que Reinardus : Chanteclin, le père de Chanteclerc, ne chantait si bien que parce qu'il gardait les yeux fermés. L'orgueil du coq ne saurait résister à une telle provocation : il ferme les yeux et se fait attraper. Il échappera à cette situation délicate en utilisant la même ruse que Sprotinus. Suit l'aventure du baiser de paix, où Renard tente de faire descendre un oiseau d'un arbre pour le dévorer. La mésange a dans le poème français remplacé le coq Sprotinus (*Y*, V 1-316, *Roman de Renart*, II 461-640). Une fois de plus, le trouvère s'est montré plus soucieux de vraisemblance que le poète latin : il n'a pas voulu soumettre une seconde fois aux tentatives du goupil un coq qui avait désormais toutes les raisons de se méfier. Les épisodes suivants, qui ont pour héros Tibert le chat et Tiécelin le corbeau, semblent des créations originales de l'auteur de la branche II.

Cependant la dernière aventure est inspirée de l'*Ysengrimus*. Renard tombe par mégarde dans une fosse obscure, qui se révèle être le terrier d'Ysengrin. Il y trouve Hersent qui lui fait les avances les moins équivoques. Renard en profite pour tromper Ysengrin et rouer de coups ses enfants. Inutile de décrire la colère du loup à son retour et les mensonges d'Hersent. Quelques jours plus tard, Ysengrin et Hersent retrouvent le goupil et se mettent à sa poursuite. Dans le feu de l'action, la louve commet la même étourderie fatale que chez Nivard : elle reste coincée dans l'entrée trop étroite du terrier de Renard, et le goupil abuse honteusement de la situation.

Deux remarques s'imposent : nous pouvons tout d'abord constater, qu'en passant du latin au français, la scène du viol s'est dédoublée. Chez Nivard, Renard pénètre dans le terrier, souille les louveteaux de ses excréments, et s'enfuit. La louve se lance à sa poursuite dès qu'elle se rend compte de la situation, et sans que rien d'équivoque se soit passé entre elle et le goupil. Selon L. Willems, le poète français n'aurait pas compris l'ironie des vers V 751 sq, et aurait imaginé qu'il y avait eu adultère auparavant (L. Willems, *Etude sur l'Ysengrimus*, p. 56 sq).

Cette incompréhension entraîne un changement total dans le caractère de la louve. Hersent est complice de Renard et adultère. L'épouse d'Ysengrimus est seulement victime de son étourderie. Si séduisante que soit l'hypothèse de L. Willems, il n'est pas nécessaire d'imaginer une erreur de lecture pour justifier ce changement. Le *Roman de Renart* aime à critiquer la femme, infidèle, bavarde, et reprend tous les lieux communs misogynes. Cette satire, pour innocente qu'elle soit, n'apparaît pas dans le livre de clerc qu'est l'*Ysengrimus*. L'évolution du caractère de la louve semble donc moins liée à une incompréhension du texte qu'à un changement radical de mentalité entre les deux œuvres.

Les ressemblances ponctuelles entre le texte latin et le texte français sont nombreuses et nous ne nous y attarderons pas. Le plus important est de constater que l'ordre des aventures, purement arbitraire, est le même dans l'une et l'autre œuvre. Quelle parenté, en effet, lie les aventures du coq aux malheurs de la louve? Puisque le latin et le français s'accordent à grouper des récits qui ne s'appellent ni ne se complètent, il est permis de supposer que l'architecture de la branche II, ainsi que les malheurs du coq et de la louve, ont été empruntés à l'épopée de Nivard.

Le conte du moniage Ysengrin trouve, lui, un certain écho dans la branche III. Mais le thème du loup-moine, peu développé, est vite abandonné au profit de l'histoire de la pêche à la queue. Dans la branche III, le moniage est une pure invention verbale, un pur prétexte destiné à introduire un nouveau tour de Renard : le noviciat d'Ysengrin sur l'étang glacé.

L'auteur de la branche XIV s'est en revanche largement inspiré de Nivard. L'un des épisodes de cette branche sans réelle unité (XIV 204-524) nous raconte comment Renard se sert d'hosties trouvées par hasard sur la route pour attirer Primaut dans une chapelle. Là, le loup, aussi intempérant qu'Ysengrin, mange, boit, se fait tonsurer par Renard, puis totalement ivre, se pend aux cloches et carillonne à toute volée. La fin est aisée à deviner : toute la paroisse accourt et Primaut reçoit une terrible correction. Si le poète laisse libre cours à son imagination dans le récit qu'il nous fait de la prêtrise du loup, le début de l'épisode est nettement inspiré de l'*Ysengrimus*. Rappelons-nous les pâtés offerts par un cuisinier à Renard : ce sont eux qui ont poussé le loup à entrer au couvent du Mont Blandin. Et l'ivresse d'Ysengrimus dans le cellier du couvent ne peut qu'évoquer l'ivrognerie de Primaut.

A supposer que le thème du moniage ne suffise pas à prouver que le poète de la branche XIV connaissait l'*Ysengrimus*, nous verrons un peu plus loin qu'il existe d'autres parallèles entre les deux textes, et que le trouvère a exploité d'autres épisodes latins.

8. *Ysengrin et Corvigarus le cheval* : (*Y*, V 1123-fin et branche XIX du *Roman de Renart*).

La jument Rainsant ne rappelle que de loin le cheval Corvigarus, et L. Sudre et E. Voigt s'accordent à dire que l'auteur de la branche XIX n'a pas voulu imiter Nivard. Car si la jument assomme elle aussi son agresseur d'un coup de sabot, elle ne se sert pas du même artifice pour le contraindre à s'agenouiller. Le poème français ne reprend ni le thème des fers-rasoirs, ni celui des fers-marteaux, mais exploite une autre veine, l'histoire du loup vétérinaire, tirée d'Esope et du *Romulus* : le loup se baisse pour extraire une épine que la jument prétend s'être mise dans le pied, et reçoit une telle ruade qu'il reste inanimé sur le sol. Il serait téméraire de faire dépendre de l'*Ysengrimus* cette branche tardive en évoquant la similitude des deux dénouements. Un cheval n'ayant pas mille manières de se défendre, le coup de sabot est un thème quasi obligé dans ce genre de récit. Seule peut varier la manière dont le cheval amène l'ennemi à se mettre à portée du coup fatal.

9. *Ysengrin et Joseph le bélier* : (*Y*, VI 39-132 et branche XX du *Roman de Renart*).

Cet épisode constitue un doublet de l'histoire du loup-arpenteur. Nivard s'est en quelque sorte inspiré de lui-même, si bien que cette péripétie, déjà exploitée dans la branche XX, ne trouve pas d'autre écho. Il apparaît que certaines aventures, négligées par les auteurs des premières branches, n'ont été exploitées que tardivement par les poètes français. Sans doute en raison du rôle prédominant qu'y jouait Ysengrin, supplanté entre-temps par le goupil. Les trouvères racontèrent d'abord toutes les histoires dont Renard était le héros avant de redécouvrir les vieilles fables consacrées à Ysengrin. Ce qui explique que les épisodes latins où Ysengrin apparaît seul (le rôle de Renard est en effet modeste ou inexistant dans les épisodes 3, 8, 9) n'aient été utilisés que pour la composition de branches tardives.

10. *Le partage du butin* : (*Y*, VI 133-348 et branche XVI du *Roman de Renart*).

Il s'agit de partager un veau entre Renard, Ysengrin et le roi. Le loup, qui a l'audace de vouloir garder pour lui-même une petite partie de la proie, déclenche la colère du souverain. Mais le goupil s'attire la faveur royale en attribuant les meilleurs morceaux au lion, les autres à la lionne, et les os au lionceau. Ce récit de l'*Ysengrimus* est celui de la branche XVI, à une nuance près : le trouvère a eu l'originalité d'introduire, parallèlement à la famille de Noble, la famille des victimes : le taureau, la vache et le veau.

11. *Ysengrin et l'âne Carcophas* : (*Y*, VI 369-550 et branches XIV 1007-1076, et Va 855-fin du *Roman de Renart*).

De toute l'aventure qui oppose Ysengrin à Carcophas, le *Roman de Renart* n'a conservé qu'un seul élément, mais il l'a abondamment exploité, car il répondait au goût médiéval pour la justice et les procès. Il s'agit du thème du serment dangereux, qui sert d'épilogue aussi bien à la branche Va qu'à la branche XIX. Nous connaissons la machination d'Ysengrin qui tente d'attraper Renard avec la complicité de Roonel. Le chien Roonel est désigné pour arbitrer un conflit entre Renard et Ysengrin. Conseillé par le loup, il fait courir le bruit mensonger de sa mort. Renard devra donc prêter serment sur son corps : s'il peut jurer sur la dent de Roonel qu'il n'a pas outragé la louve, il sera quitte. Mais le saint n'a pas l'intention de rester passif :

> Se tant s'approche de mon groing
> Que le puisse tenir au poing,
> Bien porra dire ainz qu'il m'estorde,
> Ains mès ne vit seint qui si morde (*Roman de Renart*, Va 1015-1018).

Ultime ruse, quarante partisans de Roonel, cachés tout près, attendent de se jeter à la poursuite du goupil. Celui-ci n'est sauvé que par l'intervention de son parent Grimbert, qui s'est aperçu de la trahison et demande à Brichemer de faire reculer la foule. Renard peut alors se sauver et se réfugier tout pantelant dans son château.

Le même thème clôt la branche XIV : Renard et Primaut sont décidés à se réconcilier. Le goupil propose au loup de prêter serment sur des reliques. Il s'agit bien évidemment d'un piège où Primaut laisse la patte.

Les trois épisodes sont très proches, mais la filiation apparaît plus nettement entre l'*Ysengrimus* et la branche XIV qu'entre la même œuvre et Va. Chez Nivard comme dans la branche XIV, il s'agit d'un mauvais tour joué au loup et non au goupil, il s'agit d'un véritable piège de métal, et surtout, l'épisode est raconté pour lui-même. C'est une aventure indépendante et non une simple péripétie au sein d'une intrigue beaucoup plus large, comme dans Va.

L. Foulet tire de ces parallélismes une double conclusion. Non seulement l'auteur de la branche XIV semble avoir mis à profit l'aventure de Carcophas, mais l'*Ysengrimus* pourrait bien être la source de Pierre de Saint-Cloud. Cependant, le plus jeune des trouvères, moins adroit que son aîné, serait resté plus fidèle au poème latin, tandis que l'auteur des branches II-Va s'en serait inspiré librement pour en tirer une composition originale. Hypothèse qui semble fondée si nous nous rappelons les multiples parentés qui unissent les épisodes 6 et 7 à la branche II.

12. La mort d'Ysengrin : (*Y*, VII).

Le dénouement de l'*Ysengrimus* est l'un des rares épisodes à ne pas avoir inspiré les successeurs de Nivard : le héros de l'épopée animale, symbole autant que personnage, se devait d'être immortel. Ainsi le goupil, même au sein des pires dangers, échappe toujours à la mort. Mais pourquoi aucun trouvère n'a-t-il exploité l'histoire des porcs musiciens, dût-il sauver son héros au dernier moment ? Pourquoi ce silence et cette désaffection à l'égard d'un thème original et propice aux effets comiques ?

Il y a sans doute à cela plusieurs raisons. La première est très simple. Nous avons vu comment l'épopée animale, tout d'abord centrée autour d'Ysengrin, s'était peu à peu choisi un autre héros, le goupil, au fur et à mesure que l'inspiration monastique s'effaçait au profit d'une verve plus laïque. Le goupil, aussi honteux que soient ses tours, aussi cruelles que soient ses ruses, mérite un trépas digne de lui. Le roi des trompeurs doit frôler une fin spectaculaire et non une mort honteuse. Il mérite une mise en scène d'une autre envergure : dès le début du cycle, la branche I, inspirée selon L. Foulet de l'assemblée des animaux de l'*Ecbasis Captivi*, rend populaire et définitif le thème du Plaid. Renard, s'il doit périr, mourra à la cour, jugé et condamné par ses pairs. Dès lors le succès de la branche I rendait difficile à exploiter la fin de l'*Ysengrimus*.

De plus, il faut reconnaître que la mort réservée par Nivard à son héros est plus riche en signification morale qu'en ressources narratives. Ce qui est le contraire absolu des exigences de l'épopée française, joyeusement amorale, où le perfide, toujours miraculeusement sauvé, n'expie pas ses forfaits. Peu importe que Renard ne soit pas puni, et les trouvères ne jugèrent pas bon d'exploiter cette fin par trop moralisante, et qui n'était conforme ni à leur goût, ni au nouvel esprit de la fable. Dans l'*Ysengrimus*, par exemple, le rôle joué par Salaura et ses congénères est très emblématique. La symbolique du porc est bien connue : il est l'animal vil entre tous, sale, paresseux et gourmand. Ysengrin meurt donc tué par plus vorace et plus répugnant que lui. Il connaît la mort atroce que les auteurs chrétiens du Moyen Age attribuaient à Mahomet. Une telle fin l'assimile à la figure maudite du Prophète, fait de lui une incarnation du mal, et donne à sa mort la valeur d'un jugement, d'un châtiment légitime.

La fonction de Salaura est donc essentiellement symbolique. Les poètes français en ont été conscients, et l'épisode final de l'*Ysengrimus* a été d'autant plus négligé que les congénères de Salaura ne jouent pas un grand rôle dans le *Roman de Renart*. Ainsi la fin de l'épopée de Nivard constitue un épisode particulièrement original, dans la mesure où il ne trouve pas sa source dans la tradition de la fable animale et n'a pas été ensuite réutilisé par celle-ci.

Il est difficile de tirer une conclusion définitive de la comparaison que nous venons d'ébaucher. Sans doute l'*Ysengrimus* est-il une des premières sources savantes du *Roman de Renart*. Les ressemblances ici soulignées le montrent évidemment. Mais quelle fut la portée et le rôle réel des traditions orales dans la genèse de l'œuvre ? Il est difficile de répondre à cette question. L'*Ysengrimus* semble avoir été une mine, un fonds d'aventures, où les poètes français ont puisé selon leur inspiration et leur esprit. S'ils ont gardé la matière des récits, ils ont écarté l'érudition et la rhétorique qui alourdissent le texte latin. Ils ont en grande partie éliminé ce qui faisait de l'épopée de Nivard un divertissement de lettré.

L'*Ysengrimus* est un texte extrêmement verbeux. Jamais la situation n'est si dramatique, que les personnages ne trouvent le moyen de s'injurier, de s'interroger, de s'expliquer. Bref, le verbe règne aux dépens de l'action. Autant que les dialogues, Nivard aime les monologues intérieurs, les longues réflexions moralisantes et les prêches. Quand le goupil tente d'attraper Sprotinus, le dialogue des adversaires se développe tout au long d'une centaine de vers. Puis, dans un seul distique, le drame est consommé ! Et le fait que Renard tienne le coq entre ses crocs ne l'empêche pas de bavarder interminablement !

C'est donc dans les mots, et non dans les situations elles-mêmes, que Nivard puise toutes ses ressources comiques. L'auteur prend rarement plaisir à tirer parti d'un événement cocasse. Quand l'âne Carcophas tombe du toit où il s'était réfugié, et écrase sous son poids deux parents d'Ysengrin, sa chute n'inspire ni plaisanterie, ni sourire à l'auteur, qui réserve tout son humour aux propos que Renard tient à l'infortuné. Et il en est presque toujours ainsi. Si l'on excepte quelques descriptions burlesques, comme celle du goupil si gras qu'il roule plutôt qu'il ne marche, l'humour du poète tient aux mots plus qu'aux images.

Ce qui explique que la parole soit souvent l'apanage du vainqueur. Nivard ne cherche pas à nous faire rire des coups donnés et reçus, mais des plaisanteries échangées à cette occasion. La parole est essentiellement ironique, et la défaite s'avoue par le silence. Ysengrin parle tant qu'il espère la victoire. Mais sitôt que la situation tourne à son désavantage, il se tait, et c'est au poète de nous dépeindre les remous de son âme angoissée :

> « Le loup n'osait rien faire, ni rien dire ; on lui demande alors »... (I 1021) ;
> « Ysengrin retient ses menaces et garde un noble silence, il se réserve pour son heure » (IV 667-8).

Un seul épisode fait exception à cette règle : le moment où Ysengrin agonisant réclame le droit de prophétiser. Il vit alors ses derniers instants et l'approche de la mort justifie son discours. Mais dans tous les autres épisodes, le contraste est saisissant entre la logorrhée des agresseurs et le silence de la victime. Pour exprimer cette ironie cruelle, le poète fait souvent appel à toutes les ressources de son art.

C'est ainsi que l'on trouve dans le texte tout un jeu sur les négations : Nivard ne dit pas *non*, mais *non nimis*, *vix*, *parum...* Il ne dit pas *nemo*, mais *pauci*, s'amusant à remplacer la négation par une forme affirmative. L'auteur est également friand de comparaisons, introduites par *ut, sic, qualiter...* Si certaines de ces images sont banales, d'autres prêtent à sourire par le contraste qui oppose la structure stylistique noble, ample, inspirée de l'épopée, à son contenu trivial et quotidien :

> « Je croirais difficilement, sans le témoignage d'une source écrite, que dix abbés eussent pu supporter autant de coups, aussi drus que ceux que j'entendais pleuvoir, lorsque mille fléaux extirpaient les grains de blé de leur balle sur la grande aire de battage » (I 1061-4) ;
>
> « A ces mots, tous s'élancent et frappent vigoureusement, comme des pilons écrasent dans une marmite, dit-on, des fèves coriaces » (II 683-4).

Mais Nivard aime surtout les métaphores qu'il développe parfois longuement, trop longuement à notre goût : on ne frappe pas le loup, mais on lui sert à déjeuner ; on ne l'écorche pas, on lui emprunte sa pelisse. Et au-delà de la métaphore première, longtemps filée, apparaissent d'autres images, jaillies de la même veine. C'est ainsi qu'Ysengrin, dépouillé de sa peau et couvert de sang, nous est montré vêtu d'une étincelante tunique de pourpre. Certaines séquences narratives ne sont d'ailleurs que des jeux verbaux : au livre IV, le loup coincé dans une porte pousse d'affreux gémissements. Ses bourreaux s'interrogent : le bouc affirme qu'il dit la messe, le bélier qu'il repasse ses leçons, tandis que le bouc est d'avis qu'il confesse ses péchés. Par l'humour, l'artifice littéraire se substitue à la narration.

Litotes, métaphores, mais aussi parodies : Nivard nous offre plusieurs exercices de style particulièrement brillants. Tantôt il emprunte la plume de l'avocat, et se livre à une plaidoirie qui est un chef-d'œuvre de sophistique :

> « Ysengrin comparaît devant vous, innocent du crime dont on l'accuse, la succession des événements semble ici indubitable... » (I 423-4).

Renard joue aussi admirablement le rôle d'arbitre au

livre VI, et son discours obéit à toutes les exigences du style : clarté, précision et diplomatie.

Tantôt le poète n'est plus juriste, mais tragédien : au livre II, le loup clame son désespoir en stances nobles et magnifiques (II 167 sq). Une autre fois encore, Nivard s'amuse à parodier le style bucolique. Il l'emprunte pour nous décrire la merveilleuse demeure de Renard et son cadre enchanteur. Rien ne manque à cette peinture, ni les fleurs, ni le murmure du ruisseau, ni le chant des oiseaux. L'auteur s'est manifestement inspiré de la tradition bucolique du *locus amoenus*.

Enfin le poète sait imiter à la perfection le genre littéraire de la « vie », ou récit de l'existence édifiante d'un saint ou d'un personnage historique. C'est ainsi qu'il se livre à un véritable panégyrique de Gautier d'Egmont et de Baudoin de Liesborn. Il reprend tous les poncifs : louanges, reproches modérés qui soulignent en fait la sainteté du personnage, et considérations sur la volonté divine. La parodie de Nivard est d'ailleurs très ambiguë, au point qu'il est difficile de distinguer la dérision de la sincérité (V 455-540).

Ces passages de virtuosité nous montrent quelle est la culture de l'auteur, et quelles sont ses références littéraires. Son érudition est celle d'un clerc nourri de culture religieuse et antique. Il se complaît à parodier le langage de la justice, de la tragédie, de la poésie, d'une certaine forme d'histoire. Mais il ne fait quasiment jamais allusion à l'épopée et encore moins au roman chevaleresque, qu'il ne doit pas connaître, vu la date à laquelle il écrit. Très peu de scènes de l'*Ysengrimus* semblent parodier l'épopée : on peut songer néanmoins à la présentation des alliés d'Ysengrin, qui vont attaquer le refuge de Renard et de ses amis, et dont Nivard nous énumère longuement les noms à la manière épique (IV 742 sq). Mais cet épisode évoque de manière encore plus précise les *Métamorphoses* d'Ovide. Quand Actéon va être dévoré par ses chiens, pour avoir vu la déesse nue au bain, le poète nous énumère longuement les noms et toutes les particularités des acteurs du drame. Or ce « catalogue » rappelle le texte de l'*Ysengrimus*. Il est probable que Nivard a une fois de plus imité Ovide, et que, s'il y a une référence à l'épopée, elle se fait par l'intermédiaire du poète latin. Les chiens d'Actéon sont devenus loups.

En revanche, le poète s'est inspiré des textes religieux qu'il connaissait parfaitement, et il y a dans l'*Ysengrimus* un peu de la verve des goliards. Comme eux, Nivard s'est amusé à parodier les textes sacrés, la liturgie, la règle bénédictine :

> « Car on trouve écrit dans le livre de la règle sacrée : "Il convient que celui qui a besoin de plus prenne plus", et "lorsque les cloches auront retenti et signalé aux frères qu'ils devaient venir, que la communauté se mette rapidement à table." Ysengrin, soucieux de la règle sacrée, ne voulait pas transgresser les ordres des pieux principes » (I 431 sq).

De même le cérémonial de la mort d'Ysengrin est soigneusement calqué sur la liturgie qui précède l'offertoire. Nivard s'arrête avant que sa parodie ne devienne blasphématoire. Pourtant Salaura tient des propos d'une ambiguïté alarmante :

> « Tu vas pénétrer, mon bien-aimé, dans mon ennemi bien-aimé, comme souvent tu as introduit ma chère famille dans ton ennemi. Et pour que l'amour sacré se répande partout, tu entreras en nous tous. Je ne mérite pas de jouir seule d'une telle chance de salut » (VII 411 sq).

Dans l'esprit de Salaura, Ysengrin représente-t-il le corps d'un saint déposé dans un reliquaire, ou celui du Christ, offert en sacrifice au moment de l'Eucharistie ? Les mots *tanta salute* peuvent aisément suggérer que le poète parodie le rituel de la communion et le sacrifice eucharistique.

Quelques vers plus loin, la truie compose l'épitaphe du loup, une épitaphe bien sûr humoristique et parodique, comme il en existait déjà bien avant Nivard.

Il y a dans ce jeu littéraire une part d'amusement, le rire

d'un clerc en gaieté qui croit finalement en ce dont il se moque, et la griserie des mots. Le plaisir de jongler avec les styles et de pervertir les voix. Mais les clercs vagants n'ont pas hésité à mettre la parodie et leur agilité verbale au service d'une satire parfois cruelle. Nous retrouvons dans l'*Ysengrimus* ce double aspect ludique et satirique du langage. Ecrite par un clerc peu porté vers la littérature profane, pour des clercs capables de comprendre et d'apprécier toutes les subtilités du texte, notre épopée annonce le *Roman de Renart* par la matière de ses récits, mais non par son esprit d'érudition conventuelle et de raffinement oratoire. De plus, l'humour de l'*Ysengrimus* est toujours suspect et ambigu, dans la mesure où les aventures des héros, les parodies et les passages amusants sont toujours prétextes à la satire la plus féroce.

Le regard d'un clerc sur le XIIe siècle

L'*Ysengrimus* nous dépeint une société plus cléricale que féodale. Rufanus en est le roi, et les autres personnages sont des seigneurs plus ou moins puissants. L'ours, le sanglier, le bouc, le bélier et le cerf occupent les plus hautes charges à la cour, Ysengrin lui-même est un grand seigneur. Le goupil, lui, affirme être pauvre et méprisé ; il a néanmoins sa place à la cour et il est le suzerain des renards, « le guide et la gloire de sa race ». Par ses propos, Renard nie appartenir au rang social élevé que lui reconnaissent tous ses compagnons. Cependant, comme son oncle, il fait fréquemment allusion à la noblesse de sa lignée. Renard semble donc de haute naissance, mais peu fortuné. A moins qu'il ne soit un vavasseur. Le texte est sur ce point très imprécis, comme pour tout ce qui concerne les réalités féodales. Par exemple, dans les quatre premiers livres, on ne voit mentionné qu'une seule fois le lien qui unit suzerain et vassal : au moment de l'enlèvement de Sprotinus, Renard se moque des vilains qui le poursuivent, et il leur crie :

« Silence, populace stupide !

Si j'emporte quelque chose, n'est-ce pas mon bien? Son père a été ainsi transporté par le mien, et ce coq jouit maintenant du service vassalique (*feodum*) exigé par ses pères » (IV 1017-1020).

Par cette plaisanterie, les ancêtres de Renard sont censés tenir leur fief des ancêtres de Sprotinus, à la condition de leur rendre régulièrement un service précis, c'est-à-dire de les transporter.

De même les allusions à la chevalerie sont rares. Lorsque les animaux se battent, ils le font avec leurs armes naturelles et ne sont pas donnés pour chevaliers. Une seule exception, au livre III, quand le goupil s'écrie : « Que le roi se munisse vite d'un bouclier et d'une massue! » (III 1124). Mais l'affaire en restera là, et nous n'assisterons pas au combat singulier du souverain contre son vassal Ysengrin.

En fait ni Ysengrin, ni Renard ne sont des chevaliers, ni des seigneurs féodaux. Ce sont des clercs, et Ysengrin est même un moine en rupture de cloître! Dans presque toutes ses aventures, le loup est affublé d'un titre ecclésiastique : il est moine, abbé, évêque, pape, anachorète ou ermite. Quant à Renard, si la fiction en fait un laïque, il vit tout autant que son oncle dans un monde de clercs où la religion occupe un grand rôle : le livre IV nous le montre partant pour Rome en pèlerinage. C'est pourquoi les réalités religieuses sont constamment présentes dans le récit. Nous avons vu déjà comment tous les saints cités dans le texte permettaient de localiser la région où l'*Ysengrimus* avait vu le jour. Nous avons montré l'importance de la Bible et de la règle bénédictine. Mais les gens d'église jouent eux-mêmes un grand rôle dans l'épopée, qu'ils appartiennent à l'histoire ou qu'ils soient nés de l'imagination de Nivard. Ainsi quand le loup se fait moine, il entre dans un véritable couvent (*Blandinia claustra* : le couvent de Saint-Pierre-au-mont-Blandin à Gand), au milieu de véritables frères et de véritables abbés. Il en est tout autrement dans le *Roman de Renart*, où le couvent n'est qu'une invention du goupil pour se jouer du loup. Cette divergence montre combien les deux œuvres procèdent d'un esprit et d'une inspiration différents.

Il serait trop long d'énumérer tous les faits touchant à la religion et présents dans le poème : vêtements sacerdotaux, rites liturgiques sont évoqués avec la plus grande précision, de même que la vie des moines au monastère :

> « Ainsi crie-t-on à plein gosier dans les couvents, quand les plats se suivent nombreux, ou que le bon calice de l'abbé fait le tour des moines, le jour où une fête a promis à leur ventre avide que les chants de l'église se termineraient sur toutes sortes de biens » (I 1042-1046).

Mais les couleurs de cette peinture sociale, et surtout religieuse, ne sont pas neutres. Ce sont les couleurs sombres d'une satire impitoyable.

La critique politique n'est pas en elle-même féroce : elle respecte le pouvoir royal, même si elle condamne l'injustice et l'égoïsme de la société. Le roi, le lion Rufanus, apparaît à deux reprises : au livre III, où sa guérison exige que le loup renonce à sa peau, et au livre VI, dans l'épisode du partage. Entre ces deux passages, il semble que la position du poète évolue : avec l'échec de la seconde croisade, le pouvoir royal aurait été lui aussi compromis aux yeux de Nivard. Le roi, victime au livre III de la ruse de Renard et des manœuvres de ses alliés, ne bénéficie plus d'aucune excuse au livre VI, où il se montre un monarque autoritaire, hypocrite et égoïste. Que s'est-il passé, et faut-il nécessairement recourir à l'arrière-fond historique pour expliquer ce changement d'optique ? Car les structures narratives de la fable suffisent à justifier cette altération du caractère de Rufanus. Dans l'épisode du lion malade, l'accent est mis sur la ruse du goupil. Dans la fable du partage, l'égoïsme du lion est un ressort dramatique indispensable. D'où le changement de perspective qui souligne les vices des rois.

Le regard du poète s'est modifié en fonction du contexte dramatique. Cet exemple nous montre la moindre importance de la satire politique. En cela, une fois de plus, Nivard appartient à une tradition cléricale, pour laquelle la critique du pouvoir et de la société compte infiniment moins que les attaques contre le pape et les moines. Toutefois le poète juge souvent le monde où il vit, mais en jetant sur lui un regard plus moralisant que politique. Un regard qui s'exprime d'ailleurs par un discours sentencieux, dont on peut mettre en doute la profonde originalité :

> « Ce n'est jamais une infortune pour un malheureux que d'être conscient de sa condition : nous ne sommes pas les compagnons des rois, nous sommes la foule des paysans. Les rois vivent dans le luxe et la foule des paysans travaille. Que possèdent les rois ? Le ciel, les fleuves, la terre, la mer. Le vilain naît pour le pain bis et la piquette, le roi, lui, pour le pain de Cérès et le poivre, pour les viandes et le bon vin. Le paysan fait sortir du sillon la pourpre pour les rois, tandis qu'un sarrau de chanvre lui laboure le corps. Ceux qui dilapident follement leurs biens, cherchent à s'emparer de ceux d'autrui... » (VI 331-341).

Il n'y a dans ces quelques vers très représentatifs aucune analyse précise : le poète parle seulement des rois et des vilains, comme il oppose en d'autres lieux le riche et le pauvre, le grand et le petit, le bien et le mal. Sa vision de la société repose sur une sorte de manichéisme dont le texte se fait l'écho à travers une série d'oppositions. A *regum comites* répond *rustica turba*, à *luxuriant laborat*, à *cribro atque galastrae Cereri et piperi, carnibus atque mero*... Ces propos sont placés dans la bouche de Renard, mais ce n'est pas le goupil qui s'exprime à travers eux. Le poète reproduit en fait un discours d'autorité, fait d'une juxtaposition de sentences construites sur des parallélismes, précédées et suivies de maximes à caractère moralisant. Quelle est la portée réelle de ce discours ? On pourrait y voir l'indignation légitime d'un clerc devant la misère des paysans. Mais si les vilains mis en scène pour les besoins de l'intrigue le sont sans cruauté réelle, ils sont néanmoins dépeints sous les couleurs peu flatteuses de l'ignorance et de la bêtise. Et on devine parfois le sourire du poète sous les pensées qu'il attribue à ses héros :

« Il se disait que rien n'était plus vil qu'un vilain... » (I 990).

Revenons au livre VI, et nous nous apercevrons que les réflexions dont Renard fait suivre sa critique, sont en fait de nature à en limiter la portée. En effet que dit-il à son oncle ? « La cour, pour qui tout est créé, ne manque pas d'un appétit féroce, tandis qu'une frugalité de famine étouffe les foyers pauvres. La voracité du pauvre, qui vide tout de suite le buffet, montre combien il est dangereux de perdre la mesure » (VI 343-6). La voracité est un luxe réservé aux plus riches, que le loup ait donc des goûts conformes à son état ! Nous voici bien loin de la contestation. Avant d'être une condamnation de la société, le discours de Renard est un appel ironique à la mesure, à la sagesse, où s'insèrent quelques sentences de portée politique, banales et rapportées sans grande conviction.

Mais il est quelque chose qui révolte le poète plus que l'injustice sociale et la misère des pauvres. C'est le pouvoir de l'argent, la grande plaie de la société. Car l'argent corrompt tout, les rapports humains, la justice et la loyauté. Le pouvoir de l'argent indigne tant le poète, qu'il lui fait atteindre la violence et trouver les accents d'un pamphlétaire. Nivard sait faire de n'importe quelle situation le prétexte d'une tirade sur la corruption de la société et les méfaits de l'argent. Parfois même aux dépens de l'action qui perd en vivacité ce que le texte gagne en profondeur. Renard plus qu'Ysengrin semble être le porte-parole de l'auteur. C'est lui qui exprime le malheur du pauvre, toujours inconnu, toujours méprisé...

« Plus on est puissant, plus on agit mal, c'est le pauvre qui paie tout, le riche sait que Dieu le soutient. Le pauvre n'est pas connu de Dieu, ce que le prodigue brûle de dépenser, ce que l'avare brûle de serrer dans son coffre, c'est le pauvre qui le débourse. Le bien du riche, celui du pauvre, appartiennent l'un et l'autre au riche, tout le maigre bien du pauvre vient de ce que lui donne le riche (...). C'est le pauvre qu'on accuse, qu'il soit coupable ou innocent ; le pardon est à vendre, pour le mériter, il suffit de l'acheter. Le pauvre est juste sans justice, le riche coupable sans crime, il se pardonne à lui-même au nom de la charité divine... » (I 495-510).

Ce qui frappe le lecteur, et le gêne, c'est que ces maximes qui semblent refléter la pensée profonde de l'auteur, sont placées dans la bouche du menteur et de l'hypocrite goupil. Cette contradiction montre bien que dans l'*Ysengrimus* les personnages et leurs aventures ne sont parfois que le prétexte et l'occasion de discours qui les dépassent et contredisent leur psychologie. Mais on peut aussi penser que Renard, sophiste, dit la vérité pour mieux cacher et justifier ses mensonges. De façon très cohérente cette fois, le loup fait l'apologie de l'injustice et prône le droit du plus fort :

« Le pauvre se réjouit de peu, moi je suis riche, je prends beaucoup. Dieu se soucie peu du pauvre, il fait et garde tous les biens pour les riches et les leur offre... » (I 701-3).

Ces dernières lignes montrent qu'aux yeux du poète, Dieu est le garant de l'inégalité et de l'injustice terrestres. Et Nivard ne nous parle jamais d'un paradis où les pauvres oublieraient leur misère dans la béatitude éternelle. Il nous dit au contraire qu'après leur mort, les riches sont encore les favoris de la divinité. Le pauvre ne peut donc trouver nul secours, nul espoir dans la religion. L'*Ysengrimus* prend ainsi à rebours la pensée des Évangiles, et constitue par certaines de ses maximes une sorte d'anti-Écriture, dont l'audace nous étonne aujourd'hui.

Mais c'est à propos des prêtres et des moines que la satire se fait la plus cruelle : le ton du texte perd toute modération. Quand Nivard se moque des paysans ignorants, il le fait avec un dédain amusé. C'est ainsi qu'il nous montre les fidèles invoquant contre Ysengrin les saints les plus étranges, aux noms visiblement tirés d'une liturgie latine mal comprise : saint Excelsis et son épouse Osanna, saint Pater Nuster, saint Dei Paces... (II 60 sq). Mais le ton change quand le prêtre de la paroisse prend la parole.

Il aurait préféré, dit-il, ne pas célébrer la messe pendant un mois, plutôt que de voir son coq emporté par le goupil. Tout son discours frise le blasphème.

Quant aux moines, ils sont cupides, voraces, insatiables. Le séjour d'Ysengrin au couvent est l'occasion d'une satire impitoyable. La description d'une panique générale au moment de l'office permet à Nivard de souligner la lâcheté et le manque de dignité des frères (V 839 sq). Le portrait qu'il nous trace du maître des lieux, ivrogne et glouton, est un chef-d'œuvre burlesque :

> « L'abbé assistait à la scène. C'était lui aussi un loup qui ne savait boire que du Falerne de cinq ans d'âge, qui donnait peu aux autres et dévorait beaucoup lui-même » (V 870-3).

Enfin l'éloge plus qu'ambigu de Gautier d'Egmont et de Baudoin de Liesborn suggère que sous les apparences de la charité, les deux frères sont de remarquables hommes d'affaires (V 455 sq).

De tous les thèmes satiriques chers à l'*Ysengrimus*, le *carmen satiricum in monachos* est sans doute celui qui épouse le mieux la fable animale. Le loup est en effet très souvent représenté en moine, et la satire s'inscrit alors merveilleusement dans tous les aveux qu'il nous fait :

> « Un brandon naturel enflammait déjà suffisamment ma gueule toujours ouverte. Lorsqu'un moine voit à sa portée un gain, il se rue dessus comme l'éclair lancé dans un ciel d'orage... » (I 637-640).

Ailleurs Ysengrin dit encore : « La piété du moine est plus furieuse que l'impiété du loup. Rassasié, je dis "assez", mais moine, je dis encore "c'est peu" » (I 643-4). Il existe dans la littérature latine médiévale une figure qui devait correspondre à un fantasme des imaginations : celle du loup vêtu d'un froc de moine. Cette image, initialement innocente, Nivard l'utilise à des fins malveillantes. Le loup n'est plus moine, c'est le moine qui devient loup. Et l'intérêt de l'*Ysengrimus* vient en partie de ce décalage entre la matière innocente des contes d'animaux et l'utilisation satirique, âpre et virulente qui en est faite.

INTRODUCTION

Mais cette analyse demeurerait incomplète si nous omettions les multiples attaques lancées par le poète contre le haut clergé, les évêques et le pape. Si les moines sont des loups, les évêques sont des bergers, mais de bien curieux bergers, qui au lieu de tondre leurs brebis, leur arrachent la peau.

> « Le pasteur de Tournai a lui-même écorché plus qu'à vif ses brebis, ses chèvres » (V 111-2).

La cupidité est pour le loup la première qualité d'un évêque. C'est pourquoi Ysengrin croit pouvoir revendiquer cette dignité en toute justice. Mais tout aussi insatiable que les évêques, il y a le pape, et l'*Ysengrimus* s'achève par une violente attaque contre Eugène III, dont l'avidité a causé la perte des croisés. On reconnaît là un vieux thème goliardique, et la mauvaise humeur de Nivard n'est pas sans évoquer le quatrain de son contemporain Primat contre Lucius III, quelques années plus tard :

> *Lucius est piscis, rex et tyrannus aquarum,*
> *A quo discordat Lucius iste parum :*
> *Devorat hic homines, hic piscibus insidiatur :*
> *Esurit hic semper, hic aliquando satur.*

> « Le Lucius (brochet) est un poisson : roi et tyran des eaux. Ce Lucius en diffère peu. L'un dévore des hommes, l'autre tend des pièges aux poissons. L'un a toujours faim, l'autre est quelquefois rassasié. »

Toutefois, le poète nous fait grâce de tous les lieux communs qui seront à la mode quelques années plus tard. On sait que la fiscalité de la cour de Rome a été pendant des générations l'objet de lamentations infinies. Les clercs s'en prenaient aux gardiens, aux huissiers, à tous les subalternes plus avides encore que les hauts dignitaires. Cette thématique reste chez Nivard à l'état embryonnaire, et, ce qui est une originalité, le poète critique le pape avant de fustiger les institutions pontificales. Car d'ordinaire, c'est la cour de Rome qui est attaquée plutôt que celui qui l'incarne et la dirige. Or on ne trouve guère dans l'*Ysengrimus* qu'un seul vers contre la fiscalité dévorante de Rome.

« De la même façon, le paysan demeure toujours, bien qu'il s'acquitte, le débiteur du roi, et les trois Gaules ne rassasient jamais le fisc du pape » (VI 493-4).

Ailleurs Eugène III est personnellement mis en cause. Cette polémique épargne à l'*Ysengrimus* les lieux communs de la littérature satirique. Mais les protestations que le poète élève contre les mauvaises mœurs des moines, contre la cupidité des évêques et la simonie du pape ne sont qu'un aspect de ce qu'on pourrait appeler le pessimisme de l'œuvre.

Car nous avons sous les yeux un univers très sombre, corrompu par l'argent, déserté par le bien et négligé de Dieu. Sur cette terre, l'argent a évincé la justice. De même, dans les cieux, la Fortune semble bien avoir détrôné Dieu. C'est elle qui conduit les événements et impose son caprice aux hommes. Bien sûr, la roue de la Fortune est au Moyen Age un lieu commun littéraire. Cependant, dans l'*Ysengrimus*, ce vieux symbole païen de la volonté divine est la manifestation essentielle de la transcendance. La Fortune règne en souveraine absolue sur les destinées humaines dont Dieu se désintéresse.

« Lorsque la fortune accable les malheureux, elle ignore la pitié. De même elle frappe les victimes de bien des maux de plus de coups encore, et tarde à mettre une borne à la suite de leurs maux. Sa main n'écrase personne d'un seul coup, car elle est pitoyablement impitoyable, doucement méchante et méchamment douce. Elle interdit qu'on puisse mourir, mais fait qu'on le désire. Conservant l'aliment de sa colère, elle ne se déchaîne pas tout à fait, mais impatiente de la paix, elle empêche sa victime de reprendre des forces. Et elle a moins de loyauté pour ceux qu'elle doit servir que de déloyauté pour ceux qu'elle doit tourmenter... » (III 1-10).

La vie humaine apparaît ainsi vouée à une souffrance inutile et gratuite que rien ne vient racheter. Car dans l'*Ysengrimus*, le bien est partout bafoué en paroles et en actes. Sans doute le loup, défenseur en titre de l'égoïsme et de l'immoralité, est-il à chaque aventure vaincu et roué de coups. Mais Renard, le vainqueur, ne vaut guère mieux que son adversaire. Quand de beaux principes, de solides règles morales apparaissent, c'est dans la bouche d'hypocrites intérieurement décidés à ne suivre que leurs intérêts. Si bien que la dérision pèse sur ces beaux propos. Le mal est roi et le langage est mensonge ou sarcasme. Par exemple, dans l'*Ysengrimus*, un mot comme *pietas* est toujours utilisé par antiphrase ou de manière humoristique.

Il n'y a donc pas de moralité à tirer de l'*Ysengrimus*, qui se démarque en cela des fables antiques et de l'*Ecbasis*. On voit peut-être tout juste se dégager une pauvre sagesse pratique, plus proche de la méfiance que de la prudence. Car les hommes sont pour Nivard irrémédiablement mauvais, et il a dessiné Ysengrin et Renard à leur image.

« Il est mauvais aujourd'hui, il sera pire demain et pire encore après-demain, celui qui hier soir était presque bon. Et lorsque devenu le pire des individus, il ne peut aller plus loin dans le mal, à ce moment-là et alors seulement, ses mœurs sont contraintes de se stabiliser » (III 345-8).

Il ne semble donc pas y avoir de solution au malaise que traduit l'*Ysengrimus*. Et en ce sens, malgré les facéties du goupil et de ses compères, l'épopée de Nivard est une œuvre désespérée. Comment expliquer ici la virulence de la satire et le pessimisme de la morale ?

Il se peut que le texte soit l'écho de problèmes individuels, liés à la personnalité d'un clerc qui n'aurait pu se soumettre à une règle déformée par les abus, et qui aurait été déçu et aigri par la vie de couvent. De fait, certains vers semblent inspirés par une expérience amère. Le poète a perdu toute illusion, sans doute pour avoir été témoin de trop de médiocrité et de compromissions.

« Il est clair que tous les moines sont des fous, jeunes et vieux. Au début, quand ils entrent en religion, ils respectent et aiment leur couvent. Puis la règle qu'ils connaissent à peine perd de sa valeur, et quand ils ont appris qu'il y avait quelque chose à faire dehors et qu'ils sont sortis une seule fois, alors ils ne revisitent le couvent que bien malgré eux ou jamais » (IV 549-553).

De même, le choix fait d'un véritable couvent, de personnages historiques réels, souligne la part prise par les souvenirs personnels et l'expérience vécue. Toutefois le poète ne dit jamais « je », sinon pour se désigner comme narrateur et garant de l'authenticité des faits (I 1061 sq, V 465-6, VII 437 sq). Nous ignorons presque tout de sa vie. Aussi est-il impossible de conclure quoi que ce soit sur l'origine de cette amertume qui affleure si souvent tout au long du texte.

Comme J. Grimm, on aurait pu voir également en maître Nivard un bénédictin de vieille souche, ennemi de la révolution cistercienne et déchirant de ses sarcasmes saint Bernard et ses moines, si le texte ne mentionnait explicitement un couvent bénédictin et les frocs noirs des frères de saint Benoît.

« De plus, des individus noirs, qui ont toute l'apparence de la bonté... » (V 197).

« Il porte un capuchon noir, mais il n'est pas de bonne foi comme il le prétend » (V 566).

Les bénédictins sont donc aussi compromis que les cisterciens, et il serait absurde de faire de l'*Ysengrimus* un pamphlet dirigé contre tel ou tel ordre. Tous sont visés. L'attitude du poète est d'ailleurs sans doute moins dictée par une pieuse indignation que par la colère qu'éprouvaient beaucoup de clercs à se voir écartés de tous les postes avantageux. Nombre de bénéfices étaient en effet monopolisés par les ordres réguliers, et les goliards, et notamment Primat d'Orléans, se sont souvent faits les interprètes des clercs évincés par les moines. Ces considérations confirment d'ailleurs l'hypothèse émise par L. Willems. A l'époque où écrivait Nivard, régnait en Flandre un souverain très pieux, Thierry d'Alsace, qui avait considérablement accru la richesse et le pouvoir de l'Église. Les couvents, notamment, gérés par de grands abbés, jouaient un rôle économique d'autant plus considérable que le droit de main-morte rendait les biens d'Église inaliénables. Or ce sont ces grands abbés, célèbres par leur zèle et leur habileté, que Nivard place en compagnie de l'insatiable Ysengrin. Manière pour lui de montrer, qu'en préférant les biens temporels aux biens spirituels, ces administrateurs ne se conduisent guère autrement qu'en loups rapaces et gloutons.

À cela s'ajoute le rôle de saint Bernard : l'abbé de Clairvaux avait prêché la seconde croisade en Belgique en 1146-1147. Plusieurs de ses voyages, particulièrement fructueux, avaient entraîné la fondation d'abbayes : Villiers-la-Ville, Aulne, Cambron, Loos, etc. Nivard écrit donc au moment de la grande efflorescence de l'ordre cistercien en Belgique. Devant un tel essor, une réaction de rejet était inévitable. L'*Ysengrimus* en est le témoignage.

Enfin, l'*Ysengrimus* traduit sans doute le malaise et la déception ressentis en Occident à l'annonce de la catastrophe de la seconde croisade. Pour expliquer de tels maux, il fallait que Dieu eût abandonné les hommes et que l'Église fût bien corrompue! D'où le ton apocalyptique du livre VII et la longue déploration de Salaura.

Gardons-nous cependant de prendre trop à la lettre le pessimisme de Nivard. La rédaction de l'*Ysengrimus* se situe bien sûr dans des années sombres, obscurcies par la défaite et la mort des croisés, et marquées par un essor jugé excessif des ordres religieux. Toutefois le contexte historique ne suffit pas à expliquer cette « noirceur » propre à l'*Ysengrimus*.

C'était un lieu commun dans les écoles et les cloîtres de proposer comme thème de réflexion et de déclamation la corruption et la ruine du monde, la perversité des hommes et les peines qui les attendent. Ce sujet a d'ailleurs inspiré nombre de pièces de la poésie goliardique. Or il est possible de trouver trace de ce pessimisme de convention dans l'*Ysengrimus*. Non seulement dans les propos bibliques de Salaura, mais encore dans de nombreuses sentences visiblement issues d'un discours de commande. Il faut reconnaître que bien des reproches adressés par le poète à son siècle sentent terriblement leur exercice d'école. Au livre V, Renard, furieux d'avoir été joué par Sprotinus, se repent d'avoir perdu sa proie en voulant protéger son honneur. Car dans notre monde, dit-il, l'argent a complètement éclipsé la noblesse. Seule compte la fortune.

« Voici donc la sagesse des hommes : ils agissent sans rien respecter, pourvu seulement qu'ils puissent s'emparer de richesses. On préfère son profit à la justice, à l'honneur. Il n'est rien dont on rougisse de manquer sinon d'argent » (V 85-88).

De tels vers sont visiblement issus d'une tradition monastique et savante, comme cette strophe attribuée à Gautier de Châtillon et qui est d'une vingtaine d'années postérieure à l'*Ysengrimus*.

Regnat avaritia,
regnant et avari
mente quivis anxia
nititur ditari
cum sit summa gloria
censu gloriari.
Omnes jura laedunt
et ad prava quelibet
impie recedunt.

« C'est l'empire de l'avarice !
C'est le règne des avares.
L'âme avide
n'aspire qu'à s'enrichir,
comme si la gloire du riche
était la meilleure.
Tout le monde lèse le droit
et se livre d'une façon impie
à toutes les perversités. »

Il ne faudrait pas en déduire que l'*Ysengrimus* n'est qu'une œuvre de convention, tissée de lieux communs et de sentiments factices. Mais la part doit être faite entre le pessimisme de commande et la véritable angoisse, qui n'est pas absente, semble-t-il, comme le prouvent les vers écrits sous l'influence de l'actualité et en particulier le dénouement apocalyptique de l'épopée. Car la mort d'Ysengrin ne signifie pas le triomphe du bien. Le loup agonisant est en effet assimilé à la fois à Mahomet et à Eugène III, et le surgissement de ces deux figures négatives, au moment où meurt celui qui incarnait dans l'œuvre la voracité et la bêtise, montre que le mal n'est pas exclu de l'univers : loin de signifier un dénouement heureux, la mort du loup désigne plutôt l'effacement d'une fiction incapable désormais de représenter une réalité qui la dépasse. L'habileté du poète est d'avoir su mettre au service d'une expression personnelle un discours sentencieux et traditionnel, comme il a su personnaliser et investir d'une vie propre un univers animal animé jusqu'à lui d'un jeu trop allégorique et moral.

Livre premier

Un beau matin, comme Ysengrin sortait de la forêt afin d'aller chercher à manger pour ses petits affamés et pour lui-même, il aperçoit Renard, le goupil, qui arrivait en courant par un chemin de traverse, et qui marchait conduit par les mêmes préoccupations. Or tandis que le loup l'avait aperçu le premier, il ne le vit pas, lui, assez tôt, pour prendre la fuite : l'ennemi était déjà trop proche. Comme toute fuite était inutile, Renard joua le tout pour le tout, persuadé que le meilleur parti était de simuler la loyauté. Et comme s'il saluait Ysengrin de son propre mouvement, il commence à lui dire : « Puisses-tu trouver la proie que tu désires, mon oncle ! » (Renard employait avec mauvaise foi le mot oncle, pour qu'Ysengrin se fie toujours à lui, comme à son parent).

« Il se trouve, » dit Ysengrin, « que tu peux te réjouir de ta requête, tu as présenté ta prière à un moment favorable : tu as demandé que je trouve la proie que je cherche, c'est fait ; c'est toi que je réclame pour ma proie, et tu m'appartiens. Dieu ne se montre pas toujours rigoureux pour celui qui réclame une juste faveur. Voyant que la faveur que tu réclamais était juste, Il te l'a accordée sans attendre. Je ne pouvais pas tomber sur un hôte plus agréable que toi. Non ! Je n'ai pas aujourd'hui été le premier à tomber sous les yeux d'un oiseau de mauvais augure[1] ! D'où viens-tu Satan furieux ? Je ne te demande pas où tu vas, je m'en moque, car je t'interdis d'aller plus loin ; tout le chemin qu'il te reste encore à parcourir, c'est seulement de descendre dans mon gosier. Nous en tirons, je le vois, un double bénéfice : bien sûr mon estomac profitera de cette nourriture, et ce n'est pas maître Obizo[2] qui m'a enseigné la médecine qui est écrite et que l'on peut lire sur mes dents. Une fois que la Camène[3] de mon ventre t'aura entouré de toute part, la route ne sera plus pour toi ni longue ni redoutable, mais bien courte. Je compatis à tes souffrances, car tu es fantassin et souvent tu t'épuises à marcher. Je ferai de toi un chevalier, et ne crains pas le poids des armes, tout l'équipement reposera sur mes épaules. Et afin que tu n'ailles pas tomber, tu chevaucheras comme un prophète[4], tu n'auras pas de selle sur mon dos, mais tu seras à l'intérieur de moi. Je ne rougis pas de devenir ta monture, je voudrais l'avoir été déjà, et avoir longtemps servi mon parent. Je me félicite maintenant d'avoir supporté patiemment tes coups et tes insultes, tes blessures vont compenser les menaces que j'ai tues. C'est un fou que celui qui exhale sa colère par des menaces, celui qui effraie son ennemi le prévient. L'homme sûr de lui marche à sa perte, mais son habileté sauve l'homme circonspect, qui se vengera plus vite en cachant sa haine. Toi que je désirais depuis longtemps, la fortune t'a livré à moi d'elle-même. Que périssent ainsi tous ceux que je déteste, tous autant qu'ils sont! Quant à moi, qui je suis, tu le sais ; si je suis bien l'hôte à qui tu fis avaler devant ta demeure une potion digne de Bohémiens[5]! Ah! Renard, quel Brabançon[6] tu as été cette nuit-là! Mais aujourd'hui, à moins que Satan ne t'engloutisse, tu vas filer comme un Anglais[7]! Pourquoi, oui, pourquoi rappeler les outrages que tu m'as infligés, que tu as infligés à mes petits et à mon épouse? N'ont-ils pas été connus de tous? Un asile t'attend maintenant dans mon ventre, descends! » Il ouvrait la gueule : « Entre, compagnon! Bien que tu sois pour moi un mauvais camarade, je ne veux pas te rendre la pareille. Tu es mauvais, comme tu dois l'être, sois-le, je ne veux pas te suivre dans cette voie : je t'ouvre un asile, bien que tu mérites d'être repoussé, descends joyeusement, je suis heureux pour toi de t'avaler! »

Il dit, et il approche une dent dont il chatouille son

ennemi. Il lui arrache doucement les poils de chaque côté du corps. Renard endure ce qu'il ne lui plaisait guère d'endurer, il reste là patiemment, mais préférerait cependant s'en aller. Ainsi, quand un chat agile se joue d'une souris prisonnière, l'abandonne une fois prise et la reprend une fois abandonnée, la bestiole captive reste silencieuse ; lâchée, elle ne part pas, car elle craint autant de s'enfuir qu'elle souffre de rester. Mais qu'à la fin le vainqueur confiant détourne les yeux, oubliant toute loyauté, elle se rappelle la fuite ; elle se joue de celui qui se jouait d'elle. La souris sans dire adieu se glisse dans son trou. Elle qui se plaignait de l'attention sans relâche de son gardien, lorsqu'elle s'est enfuie et qu'elle est libre, ne retournerait pas se jeter dans la gueule du chat pour tout l'or fauve du roi d'Arabie ! Ah ! Comme il est naïf et malheureux, celui qui répugne à fouler du pied sa route et son ennemi ! Incertaine est la fin de celui qui reste toujours en arrière des événements ! Le vieux loup cerne son ennemi rusé sans se tenir sur ses gardes, persuadé qu'il a en main un jeu sûr. Il préfère que son adversaire s'étrangle de peur plutôt que de l'étrangler de force car, pense-t-il, la ruse ne peut rien au cœur du danger. Il agita alors quatre dents qui s'entrechoquèrent bruyamment, comme le métal qui résonne lorsqu'on le frappe sur l'enclume.

« N'aie pas peur » ! dit-il, « les crocs que tu vois dans ma gueule sont émoussés par l'usage et par le temps et ne sont pas tranchants. La porte ne restera peut-être pas toujours ouverte, pourquoi hésites-tu ? Maintenant que tu la vois ouverte, va quand on t'appelle ! Entre ! Explore ! Pourquoi demeures-tu là, fou ? Pourquoi restes-tu planté sur place ? Il faut se dépêcher de franchir la porte tant qu'elle est ouverte. Empresse-toi de sauter ici, afin de ne pas te plaindre d'avoir tardé à entrer, lorsque tu auras goûté les joies qui t'attendent ici. Si tu as un grain de bon sens, tu empêcheras ce que je redoute, qu'un autre réclame pour lui les biens qui te sont offerts. »

Renard n'ose pas sauter dans la gueule hospitalière (ceux qui agissent précipitamment ont souvent de dures journées !). Quand bien même il recevrait continuellement l'ordre d'entrer, il préférerait encore coucher dehors pendant trois semaines. Renard se souvient en effet que les dents du loup étaient jadis expertes en morsures, et il est persuadé qu'elles ne sont pas encore suffisamment émoussées et que, si elles ne peuvent mordre, elles sont au moins capables de faire mal. Il n'est donc pas touché par le désir de cette hospitalité lorsqu'il répond :

« Tout d'abord, mon oncle, invite-moi avec douceur, fou que tu es! Personne ne doit être prodigue de son bien! Je saisis tes intentions, pourquoi déchires-tu mon manteau[8]? Cesse un instant, le temps pour moi de dire trois mots. »

Le vieux loup irrité interrompt le discours commencé : « Il n'est pas de longue conversation convenable sur le seuil de la porte! Entre dans la maison de ton hôte! Sache bien que si tu n'entres pas tout droit, plus tard tu voudras être entré! Viens tout de suite! Je te parle comme à un ami : un jour peut-être tu me supplieras, et la porte fermée deux fois à double tour ne s'ouvrira pas pour te laisser passage. Fais-moi donc plaisir par l'agrément de tes manières. Tout d'abord tu vas entrer, et tu me diras ensuite tous les mots que tu voudras : deux, six, quarante... Et supporte calmement d'être un peu malmené. (On supporte bien des choses pour ceux qu'on aime!) Je suis ton oncle, paie tes dettes envers moi! Tu sais que j'ai bu avec une douce résignation les calices que tu m'as fait boire, à ton tour maintenant de t'acquitter à mon exemple. »

Après avoir ainsi parlé, le vieux loup ne se précipite pas aussitôt sur son ennemi, mais il le déchire de légères morsures et tourne triomphant autour de lui. Il s'efforce alors de savoir ce qu'il lui aurait été plus utile d'ignorer, et il finit par apprendre ce qu'il est puni d'avoir appris : celui qui est pris au piège chercherait-il un moyen d'être délivré? Celui qui est livré à la mort peut-il être définitivement vaincu, sinon par la mort? Le souci de vivre ou un certain espoir subsisteraient-ils chez le pauvre fou, le persuadant de ne pas se résigner à mourir tout de suite? Mais Renard, prenant à son tour la parole :

« Mon oncle, » s'écrie-t-il, « je ne suis pas un Scythe, un Saxon, ou un Suève[9] ! C'est moi, Renard, reconnais ton fidèle parent ! »

Le loup répond : « Et toi, reconnais ton bon oncle ! C'est moi Ysengrin ! Puisque tu méprises mon hospitalité quand je te prie d'entrer, alors entre de force ! »

Bien que ce discours fût plein de bonté, il ne fut pas du goût du goupil, qui répondit en ces termes : « Mon oncle, tu pourrais parfois montrer plus de civilité, nous sommes tous deux issus d'une noble et illustre souche, mais je ne sais par quel hasard tu as depuis longtemps dégénéré en vilain. Souviens-toi du sang de ton père ! C'est le matin maintenant, le ciel rougit ; tu aurais pu m'inviter en chevalier ! Mais tu me tires de force, comme si la nuit et le brouillard tombaient ! Et si je refusais malgré ton ordre d'entrer sous ton toit hospitalier, il s'ensuivrait aussitôt un adieu réciproque ? Je te serais plus reconnaissant de vouloir me rendre service que je n'aurais dû l'être, si tu m'avais effectivement obligé. La raison principale de ma venue était que je voulais prendre des nouvelles de mon oncle et lui donner des miennes. Quelles provisions as-tu donc faites pour l'hiver ? Comment vas-tu ? Comment se porte ma dame ? Comment vont mes neveux, tout l'espoir de ma vie ? Que le ciel leur accorde de vivre ! »

« Tu te soucies donc de nous ? » répondit le loup. « Notre fortune est autre que tu le souhaiterais, je te le dis, et nous n'avons pas jusqu'à présent d'autre provision que toi, mon frère. »

Son hôte répondit à ces paroles : « Plût à Dieu donc que je pusse te suffire ! C'est un malheur de n'avoir pour votre repas que ma maigre personne. »

Son aîné lui rétorque : « Je n'ai pas pour règle, quelle que tu croies qu'elle soit, de mener autrement mes affaires : il est juste qu'il manque de beaucoup, celui qui refuse de prendre peu, les petites proies aident les grandes à suffire. Je dévore les grandes en entier et (remercie-moi d'agir avec tant de patience !) je ne laisse rien subsister des petites. Réjouis-toi donc ! Je dévore les petites proies comme les grandes, et je ne juge négligeable rien de ce que je peux avoir. On doit laper avec d'autant plus de soin que la nourriture est plus maigre, résigne-toi, accepte d'être mangé ! »

« Mon oncle, qu'il en soit ainsi, » dit-il, « les profondeurs de ton ventre ne me sont pas odieuses, et je ne crains pas de devenir la nourriture de ton noble gosier. J'aimerais n'avoir jamais de plus mauvais gîte, mais je ne revendique pas cet honneur eu égard à la condition de mes pères. J'ai plutôt mérité d'être pendu comme voleur à une branche, et de m'y dessécher, que d'être ta nourriture. Cependant, si le destin m'a choisi un tel tombeau, je me réjouis de l'honneur qui m'est fait, mais je déplore l'outrage que tu subis : je suis faible et je manque de courage, tu es vaillant et fort, quel titre de gloire t'apportera ma mort ? Comme le malheureux terrassé par un ennemi puissant n'en retire pas de honte, de même l'ennemi puissant qui terrasse le malheureux n'en retire pas d'honneur. Mais hélas ! Combien de maux te prépare ma mort ! Quant à moi, quel conseiller ai-je été jusqu'à présent pour toi ? Ma mort te cause donc et du dommage et de la honte. Que je vive, je te servirai souvent par mes conseils ; l'expérience acquise compense la petitesse de mes membres, mes tours contrebalancent le fardeau de ma faiblesse. Je te servirai — dès maintenant par ma foi ! (En disant « Je te servirai », comme il souhaitait ajouter quelques mots pour adoucir la colère du vieux loup, les circonstances lui en offrent le moyen. Près de là un paysan transportait un jambon : « Dès maintenant par ma foi » ajouta joyeusement l'hôte d'Ysengrin.) Voici un jambon tendre, gros et gras ; pour ma part, je suis coriace, petit et maigre. Tu nous as l'un ou l'autre à ta disposition, mais tu ne nous auras ni l'un ni l'autre si tu nous veux tous les deux, dis-moi celui que tu préfères, il est à toi ! Confie-moi sans tarder celui que tu mangerais le plus volontiers, c'est l'heure du repas, le jour décline bien. »

Avec un sourire (tout en desserrant cependant les dents), le vieux loup répond : « On me donnera un jambon ? de quelle manière, Satan ? Tu en profiteras peut-être pour t'enfuir, dis-moi qu'est-ce qui t'en empêche ? Non, tu ne te joueras pas ainsi de moi aujourd'hui, tu es tout aussi capable de me promettre Arras[10] qu'un jambon! Garde-le pour toi, mon frère, je ne sais guère espérer dans mes vœux; les belles promesses réjouissent le sot. Je ne sais pas me fier à ce qu'on me promet, je me fie à ce qu'on me donne. »

Plus audacieux dans ses propos depuis qu'Ysengrin avait desserré les dents, Renard morigène son oncle : « Apprends à prendre, malheureux! Une seule chose me gêne : tu ne sais pas encore prendre. Si tu savais le faire, le jambon te serait acquis, mon oncle, quel abbé, quel évêque a interdit de prendre? Prendre est la loi commune, donner est une règle rarement suivie. »

A ces propos Ysengrin répondit : « Tu pourrais donner, je sais prendre! Tu me fais des reproches aujourd'hui, à moi qui hier déjà étais savant en cet art! Eh bien! Que ferais-tu? Le paysan part et garde le jambon, tandis que nous restons là à parler, il s'éloigne; et nous avons peut-être été aperçus. Pris de peur à notre vue, il serre de toutes ses forces son fardeau et allonge le pas. »

« Tu me demandes, » dit Renard, « ce que je vais faire? Emprunte lentement et sans te faire voir le sentier où ce vilain te précède, viens, et observe ce que je fais : le jambon tombera, je te le prédis, ose le ramasser une fois à terre et ne t'attarde pas sur les lieux. Si tu as honte de voler ou si par hasard tu crains le péché de vol, tu peux échapper à ces deux scrupules : ramasse et garde l'objet abandonné; il a besoin d'être porté par quelqu'un, c'est toi qui, pris de pitié, le porteras. Tu seras ainsi innocent et bien tranquille. Souvent les forts sont sots, les faibles malins; c'est maintenant le moment de mettre à l'épreuve mes qualités d'esprit. Mais je stipule que nous partagions le bénéfice, je ne dis plus moitié-moitié, car Dieu fait de petites parts pour les petits, de grandes parts pour les grands. Disons que j'ai le quart du butin et que le reste demeure entre tes mains. » Le loup jurait de faire un partage équitable. « Mon oncle, je ne veux pas » protesta Renard, « les parts seront comme je l'ai décidé, pourquoi hésitons-nous? Allons-y, sais-tu manger de la viande de porc? »

Le loup feint la colère, mais intérieurement il triomphe. Il dit : « Quoi, Satan es-tu fou ? Laisse-moi quelque répit, bavard que tu es ! Il faudrait que je te paie pour que tu t'en ailles, n'est-ce pas ? Ou bien que je te prie ? Non, tu serais plutôt un saule grec ou une nonne danoise[11] ! Tu peux t'en aller, que je le veuille ou non ; je supporterai que tu partes ; mais je ne te défends ni ne t'ordonne rien : si je t'interdis de partir, ton désir de le faire n'en sera pas moindre, si je te l'ordonne, il n'en sera pas plus vif. Je meurs de faim, si tu ne me donnes pas ce jambon, je te prie de revenir. »

Renard part sur le côté, il s'échappe à toute allure ; il longe les buissons qui bordent le chemin et accélérant sa course, il rattrape le retard dû à son détour et dépasse l'homme. Il se faufile en cachette et s'avance en terrain découvert, là où marchait le porteur de jambon, tandis que le loup suivait le paysan, loin derrière lui. Renard mettant en usage les tours que lui inspire sa rouerie habituelle, avance en boitillant d'une patte faible, il chancelle et tombe sur la tête, sur la queue, sur les flancs. Le vilain était sûr de l'attraper s'il le suivait. « Je vais m'assurer, » dit-il, « de la vigueur et de la docilité de mes jambes, car pour les siennes, elles l'ont trahi. D'où que tu viennes, ta route est presque achevée, malgré toi je pense maintenant que tu m'appartiens. Attends, mon fils, que je délivre tes talons des broussailles que tu as arrachées, tu ne peux aller plus loin, et pour te récompenser de m'attendre, je vais te porter. »

A ces mots il tend la main droite (la gauche protège son fardeau), mais tout en suivant l'animal dont il se moque, il est embarrassé ; il se soucie plus de la dame à qui il voudrait donner la peau, que de prendre l'animal qui lui permettrait de la donner. Le paysan semblait sur le point d'attraper Renard ; Renard était pour ainsi dire attrapé. Si vite que celui-là suive, celui-ci le devance nonchalamment. Comme l'espoir augmentait ses forces, le vilain se hâtait, pressait Renard et le poursuivait d'un pas plus rapide. Renard lui rend la pareille et plus se rapproche le pas pressant de l'homme qui le suit, plus il fuit rapidement. Que le vilain crie, il gémit ; qu'il s'arrête, il fait halte. Qu'il soupire, il souffle à son tour ; qu'il se hâte, il se dépêche. Sans que le poursuivant rattrape le fugitif, ni que le fugitif distance le poursuivant, tous deux avancent du même pas vif. Renard semblait facile à prendre, pour peu que le paysan s'élançât sur lui en courant un peu plus vite, mais sa charge faisant obstacle à son désir, le vilain eut une idée : il décroche le fardeau de ses épaules, il tend les deux bras et s'aide alors des jambes, des mains et de la voix. Il ne pense pas qu'une ruse se trame derrière son dos — Renard, avec son habileté habituelle, trompe son poursuivant, tandis que le loup regagne sa tanière après s'être emparé du jambon.

Le rusé Renard, allant et venant avec mille détours, provoque l'homme naïf et se joue de lui : en effet, tantôt se jetant dans des détours sinueux aux courbes complexes, il dessine les replis illusoires d'un serpent enroulé sur lui-même, tantôt d'une course oblique il va d'un côté, puis d'un autre. Il ne recule ni n'avance et emprunte sans cesse les mêmes chemins, mais jamais il n'ira là où l'on croit qu'il est allé ; il entremêle les replis d'un labyrinthe trompeur avec l'habileté de Dédale. Il modifie en un clin d'œil ses détours incertains, partant loin en avant, puis un peu en arrière ; tantôt il oblique dans un sens, part dans un autre et revient sur ses pas, tantôt il tourne en rond et fait mille petits tours[12]. Cependant au milieu de tant de jeux, l'homme ne sait plus où chercher avec un peu de certitude l'animal à la course pleine de détours incertains. Renard file à la dérobée entre les jambes de sa victime ; il bondissait depuis longtemps derrière le dos du paysan, quand celui-ci pensait encore l'attraper devant lui. Voici qu'ils ont échangé leurs rôles : le fuyard a pris la place de son poursuivant, celui-ci celle du poursuivi. Le vilain qui cherche de tous ses yeux, finit par se rendre compte de la disparition de Renard ; étonné et frappé de stupeur, il se demande longtemps avec embarras, à court d'idées, quand il a perdu l'animal, ou bien, puisque celui-ci est perdu, où il peut bien s'être caché. Il se disposait à jeter un coup d'œil par-dessus son épaule droite, avec l'intention de chercher dans quel coin se dissimulait Renard. Celui-ci craignit qu'en regardant derrière lui, le paysan ne remarquât d'une manière ou d'une autre la ruse du loup derrière son dos. Il s'avança, venant de gauche, et tandis que l'homme cherchait sa cachette, il attira de nouveau ses regards en poussant deux gémissements, et il s'élança devant lui. Le paysan est tout aussi stupéfait de voir revenir, sans savoir comment, l'animal disparu, qu'il l'avait été lorsque Renard s'était auparavant caché à son insu. L'un de fuir, l'autre de le poursuivre. A de nombreuses reprises le bout de la queue de Renard tombe entre les mains de l'homme, leur échappe et les laisse vides. A un moment Renard, comme évanoui, s'effondre et attend étendu de tout son long celui qui l'a saisi et dont la main droite tient fermement sa queue. « Reste avec moi, l'ami ! » dit l'homme et, saisissant son couteau de la main gauche, il brûle de dépouiller le malheureux de sa fourrure. Je ne sais si Renard eut peur du froid perçant, ou bien du fer tranchant, ou bien, prudent, de l'un et de l'autre, mais il ne voulut pas subir ce traitement. Il sauta donc de côté sur la main qui tenait sa queue, et lui échappa, car la main de l'homme tremblait sous son poids. Le paysan stupéfait lâche la queue de Renard et celui-ci, après avoir bondi par-dessus les épaules et la tête de l'homme épouvanté, retourne d'où il vient. Lorsque le paysan vit qu'il avait pris l'animal et qu'il n'avait pu le garder, il s'en fallut de peu qu'indigné, il ne se perçât le cœur.

Renard se roule de nouveau sous ses yeux, tombe encore une fois devant lui, et le malheureux prend la voix d'un mourant. Le paysan s'approche peu à peu, prêt à se jeter sur lui de tout son poids : « Sauve-toi, si tu le peux ! » dit-il. Le jarret plié, il agite et tend les bras, il prend son élan et frise le succès : mais le rusé animal d'un saut sur le côté, échappe à l'homme qui bondit et c'est la terre nue qui reçoit le poids du chasseur en plein élan. Pendant qu'il s'efforce de se relever, Renard lui saute sur les épaules, sur la tête, et disparaît d'un bond après lui avoir mordu une oreille. L'homme était furieux, plein de colère, et gémissait le nez dans la poussière ; repartant avec encore plus d'acharnement, il reprend la poursuite. Renard était facile à prendre, mais difficile à garder ; sans avoir l'air de fuir, il fuit cependant toujours, sans qu'une distance de plus de trois brasses ait jamais séparé les adversaires dans leur course. Trois fois l'assaillant attrapa la queue de Renard, trois fois elle lui échappa alors qu'il la tenait. Trois fois il faillit réussir et trois fois il échoua. Ainsi la brise légère s'évanouit lorsque les enfants referment sur elle leur petit poing, ainsi la queue glissante de l'anguille échappe toujours aux mains qui la saisissent. Renard donc, tout en plaisantant, avec la ruse habituelle à ses manœuvres, se résigne à trembler et à chanceler, à tomber et à se laisser saisir, et il se joue ainsi de l'homme jusqu'au moment où il se rend compte que le loup est parti et qu'il est rentré dans les bois avec le produit de son larcin. Aussitôt, il se jette dans la forêt par des chemins impraticables et détournés, et échappe aux regards comme une plume emportée par le vent du nord. Le paysan stupéfait a plus le cœur de s'étonner de l'apparition de ce nouveau monstre que de se plaindre du dommage qu'il a subi : « Retourne d'où tu viens » dit-il, « enfonce-toi dans l'Averne ! Non, tu n'es pas un goupil mais Satan quatre fois incarné ! »

Renard s'arrête et crie de loin au vilain en le saluant : « Je m'en vais, compagnon, adieu ! Pour que tu saches — car tu étais embarrassé — à quelle dame envoyer ma peau, j'ai bien voulu ralentir mon allure ; mais tu hésites encore, étourdi que tu es ! Je garde ma peau. Lorsque tu sauras à qui la donner, je t'en ferai volontiers présent. Autant ta peau m'eût appartenu, si j'en avais eu besoin, autant bien entendu, la mienne t'appartient. Et ne sois pas malheureux de mon départ : ma peau t'a vite échappé quand tu tenais ma queue, de même elle échappera à tous en quelque endroit que je me trouve. »

Le rusé trouveur de jambon était parvenu à la maison où Ysengrin et lui s'étaient donné rendez-vous. Il promène ses regards autour de lui, longtemps immobile et silencieux. Il voit pour seul relief du repas la corde d'osier qui avait servi à suspendre le quartier de porc aux solives enfumées. Le vieux loup, avec toute la viande, avait dévoré même les os et pas encore repu, il rongeait déjà le morceau d'osier. Le goupil lui adresse donc la parole le premier, tout en restant à l'écart, persuadé qu'il ne fallait pas trop se fier à la gueule de son oncle :

« Mon oncle, ta pâture m'a l'air presque tondue, tu ronges, tu ne sembles pas encore rassasié ; tout le jambon repose en paix, pourquoi n'as-tu pas mangé en même temps le lien d'osier ? D'ordinaire, les petits plats qui ne sont d'aucun secours à un ventre vide, apportent à un ventre rassasié ce qui lui manquait. Demain (tu mourras alors encore de faim, on ne se rassasie jamais définitivement !), tu déjeuneras plus copieusement. Prends encore les restes et tu n'auras pas dévoré la part d'autrui. Pour qui les garderais-tu en récompense de ses peines ? »

Le loup, son aîné, lui répond : « Par ces poils blancs de mon vieux crâne ! Je ne me soucie pas si peu de mon âme ! Et alors où prendrais-tu la part que tu attends ? Entre associés, il n'est pas de fraude qui ne soit coupable ; toi aussi tu supporterais impatiemment de voir que je garde tout et que je ne t'ai rien laissé. Regarde, il te reste l'attache, je te l'ai loyalement conservée ; elle est rongée, certes, mais n'a pas trop souffert, j'ai cependant eu de la peine à pouvoir te la conserver après avoir mangé le jambon. Mais sache qu'ils n'ont pas le même goût, j'ai mordu plus doucement et plus profondément dans le lard, et la viande m'a été plus profitable et plus tendre. Prends, voici ta part, et reconnais que j'ai agi en associé. Ce n'est pas à un autre, mais bien à toi qu'est octroyé un aussi bon morceau. »

« Mon oncle, » répond celui qui avait déniché le jambon, « que cette pièce revienne à qui elle convient ! C'est là, à mon avis, pire que rien ! Ce que tu m'as gardé, garde-le pour qui veut se pendre, car il n'est pas de corde qui soit à mon gré. »

Le vieux, irrité, s'écrie d'une voix menaçante : « Je pensais avoir mérité ton amitié ; maintenant j'ai compris à quoi tend ta fourberie, j'ai mangé ma part, voici la tienne, prends-la ! J'ai deviné que tu tirerais la couverture à toi : c'eût été à mes dépens, bien entendu ! Tu voudrais seul profiter des deux morceaux, tu t'arrogerais astucieusement tout ce que nous aurions trouvé ; et comme la souris par la souricière, la force se laisse toujours attraper par la ruse. En me servant sous ton nez, j'ai donc agi plus prudemment que tu ne l'espérais : on bat le fer tant qu'il est chaud. Une chose en préfigure une autre, le passé indique l'avenir, et il n'est rien qui ne rende l'esprit plus pénétrant. Or si tu étais aussi courtois qu'on le prétend à tout venant, et, si tu étais aussi sage qu'on le croit, la bienséance du moins, malgré ton manque de charité, t'interdirait de critiquer ma conduite. Si ton ventre a besoin d'une telle quantité de nourriture, tu n'ignores pas celle qu'il a fallu au mien. J'aurais pu, n'écoutant que moi et tout en me réservant le jambon, te donner la corde plus qu'à demi rongée. Mais comme tu es un sage, ni la perte de la corde que j'ai rongée, ni celle du jambon que j'ai mangé, ne te font t'affliger. L'attache te suffirait si elle était entière et tu connais mon appétit ! Il est donc honteux que tu te plaignes, toi dont l'estomac est étroit et peu profond ; le mien, lui, qui emplit en long et en large tout le creux de mon ventre, est d'une grande capacité. Si l'affaire était portée devant le synode[13], ne fournirais-tu pas un sujet de moquerie et moi un modèle de charité ? Donc, au terme de ta plainte, lorsque tu réclamerais le jugement du synode pour le tort subi, aussitôt un orateur éloquent avancerait des arguments véridiques et me soutiendrait, moi l'innocent, en ces termes :

« Ysengrin comparaît devant vous, innocent du crime dont on l'accuse, la succession des événements semble ici indubitable. Ysengrin avait fait vœu cette année de supporter les austérités de la vie monacale, tandis que Renard vivait parmi les laïcs. Il était moine au couvent, jusqu'à ce qu'il parte sur l'ordre de l'abbé, qui redoutait son gosier vorace ; il part sur son ordre mais en vérité malgré cela, il craignait d'enfreindre les commandements sacrés des pères. Car on trouve écrit dans le livre de la règle sacrée : "Il convient que celui qui a besoin de plus prenne plus"[14] et "Lorsque les cloches auront retenti et signalé aux frères qu'ils devaient venir, que la communauté se mette rapidement à table." Ysengrin soucieux de la règle sacrée, ne voulait pas transgresser les ordres des pieux principes. Il rencontre Renard, et tandis qu'ils se saluent l'un l'autre selon la coutume, il vient à passer quelque chose qui ressemblait à un jambon. Le goupil s'adresse en cachette au frère : "Si tu voulais, seigneur, partager avec moi ce jambon, je te le procurerais habilement." Le frère lui répond : "Nous le partagerons", comme la règle ordonne au moine de dire : "Cela est à nous tous", quoi qu'il possède[15]. A ces mots, Renard s'éloigna, il abandonna notre frère. Pendant son absence il ne lui fit rien parvenir, et de retour, il ne lui donna rien.

Notre moine, en examinant le ciel, se rendit compte qu'il allait être l'heure où le son des cloches a coutume d'appeler les frères à table. Il tombe sur un jambon offert, dont il ne sait qui le lui donne ; or c'était l'heure que la règle fixait pour le repas. Négliger l'heure est une faute, il n'y a là ni Renard ni personne d'autre : reste le moine. Le frère se met à table en louant les dons de Dieu, et il ne garde rien, car il se souvient du conseil donné par le Seigneur : "Ne t'inquiète pas du lendemain[16]." Finalement alors que tout était achevé, cet individu se présente, et, lorsqu'il voit le lien qui avait servi à pendre le quartier de viande à un toit noirci par la fumée : "Où est ma part ?" s'écrie-t-il.

Le moine répond à ses cris : "Mon frère, tu réclames à la légère. Réclame en frère, je t'accorde volontiers ce qui t'est dû ; c'est la règle de notre ordre, que prenne plus celui a besoin de plus : j'ai eu besoin de plus, j'ai donc pris plus. Si un frère quitte la table plus de la moitié du ventre vide, notre règle est enfreinte et c'en est fait d'elle ! Quel que soit celui qui m'a donné ce jambon, j'ai fait ce qu'il convenait. Voici les restes, notre règle n'ordonne pas de donner davantage, prends ce qui subsiste !"

Ce moine prouve au tribunal du synode qu'il en a bien été ainsi et pas autrement, et il ne tremble ni devant l'évêque de Reims ni devant celui de Rome, que l'on sollicite l'un ou l'autre de ces dignitaires. Censeurs, examinez cette cause !

Après une telle plaidoirie, sot, qu'est-ce que le synode dirait te revenir ? Si tu voulais bien examiner la nature et la quantité de mes besoins, et me conserver ta loyauté avec le zèle d'un ami, même si j'avais à peu près rongé l'écorce de l'osier jusqu'à la moelle et que le jambon ait été accompagné de deux brebis, je n'aurais pas dû être blâmé ; mais je mériterais plus de reproches, si j'avais laissé la moindre miette ! Cesse maintenant de te plaindre, ta part est proportionnellement plus grande que la mienne, mais tu manques de charité et de bon sens. L'écorce est presque encore bonne et il te reste l'osier dont mes dents n'ont pas gâté la moelle. Le jambon me semble avoir été partagé selon une juste mesure, je n'aurais pas fait mieux pour mon propre frère. Approche, malheureux, mesure la corde, vois toi-même de quels égards je t'entoure comme un ami, et si tu reconnais que j'ai raison, suis mon conseil, ne méprise pas ce que tu peux avoir, ronge au-dehors l'écorce et suce la moelle délicate. Quant à la partie dure à manger, elle t'offre une autre ressource : quand une fortune heureuse t'aura fait présent de quelque gain, tu pourras en liant ton fardeau le transporter plus commodément. »

Renard, craignant d'éveiller la colère de son oncle, s'il parlait davantage, dit avec une amabilité qu'inspirait la ruse : « Mon oncle, tu as justement prouvé ton innocence selon la justice rendue de nos jours : plus on est puissant, plus on agit mal, c'est le pauvre qui paie tout, le riche sait que Dieu le soutient. Le pauvre n'est pas connu de Dieu ; ce que le prodigue brûle de dépenser, ce que l'avare brûle de serrer dans son coffre, c'est le pauvre qui le débourse. Le bien du riche comme le bien du pauvre appartiennent l'un et l'autre au riche ; tout le maigre bien du pauvre vient de ce que lui donne le riche. Tu n'as donc rien pris qui nous appartienne de plein droit, mon bien est à toi autant que le tien, si tu en as besoin. Si tu avais moins mangé, tu aurais l'estomac moins exigeant, le vêtement et la nourriture autorisent aujourd'hui toutes les licences. Tu n'as besoin du pardon de personne, la force commande à la justice ; le riche étant plein d'indulgence pour lui-même, quoi qu'il fasse, c'est le pauvre qu'on accuse, qu'il soit coupable ou innocent, le pardon est à vendre, pour le mériter, il suffit de l'acheter. Le pauvre est juste sans qu'on lui rende justice, le riche coupable sans qu'on l'accuse, il se pardonne à lui-même au nom de la charité divine. Lorsque donc, en d'autres circonstances[17], le riche aura besoin de quelqu'un pour lui pardonner, Dieu ne le paiera-t-il pas de retour, au nom de sa charité ? Je ne me plains pas, soyons unis comme auparavant ! »

Alors le vieux dit d'une voix douce tout en se réjouissant : « Maintenant que tu fais preuve de sagesse, reçois avec joie ton présent. Tu le sais bien, je partage toujours ainsi avec mes associés. Si ta part est moins belle que tu le voudrais, la mienne non plus n'a pas répondu à mes vœux, maintenant résigne-toi ! Je te rendrai quelque chose lorsque nous ferons un autre gain, non que je le doive, mais je suis généreux. »

Renard est d'autant plus vivement blessé par cet outrage que, dans sa douleur, il n'avait pas répondu à Ysengrin comme il le méritait. Le cœur souffre moins d'une fureur qui s'exhale en menaces ; en s'exprimant la colère disparaît, mais elle subsiste lorsqu'elle se dissimule. Mais parce que Renard, prudent, a coutume de faire passer les actes avant les mots, il n'a pas voulu crier avant le jour favorable ; il ne dit pas « je ferai », afin de ne pas perdre l'occasion de dire « j'ai fait ». L'attente fait vivre l'espoir, la précipitation le tue.

Le jour choisi pour la vengeance était donc arrivé ; les deux ennemis se rencontrent, chacun poursuivant l'autre qui le poursuivait, ce n'était pas un hasard. A la vue du goupil, le vieux loup réjoui prépare de vaines flatteries et dit avec une habileté balbutiante : « Puisses-tu arriver à un bon moment, mon parent ! Qu'apportes-tu ? Aujourd'hui si tu me donnes quelque chose, je partage sans ruser ! »

Le goupil lui répond : « Donne-moi donc une nouvelle fois ta parole, mon oncle, comme tu l'as engagée lors du partage du premier jambon, si tu en veux un second. Qu'une parole soit tenue une première fois, voilà qui invite à penser qu'elle le sera derechef ; de même la ruse ancienne est l'indice de la suivante, on dit couramment : "Le tour qui a été joué annonce celui qui doit l'être." Ce quartier de porc a été à peine équitablement partagé. Mais aujourd'hui je serais payé d'une corde intacte, si tu héritais d'un second jambon à dévorer ? Tu te repens d'avoir commis une faute, tu as cessé de tromper les gens, et tu t'affliges sur le tard du crime de ta perfidie. Si la première fois tu m'avais gardé sans tromperie la ficelle, tu aurais vu arriver un second jambon plus succulent que le premier. Suivons un meilleur chemin ! Je considère nos mœurs : nous sommes aujourd'hui et demain ce que nous avons été hier, je n'aurai donc plus rien de commun avec toi : lorsque tu ne manges pas seul, aucune nourriture, même abondante, ne peut te rassasier. Ne te plaignais-tu pas que ton ventre furieux, abusé par ces deux misérables portions[18], n'avait presque rien dévoré ? Et maintenant, tu partagerais en camarade ? Je crois plutôt, afin que tu ne commettes pas une nouvelle faute, qu'il faut agir autrement. La règle ne t'interdit pas les poissons, tu as été moine et il ne faut pas toujours manger de la viande. Fais en sorte d'habituer à des repas licites ton ventre insensé, dont la voracité ne te fait redouter aucun crime. Tu jures "C'est juste !", quand ce n'est pas juste, "C'est injuste !" quand c'est juste, et sans aucun respect tu ouvres une gueule béante à la vue des biens d'autrui.

Tu mets dans le même sac tes biens, les biens communs, les biens d'autrui, tu veux vivre de rapines et toujours te régaler de viandes. Les excès de boisson et de nourriture offrent de quoi freiner l'honnêteté[19], et celui qui cherche à devenir honnête redoute les uns et les autres. Hélas ! Ni le vendredi ni le carême ne te font peur, si vraiment tu es juif, comme je le crois. Satan est moins vaurien que toi, quoi que tu fasses : il laisse quelque chose derrière lui tandis que toi, tu ne laisses rien. Aucune loi ni morale ni écrite, ni la politesse, ni la pudeur, ni la crainte, ni la charité n'y ont mis de limite. »

Son rival lui répond, réjoui par l'espoir d'une proie : « Pourquoi, mon parent, ces paroles si amères à mon égard ? Epargne-moi, je t'en prie ! Quels que soient tes ordres et tes interdictions, je t'obéirai, quels que soient tes commandements, sauf sur trois points : je ne donne rien, je méprise la mesure, et je maudis la loyauté. Ecoute pourquoi, pour quelle bonne raison je fuis ces trois choses, car il n'est pas de sage qui souffre de leur manque : je garde ce que j'ai acquis, car en cas de besoin on ne me rendrait pas ce que j'ai donné, et j'appréhende d'en avoir besoin. Les naïfs disent que je suis trop vorace — lorsque j'ai le ventre plein, je n'absorbe plus rien, je partage inégalement les biens communs, les sots m'en font un crime — mais la moitié ne me suffirait pas, tout ce qui me manque, je le prends tantôt par la force, tantôt par le vol — mais je serais chassé, ou bien pris et pendu, si je le demandais. J'exécuterai tous tes autres ordres, pour peu que ce me soit permis, je renonce à la viande si tu me donnes quelque chose de plus délicat pour me nourrir. »

A cela le menteur répond : « Tu guériras aisément, la viande mise à part, je ne veux rien t'interdire ; je veux que tu changes quelques petites choses, tout le reste te sera permis. Je te pardonne tes défauts que je partage. On dit (et c'est vrai!) que tu as eu souvent des torts envers moi, alors que je t'ai procuré, tu le sais, nombre d'avantages. Tu as été aussi loyal envers un ami loyal, qu'un Anglais ressemble par son teint à un Indien. Tu es jusqu'à présent d'autant moins gentil que tu me dois plus, mais personne, si ce n'est le pire des individus, ne rend le mal pour le mal. Donc pour ne pas te laisser périr, je vais te donner un nouveau conseil. Je sais un vivier qui renferme d'innombrables poissons. Un très grand nombre d'entre eux vient périr dans un passage étroit et peu profond, afin de laisser aux autres la place pour nager. Le pêcheur, qui est là bienvenu, attrape là les poissons qui se poussent l'un l'autre dans son filet ; et personne n'est à mes yeux plus capable que toi de vider cet endroit si encombré d'énormes poissons. Si larges et étendus que soient les recoins de ton ventre, tu ne dois jamais être rassasié, si tu ne l'es pas là. »

Le loup se récrie, plein de joie : « Sommes-nous fous, Renard ? Pourquoi restons-nous plantés ici ? Dépêche-toi ! Je meurs si je ne pêche ! Si tu veux que je vive, conduis-moi aux poissons, je renonce absolument à la viande. Ne me rappelle pas, s'il te plaît, mon vieux forfait, j'avais perdu la balance dont je me servais habituellement pour équilibrer les parts, c'est pourquoi je les ai prises toutes les deux pour moi seul. Si maintenant tu me donnais un jambon, il serait pour toi seul, tu devrais normalement en avoir le quart, mais à présent tu seras notre égal. Et emmène ton vieil oncle pêcher les poissons. » Le goupil part en avant et le loup le suit. Ils vont du même pas, mais avec des souhaits différents : celui-ci désire son profit, celui-là médite une ruse. L'espoir stimule l'effort du vieux loup, mais l'effort et l'espoir aiguisent sa faim ; harcelé de ces aiguillons, il déclare :

« Dis-moi, mon parent, car il me convient fort de le savoir, à quelle distance d'ici se trouve le gué où nous allons pêcher ? »

« Mon oncle, pourquoi m'interroges-tu ? » répond Renard.

Mais le loup d'ajouter : « Tu me demandes pour quelle raison je t'interroge, à la suite de quel larcin es-tu maintenant d'un esprit si naïf ? D'où te vient cette gaucherie (n'étais-tu pas malin ?), qui te fait me demander pourquoi je t'ai demandé ce que tu aurais dû me dire, avant même que je t'interroge ? C'est que cela me convient ! Il se peut en effet que tu ne saches pas (pourtant la rumeur publique le dit), combien ma gueule est de nature emportée, quel appétit mordant lutte dans mon ventre. Ne sais-tu pas que les gains longs à venir tuent les gens avides ? Les gains qui se font attendre les font plus souffrir que ceux qu'ils perdent : n'ai-je pas été moine ? Et tu le sais, on dit que je le suis encore ! Lorsque son aliment croît, le feu croît et devient plus vorace ; rien ne peut devancer un esprit avide, un brandon naturel enflammait déjà suffisamment ma gueule toujours ouverte, et la règle sacrée y a ajouté ses encouragements. Lorsqu'un moine voit un gain à sa portée, il se rue dessus comme l'éclair lancé dans un ciel d'orage ; deux Carybdes connaîtraient la mesure, quand un seul l'ignore ? De là une fureur sacrée, puis coupable me pousse : c'est la piété du moine qui se déchaîne plus que l'impiété du loup. Rassasié, je dis "Assez", mais moine je dis encore "C'est peu!". Auparavant je péchais, chaque fois que je recourais à la violence, et mes vols ne m'étaient pas pardonnés ; mais sitôt que j'eus revêtu le capuchon sacré et que les bons frères m'eurent enseigné leur exemple, aussitôt ce qui était interdit, comme ce qui était permis, commença à m'être autorisé, et rien ne m'est défendu, si ce n'est le besoin. Dis-moi donc ce qui nous reste à faire de chemin, afin que mon désir redoublé ne me fasse pas mourir sur place. »

« Mon oncle, » répond son guide, « lorsque le crépuscule aura complètement recouvert le monde, nous achèverons le voyage entrepris. Vers le milieu de la nuit, si nous faisons route sous de bons auspices, nous pourrons emporter tout le butin que nous pourrons traîner. »

Le futur pêcheur lui réplique : « Ta science ne dépérit-elle pas ? Je ne sais ce que ton esprit a subi, mais tu restes stupide, abruti ; le poids d'une montagne qui se dresserait huit milles au-dessus des nuages, posé sur mes épaules, triompherait-il de moi ? Mais il m'est facile de porter ceux que dissimulent les flots, avant que j'aie dit "Cela suffit", aucun n'échappera à mon gosier. Si une fortune favorable sourit à mes entreprises, j'en emporterai assez pour dix ans. »

La rigueur de février avait suscité un froid capable de geler les eaux du Danube. Parvenu à l'endroit du vivier, le goupil déclara : « Arrête-toi, mon bon oncle ! » (Il y avait un trou béant dans la glace récemment brisée.) « Trempe là ta queue, mon très cher oncle, tu n'as aucun autre filet dont tu puisses user, sers-toi de ta queue comme je le fais ; chaque fois que je pêche, je suis cette méthode, dans n'importe quel fleuve, et pour te parler par expérience, si des filets de lin retiennent une bonne prise, ma queue d'habitude en prend trois fois autant. Or, si tu ne refuses pas d'écouter mon conseil, je t'exhorte à faire pour une fois preuve ici de sagesse, malgré ton désir redoublé. Garde-toi de prendre des saumons, des turbots et de grands brochets, pour ne pas être retenu par un poids trop lourd ; attrape des anguilles, des perches et de plus petits poissons, qui te soient légers à soulever malgré leur grand nombre. Un fardeau proportionné à nos forces ne nous brise pas les épaules, tandis que la peine fait toujours obstacle aux entreprises démesurées. Il fait un gain peu profitable, celui qui se perd lui-même en même temps que son bénéfice ; souvent des préjudices immédiats se cachent derrière les bénéfices, ne te fais pas prendre en prenant, pêche en observant la mesure, c'est elle qui garde et dispense les vertus. »

Le porteur de filet lui répond : « Ne me donne pas de conseils, mon frère, garde-les pour toi ; j'agis sur mes propres conseils ! Par ce chef blanc, si je connaissais les eaux aussi bien que tous les carrefours des forêts, Jonas saurait que c'est parce que je ne me préparais pas encore à écumer les eaux, qu'il a été jusqu'à présent privé d'un vengeur. Je préférerais un crabe à un turbot ou un dauphin à une baleine ? Mon père ne l'a pas fait et ne me l'a pas conseillé. Plus ma bouchée est petite, plus elle entre tristement dans mon gosier ; un maigre plat est un présent de Satan, une chère abondante est un présent de Dieu. Malheur à moi, quand les os rencontrent soudain mes dents et les blessent ! J'aime à plonger longtemps mes dents dans la nourriture, et selon mon témoignage, Dieu ne se montre jamais aussi digne de louanges que lorsque rien, pendant longtemps, ne vient blesser ma gueule libre de toute entrave. Le pauvre se réjouit de peu ; moi, je suis riche, je prends beaucoup. Dieu se soucie peu du pauvre, il fait et garde tous les biens pour les riches et les leur offre ; le riche sait comme ils ont bon goût, le pauvre l'ignore. Le riche connaît les instruments du pouvoir, il les désire parce qu'il les a connus ; il recherche parce qu'il les a désirés, ceux qu'il médite de rechercher, il les trouve parce qu'il les a cherchés, et une fois qu'il les a trouvés, il en profite ou s'en abstient, usant à son gré de l'ordre, du succès, du temps, de la loi, de l'endroit. Il rassemble et répand, il est honoré, loué, aimé, de près comme de loin il est connu et il plaît. Malheur à celui qui ne connaît le goût d'aucun bien, qui n'en recherche aucun ! Qu'il vive sans bien, qu'il vive privé d'honneurs, que personne n'aime un tel homme, que personne ne daigne le détester! Je pêcherai donc de la manière qui me plaît; il y a une sorte de parenté entre l'homme avide et Dieu; l'homme avide désire tout, Dieu offre et possède tout. »

« Mon oncle, » dit son guide, « je te conseille, je ne cherche pas à te donner des leçons, le sage parfait fait preuve de sagesse sans leçon. J'ai peur pour toi — quand on aime, on doit ce soin à qui nous aime — sans compter les liens très proches qui nous unissent. Tu es donc ici parce que je t'y ai conduit et tu as découvert cette aubaine et cet endroit sur mes indications — apprends-toi tout seul ce que tu dois faire! Veille à tirer parti de cette aubaine, de manière à ce qu'elle ne soit pas suivie d'un préjudice; mesure tes forces, ne regarde pas tes désirs. J'ai fait tout ce que je devais faire, il me reste à m'en aller, je te confie la fin des opérations. Je t'ai dit que faire et où le faire, tu t'es chargé de la tâche; moi je n'ai fait que parler, je n'avais rien à craindre — toi, tu agis, fais attention! Travaille bien! Pendant que tu pêches, je vais attraper un coq, je te laisse les poissons, le coq me suffit. Je te le répète : si tu as de l'amitié pour toi-même, pêche habilement, je te le conseille si tu as besoin d'un conseiller. Je pense qu'il faudra imputer à ta grande voracité les fautes commises, lorsque tu seras cloué sur place, rivé au-dessus d'un poids trop lourd. »

Comme le jour se levait, Renard afin d'attirer habilement une foule furieuse, gagne le village le plus proche, et tandis que le peuple faisait le tour de l'église[20], il dérobe le coq du prêtre qui, lui, se trouvait déjà sur le parvis, et il prend la fuite. Le prêtre ne loue pas son larcin et n'y trouve sujet ni à louanges ni à plaisanteries. Il chantait : « Salut, jour béni! », comme la coutume le voulait aux grandes fêtes, et la foule répondait : « Kyri ole[21]. » « Salut, jour béni! » Le cœur et la voix lui manquent et sa douleur redouble : « Malheur à toi, jour funeste! Malheur à toi, jour funeste, malheureux pour les siècles des siècles, toi qui vois un voleur regagner son antre heureux de son butin! Quand c'était jour de fête, ou quand j'avais un hôte de très grande marque, je me suis privé de ce coq, et ce Satan l'a emporté! Que l'évêque souffre comme moi, lui qui aurait dû me relever de mes fonctions[22] ! Voici que cette messe a été la perte de mon coq, ce n'est pas à moi mais au goupil que la messe profite, je le jure sur l'autel! J'aurais préféré ne pas célébrer la messe pendant un mois! »

Aussitôt, abandonnant l'office commencé, il se met à crier au milieu de la foule : « Seigneurs, hâtez-vous, bonnes gens! Et vous tous qui voulez mériter mes prières et dont le cœur est fidèle à moi et à Dieu! » Tous saisissent leurs armes, tout ce qu'ils aperçoivent fait l'affaire. « Taïaut, taïaut, » crient-ils aussitôt, « taïaut, » hurlent-ils sans cesse. Ils poursuivent Renard à travers les montagnes, les vallées, les plaines et les terres en friche. Derrière leur ennemi en fuite, ils sont mille qui font tournoyer mille objets divers : les clercs brandissent des vases, des hampes de croix, des chandeliers, des reliquaires, le sacristain un calice, le prêtre lui-même un livre, la foule suit avec des crucifix, des milliers de pierres. En tête le prêtre se déchaîne de la voix et des mains.

Le voleur avait consciemment gagné le lieu où il voulait aller, celui où il avait laissé le vieux loup à sa pêche; il hurle de si loin que ses cris parviennent à peine à Ysengrin, il se démène comme si on le conduisait au gibet en jetant ces paroles essoufflées : « Partirons-nous? Es-tu prêt maintenant? Dépêche-toi, mon oncle, au pas de course! Si tu as envie de courir loin d'ici avec moi, cours vite! Pour moi, je ne suis pas venu avec la liberté de m'attarder, si tu veux venir, viens mais fais prestement diligence! »

A ces cris, le loup se met lui aussi à crier et se récrie : « J'entends! Pourquoi cries-tu? Je ne suis pas sourd! Cesse de délirer! Nous n'avons à avoir peur ni du tonnerre, ni d'un tremblement de terre, ni du jour du jugement. Mais pourquoi ce départ précipité, pourquoi faut-il partir aussi vite? Je relève d'abord mes filets, ma pêche est à peine commencée. Dis-moi cependant, si tu le sais, s'il ne m'aurait pas été plus avantageux de me retirer que de persister? »

Troublé, Renard lui répond : « Je ne sais pas s'il te sera bon ou mauvais d'avoir ajourné ton départ, ceux qui me suivent te le diront. Tu ne me fais pas l'honneur de me croire, tu le leur feras peut-être à eux, mais il est bon que je me hâte. Continue à relever tes filets, si vraiment tu dois en retirer un bénéfice, reste là. »

Le loup, un peu effrayé, lui répond sur le ton de la prière : « Ça y est ! Je me dépêche et je viens avec toi, reste ici cinq minutes ! »

Renard répond à son oncle en ces termes : « Je ne m'attarderais pas ici trois minutes pour sept schillings[23], tu es demeuré pour ton profit, reste à ta guise ! Ce que j'espérais prendre, le hasard me l'a offert, je le tiens entre mes crocs. »

Sérieusement effrayé, le loup le prie une seconde fois : « Arrête-toi si tu es mon ami ! Ceux que tu fuis sont loin, tu m'as conduit ici, ramène-moi loin d'ici ! En me ramenant, mérite qu'on ne dise pas que tu m'as conduit ici par ruse. C'est dans le malheur qu'on reconnaît les amis. Une loyauté irréprochable embellit même la personne du pauvre, mais la traîtrise déshonore une toge de pourpre. Je ne pensais pas avoir pris tant de poissons, je sens qu'ils seront plus nombreux que prévu. Je suis retenu par le poids de ma pêche, aide-moi ! Porte secours à ton vieil oncle ! Scélérat ! Pourquoi restes-tu planté là ? »

Le goupil triomphant se met à crier : « Je le voudrais bien ! Tu as besoin d'aide mais tu n'avais pas besoin de conseils, voici où te mène ton principe de "ne rien vouloir laisser vivant" ! Tu as pêché le déshonneur, le préjudice et la souffrance, que celui qui te plaint subisse le même sort ! A quoi a-t-il servi que je crie : "Souviens-toi de garder la mesure" ? Tu tombes dans le malheur en dépassant la mesure, tu as été pris par ta prise, la mesure a disparu et tu disparais en même temps qu'elle. Et maintenant ordonne-moi de rester et de t'aider ! Je devrais t'attendre, bien sûr, alors qu'une foule se rue sur mon dos avec des chiens, des épées, des bâtons et des trompettes ! L'homme heureux ne veut pas lier sa fortune à celle du malheureux, nous sommes tous deux très différents, je suis debout et tu es à terre. Tu as refusé de rester debout alors que tu étais sur tes pieds ; tu t'es précipité de ton propre mouvement, maintenant tu veux te redresser. Si tu le peux, tu en as l'occasion. Lorsqu'on est debout la chute est aisée, mais il est difficile de se relever une fois tombé. Que chacun pense à lui-même, tant que cela lui est utile ; ceux qui sont tombés conseillent aux gens debout d'éviter la chute, celle-ci fait connaître combien il est bon de se tenir sur ses pattes. Donc que ceux qui sont debout le restent, et que ceux qui sont à terre se relèvent s'ils le peuvent ; si ceux qui sont tombés ne peuvent se relever, qu'ils s'étendent. Tu es moelleusement couché et tu sembles avoir peu dormi cette nuit, un sommeil court suit souvent le plaisir. Couche-toi donc doucement, jusqu'à ce que tu sois reposé, moi je vais m'en aller ; garde les poissons, le coq me suffit. »

« Ainsi, » dit le loup, « tu vas rentrer, Renard, en abandonnant ton oncle ? Tu manques à ce point d'affection pour tes parents ? Si tu n'as pas d'affection pour moi, que ta pudeur du moins te pousse à agir, afin que nous partions d'ici tous deux. Rends-moi d'abord à moi-même, et si tu ne te soucies pas de moi pour moi-même, sauve-moi pour ton honneur ! »

Renard, le coq dans la gueule, lui répond : « Mon oncle, je ne veux pas mourir. Je ne disconviens pas qu'il faille tenir compte de l'amour qui lie des parents, si celui qui le met en pratique ne l'achète pas plus qu'il ne vaut ; mais lorsque la pression des événements l'emporte sur la récompense offerte, alors, il faut soumettre l'honneur à l'utilité. Quant à toi qui n'hésites pas à faire dépendre la vie de la gloire, écarte toute crainte et attends leur bande. Aucune chose ne vaut plus que ce qu'elle rapporte ; le bœuf est plus cher que le mouton et le cheval plus cher que le bœuf. Le sage examine chaque chose à l'avance, proportionne sa peine à son profit et tout en l'appréciant, il voit ce que vaut chaque objet. Il vient trop tard l'honneur que l'acheteur acquiert au prix du trépas, je me résignerai aujourd'hui à ce qu'il soit ta seule propriété. A supposer que cet honneur nous appartienne à tous deux, comme un bien commun, acquitte-toi tout d'abord de ma part, puis de la tienne. Je te fais cadeau de ce qui me revient, je me moque de ta sympathie que j'achèterais cher, s'il m'était permis de l'acheter. »

Après avoir prononcé ces mots, il fait mine de fuir et revient soudain en courant, il frappe sa poitrine coupable et ajoute, comme s'il se repentait d'avoir menti : « Mon oncle, ne crains rien ! Mes paroles sont dénuées de poids, j'ai prononcé tout à l'heure des mots vides de sens, parce que je voulais te faire peur. Maintenant je dis la vérité, maintenant je parle sans ruse : voici venir de notre côté le prêtre, accompagné de toute une foule, portant avec des croix le livre sacré et les reliques ; il veut rafraîchir ta tonsure négligée et effacer ton départ criminel. Tu expliqueras quelle a été mon impiété de m'enfuir d'ici, quand on aura élagué la forêt de sa tête[24]. Oui, tu proclameras que les biens de Dieu sont abondants, lorsque l'eau bénite aura arrosé ta tête, et on ne prétendra pas que c'est Satan qui t'a donné tous ces poissons, mais tu jureras qu'ils ont été pris grâce à un don de Dieu. Tout souhait qui n'est pas avantageux est étourdi. Mon oncle, je m'en vais, reste ici ! Je ne veux pas te dire "Porte-toi bien !". Que le sage se porte bien, le sot s'expose à ce que ni Dieu ni homme ne se soucient de lui porter secours. »

Cela dit, s'éloignant d'un bond, il faisait mine une seconde fois de s'en aller ; le pêcheur le rappelle : « Où te précipites-tu, scélérat ? Où t'en vas-tu si vite sans moi ? »

Renard s'arrête et lui répond : « Mon oncle, veux-tu quelque chose ? Ordonne, je ne veux pas que tu me pries. Mais parce que tu as l'habitude, à la manière des maîtres, de me donner beaucoup d'ordres et que, pour ma part, je me suis proposé d'exécuter chacun d'eux, une seule journée ne suffit pas pour recevoir les ordres et les exécuter. Ordonne aujourd'hui, demain j'exécuterai. »

« Perfide », répond-il « je n'ordonne rien, je supplie qu'on me délivre ! »

Renard, le coq dans la gueule, lui coupa bruyamment la parole : « Mon oncle, n'es-tu pas fou ? Tu continues de pêcher et tu jures vouloir t'en aller ? Tu dis être bien pris — et tu prends encore ? Et tu demandes à être dégagé ? Tu joues la comédie ! Par les astres du ciel, ton esprit roule d'autres pensées que celles qu'exprime ta bouche. Sinon tu relèverais ton filet — que tu laisses déployé là-dessous, plutôt que de le voir de ton plein gré se déchirer. Pourquoi restes-tu cloué sur place, immobile, comme février coincé entre janvier et mars, si tu veux fuir ? Relève et tire tes filets pleins de poissons et, à moins que tu n'en aies pas besoin, je t'apporterai mon aide. »

Le pêcheur pêché lui répond : « Tu ne sais, perfide, ce que tu dis, j'ai l'Ecosse tout entière suspendue à mes fesses ; j'ai essayé de me dégager une douzaine de fois, et je suis demeuré attaché, immobile. Je suis accroché, fixé plus fermement que les Alpes inébranlables ! »

Alors le moqueur lui dit : « Je ne pense qu'à te servir, mais toi mon oncle, au contraire tu me guettes en me tendant des pièges ; la ruse perverse rampe là où elle ne peut marcher au grand jour. Si je le puis, on dira pour une fois que j'ai du bon sens. Si, dans mon désir de te délivrer, je faisais tomber un seul hareng hors des filets, on m'appliquerait la dure loi du talion. Je ne doute pas que, si tu te tirais de là avec mon aide, tu ne te proposes de te plaindre devant le premier synode venu : tu raconterais que tu avais longtemps jeté ton filet, que tu avais fait une bonne prise et que tu allais en faire une meilleure encore avec l'aide de Dieu, et que tu aurais acquis des trésors si je t'avais laissé continuer. Mais je n'ai pu supporter ton bonheur, je me suis hâté de t'effrayer par de vaines menaces, et tu t'es lancé dans une fuite inutile. Et tu te plaindrais vivement de ce que ma ruse t'a fait perdre, non seulement ce que tu allais prendre, mais encore même ce que tu avais pris, tu te plaindrais de ce que ma ruse t'a fait perdre ainsi une récolte magnifique et de la nourriture pour dix ans. Tu n'as maintenant absolument aucune raison convenable de me haïr ou de te plaindre légitimement ; tu sais ce qu'il t'est pénible de savoir : je t'ai souvent rendu de bons services. La loi comme le sens de l'honneur interdisent de faire violence à un innocent. Celui que tu ne peux inquiéter en justice, tu t'efforces de l'inquiéter par ta fourberie, et comme tu manques d'une bonne raison, tu désires lui nuire par la ruse. Tu essaies de te servir de mes bons sentiments pour manquer à tes devoirs et tu profites de mon obéissance pour prendre le chemin de me nuire. Il y aura deux sabbats par semaine, le Rhin et l'Elbe, des pierres en avril[25], avant que je fasse obstacle à tes gains. Continue de ramasser, ramasse plus encore que tu ne l'as déjà fait, rien ne t'en empêche, si ce n'est la petitesse du logis où tu serreras ta prise. Filet, bateau, poissons, lieu, fortune, temps et climat, particulièrement favorables, ont souri à tes vœux. Quant à la possibilité de pêcher et de repêcher en toute tranquillité, je te la donnerais si je le pouvais, tu sais que je ne te refuse rien. J'ai lu ce que je devais lire, je te dis "Mais toi"[26], ma lecture est terminée ; dis-moi père abbé, "Mais ..." ». (La dernière syllabe de ces mots ne put être prononcée, tant les grondements de la populace hurlante étaient proches.)

Renard, qui portait le coq, voyant que la foule irritée s'abattait sur lui et qu'un plus long retard pouvait lui être fatal, s'enfuit d'un bond. Lui donnerait-on l'évêché de Reims[27], il ne voudrait pas avoir mis les filets à l'eau comme son oncle. Le coq qu'il avait emporté était à lui seul plus précieux que tous les turbots tombés dans les filets de son oncle. Il se hâte sérieusement, mais l'idée lui vient de ne pas s'éloigner davantage, il est aussi joyeux de la légèreté de sa queue que de celle de ses pattes ; et afin de ne pas perdre l'heureuse occasion de contempler son ennemi, il avait déjà auparavant eu soin de se ménager une cachette.

La saillie rugueuse d'un rocher perce le flanc d'un tertre, au-dessus de la porte du petit logis pendent d'épais feuillages ; que la cachette soit plus grande et la taille de Renard peut être jugée trop petite, que la cachette soit plus petite et la taille de Renard peut être jugée trop grande ! C'est là que pénètre l'habile animal, il se cache sous l'herbe de la couleur de son pelage, et sans être vu de personne, il contemple de loin les événements.

Dès qu'il se rendit compte que son ennemi lui avait complètement échappé, le malheureux prêtre perdit conscience. Il tombe évanoui à l'image d'un homme frappé par la mort. Mais quelques gouttes répandues sur ses lèvres glacées lui font reprendre connaissance. Alors d'un ongle cruel, il se laboure les joues, le vent s'empare des cheveux qu'il s'arrache par poignées. Ensuite il accuse Dieu qui protège mal ce qu'on lui confie, qui accorde des biens aux malheureux afin qu'ils en déplorent le vol. Après c'est aux saints qu'il s'en prend : il répand sur tous un torrent de blâmes mérités, la Mère de Notre Seigneur, surtout, était coupable ; il la met en accusation, elle l'excellente, qui paie d'un tel salaire ses innombrables louanges et son obéissance assidue[28].

Enfin la foule qui l'accompagne, compatissante à ses larmes, console par ses tristes plaintes le prêtre en pleurs. Et afin qu'il ne soit pas trop malheureux, on lui promet un meilleur coq et une femelle pour accompagner cet excellent mâle. Et tandis que l'on recherchait un garant pour la double compensation promise, ou un gage équivalent, on s'aperçoit de la présence toute proche du malheureux Ysengrin. « Hourrah ! Hourrah ! » s'écrie la foule triomphante. « Où père abbé, te prépares-tu à faire passer nos poissons ? Vends-les à l'endroit même où tu les as attrapés ! Es-tu venu en pêcheur, ou bien en abbé, c'est douteux ! Si tu es ici en pêcheur, tu dérobes ce qui de droit appartient à autrui, si tu es venu en abbé, tu cherches à donner aux frères la peau des moutons et à nourrir tes frères convers de leur chair[29]. Quelle que soit l'intention qui t'ait poussé ici, nous croyons que tu l'as eue sans grande loyauté. Une confession privée ne peut t'absoudre de cette faute, la colère publique réclame les coupables pris sur le fait, nous permettons le jugement. Si tu prétends n'avoir pas commis de faute, nous te proposons un joli jeu : notre troupe a apporté des chandeliers, des croix, des coffrets et autres objets de la maison de Dieu ; nous allons te donner les sacrements avec ces objets saints. Si tu ne sens pas les coups, c'est que tu es innocent ; si tu les sens, c'est que tu es coupable[30]. »

Quelle douleur, compagnons, brûlait dans le cœur du pêcheur, tandis que le peuple recourait au témoignage de cette bonne loi ! Il savait qu'il était difficile d'abolir la loi qu'ils avaient promulguée, qu'elle soit juste ou injuste, il se tait donc. La peur l'empêche de répondre, tandis que la foule imbécile se déchaînait. Qu'osait-il cependant penser lui qui n'osait rien dire? Il pensait qu'une telle décision était de nature à plaire aux démons, il se disait que rien n'était plus vil qu'un vilain. Cela dit, il n'était nul besoin d'abbés, il savait qu'il avait mal pêché et trop longtemps. Il voulait ne pas être puni, mais être libre de s'en aller sans rendre de comptes; bien que les coups soient sacrés, il ne voulait pas les recevoir. S'il avait su auparavant qu'il devait acquérir les poissons à ce prix, il n'eût souhaité ce profit à personne moins qu'à lui-même. Il savait qu'il n'aurait pas été mauvais pour lui de rentrer pendant la nuit, que le filet soit vide ou non, et qu'une année passée entre mille brebis est pour un loup plus sûre qu'une seule journée avec quatre vilains. — Bien plus, il n'hésitait pas pour ses repas à dire et à chanter la messe, chaque jour, face au chœur aux belles toisons, bref il ne craignait pas leurs cornes au point de ne pas embrasser de bon cœur les petits animaux cornus. Et si le sang ne jaillit pas à ses premiers baisers, il veut bien se condamner lui-même à la fourche vengeresse, parier en plus sa peau, gage exceptionnel, et y ajouter le filet chargé de neuf baleines! — Il savait que tout compte fait, le berger comptait les brebis à rebours, si bien qu'il ne les comptait jamais convenablement. — En effet, ce fou de paysan range ainsi ses moutons : « un, deux, trois... », le pauvre sot ne sait pas compter autrement. Le vieux loup, lui, réduisait le nombre de trois à deux, de deux à un, et il finissait habituellement par dire « zéro ». Le paysan compte son troupeau en commençant par le nombre un pour aboutir au total, quel qu'il soit, avec des nombres croissants; si c'était le vieux loup qui comptait, quelle que soit la somme des moutons au départ, le troupeau peu à peu décroîtrait, de plus en plus petit jusqu'à zéro. — A quoi lui sert-il d'avoir pu désirer tant et tant de biens? Les vilains empêchent leur prisonnier de faire ce qu'il désire.

Le loup n'osait rien faire, ni rien dire; on lui demande alors s'il veut déjeuner, mais il ne répond rien à la question de la foule. Certains prétendent que son silence est une acceptation, d'autres un refus; ils lui demandent de prendre lui-même la parole, et encore une fois il ne dit rien. On a souvent honte de demander ce que l'on prend sans honte et c'est vraisemblablement pour cette raison, disent-ils, que le loup garde le silence. Alors maître Bovo leur répond : « Il ne se tait pas pour la raison que vous avancez, il en a une autre plus importante : ce loup a été abbé, il marmonne le bénédicité que l'on a coutume de prononcer pour sanctifier les nourritures offertes. Il est plus sage que les autres ; aucun autre ne dirait son bénédicité sans voir auparavant le repas servi. Tandis que les autres consacrent le repas déjà servi, lui consacre celui qui va l'être, lorsqu'il devine que l'on va lui présenter sa nourriture. »

Des cris s'élèvent de tous côtés : « C'est vrai et il espère que le repas va surpasser ses désirs ; il a bien fait d'espérer, qu'il mange, nous allons lui donner au-delà de ses espérances. » Cela dit, ils retroussent leurs manches et lui préparent un joyeux déjeuner.

On invite le curé à offrir à l'abbé le premier service. « Nous », disent-ils, « nous lui servirons ensuite le plat de résistance. » Le curé entonne en s'élançant un long bénédicité, et la terre frappée par le son lui répond au loin en écho. Ainsi crie-t-on à plein gosier dans les couvents, quand les plats se suivent nombreux, ou que le bon calice de l'abbé[31] fait le tour des moines, le jour où une fête a promis à leur ventre avide que les chants de l'église se termineraient sur toutes sortes de biens. Le prêtre frappe donc les tempes creuses d'Ysengrin avec un gros livre lourd, il lui avait déjà asséné une demi-douzaine de coups et s'apprêtait à continuer. Mais la foule impétueuse ne put endurer le préjudice de cette attente, et tous, avec un seul et même zèle, se précipitent sur le vieux loup. Hélas! Quelle différence de fortune entre les deux camps! Une armée entière donne l'assaut, un seul le soutient! L'un lui frappe la tête, l'autre le flanc, la plupart le dos ; la longue besace du ventre aux multiples cavités gémit. Comme, lorsque le foulon lave les saletés de l'argile, l'air résonne sous les coups dont on bat le drap, comme une grosse poutre tombant sur un oreiller de plume, ou le tambour que l'on frappe de la main, ou comme le ventre d'un tonneau frappé d'une pierre fait entendre un gémissement, de même la bourse qui sert de ventre au loup gémit sous les gros épieux. Je croirais difficilement, sans le témoignage d'une source écrite[32], que dix abbés eussent pu supporter autant de coups, aussi drus que ceux que j'entendais pleuvoir, lorsque mille fléaux extirpaient les grains de blé de leur balle sur la grande aire de battage.

Livre II

Voici que, pour réparer ses forces et assener de nouveaux coups, la troupe des assaillants s'était assise, épuisée, et se reposait à contrecœur, seule Aldrada[1] se déchaîne. Malgré sa fatigue, elle refuse de s'asseoir avant d'avoir coupé le cou de l'évêque. Tout en brandissant des deux mains une énorme hache à double tranchant, et tout en menaçant la tête du malheureux de cruelles blessures, elle balbutie des paroles presque inarticulées et pousse des cris perçants en bégayant, car il lui manque presque une douzaine de dents. Tandis que sa langue fouette l'air de temps à autre, un flot d'écume altère et liquéfie les paroles qu'elle prononce.

« Combien comme le bon Gérard, gibier de potence, ou comme la bonne Têta, ont péri par ta ruse ! Mais tu peux compter ici sur la même bonté ! Plût à Dieu que tu aies deux fois plus de têtes à couper que tu ne m'as ôté de volailles ! Tu paierais de deux têtes la vie de chaque Têta[2] ! La loi du talion ne te récompense pas selon tes mérites. Tu aurais dû naître monstrueux, sans tête, et périr ensuite de la perte de tes innombrables chefs[3], digne dans ta convoitise d'expier autant de projets de ruse que tu en mettrais après à exécution, si tu en trouvais l'occasion. Mais lorsque l'esprit reste trompeur et porté au mal, la volonté d'un mutilé est plus dangereuse que l'action d'un homme qui a tous ses membres. Satan commet sans rien faire plus de fautes que quiconque en agissant. Au jugement de Dieu, il suffit de toujours vouloir le mal. Mais en réalité tu n'as qu'une seule et mauvaise tête, et ta dette est lourde : une seule Têta valait mieux que deux loups ! Cependant, personne ne peut donner plus qu'il ne possède, je te tiendrai quitte du reste. Acquitte-toi de la dette que cette seule tête peut payer, en me la donnant. Je ne me soucierais pas de la faire sauter, si elle était de quelque utilité à son propriétaire ; mais elle est vieille, malhonnête, et si on l'ôte, on allège le fardeau du corps. Il n'y a pas de raison pour que tu la gardes plus longtemps, je vais donc la couper. Et afin que, ta tonsure repoussant, tu n'aies pas besoin sans cesse d'un barbier, je te rase en même temps le cou et la tête ! ».

A ces mots, elle assène sur la tête du malheureux un coup bien droit. Elle avait osé avec tant de fureur son geste sacrilège sur la personne de l'évêque, que le coup attendu lui aurait fendu le crâne au milieu du front — mais lui recule la tête et tombe à la renverse. Craignait-il de ne pouvoir plus tard retrouver sa tête coupée, si jamais il voulait s'en servir en d'autres circonstances ? Ou bien prenait-il en pitié les brebis qui avaient besoin d'un défenseur ? Ou bien pesait-il ces deux craintes dans son cœur au pouvoir prophétique ? Le fait est qu'il ne voulut pas confier son cou à la hache qui s'abattait et qui lui paraissait plus redoutable qu'une fièvre de cheval[4]. Notre pêcheur, tombé sur le dos, se retourne, tandis que la hache disparaît, profondément enfoncée dans la glace. Aussitôt une bulle vient témoigner de la violence avec laquelle le crâne d'Ysengrin a porté sur la glace, bulle plus capable d'attirer le regard que de ceindre la taille[5] ! Déjà le vieux loup tendait les pattes vers le ciel, comme s'il voulait implorer l'aide de Dieu. Mais la cruelle paysanne est décidée : elle veut couper le pauvre vieux en deux, là où les flancs reposent sur les côtes les plus courtes. Elle pense d'ailleurs que le cadavre va se reconstituer dans une union vivace, et qu'il sera capable de retrouver son ancienne vigueur. Aussi, comme un enfant tronçonne un serpent, afin que les morceaux n'aillent pas s'en ressouder et revivre, de même la vieille prévoyante se propose d'empêcher la vie de revenir dans les tronçons prêts à se réunir, en coupant Ysengrin en quatre[6].

Alors dans un vœu suppliant, elle invoque les noms des nombreux saints que connaît le canon populaire : saint Osanna[7], bien sûr, avec son épouse Excelsis, lui que, dit-on, Dieu engendra ; Anna, qu'engendra le roi Phanuel, et qui donna le jour à la mère de Notre Seigneur, sainte Marie, ainsi qu'à l'archange ailé Michel ; la bienheureuse Alleluia, dont Pierre fut longtemps l'époux ; Helpuara et Noburgis, bonnes pour ceux qui les implorent, et la protectrice des troupeaux, Brigida, cruelle aux loups. Et puis surtout le fidèle Célébrant, dont l'aide permit à Pierre d'obtenir Rome, quand tous les témoins faisaient défaut. Et la vierge Pharaildis[8] condamnée par un saint à une peine injuste, mais les saints font tout ce qu'ils veulent ! Hérode était célèbre à cause de cette enfant et aurait pu être heureux grâce à elle, mais un amour contrarié fit aussi le malheur de cette jeune fille. Cette vierge brûlait de partager la couche de Jean-Baptiste, et avait fait vœu de n'appartenir à aucun autre homme. Le père, ayant découvert l'amour de sa fille, s'en irrita et fit avec cruauté décapiter le saint innocent. Désespérée, la jeune fille demanda qu'on lui apportât la tête coupée, et un serviteur du roi la lui apporta dans un plat. Elle la serre doucement entre ses bras, la baigne de larmes, qu'elle désire accompagner de baisers. Mais tandis qu'elle cherche à lui prodiguer des baisers, la tête la fuit et la repousse en soufflant, et elle est emportée à travers le toit par le tourbillon que souffle le saint. Depuis, sous la forme d'un souffle, la colère de Jean-Baptiste, qui se souvient trop du passé, la poursuit à travers l'espace désert du ciel. Mort, il la tourmente, et vivant, il ne l'avait pas aimée. Cependant le destin n'a pas permis qu'elle meure tout à fait : les honneurs adoucissent son deuil, le respect a atténué sa peine. Le tiers de l'humanité sert cette souveraine affligée, qui se repose sur les chênes et les noisetiers depuis la seconde partie de la nuit jusqu'au premier chant du coq noir[9]. Elle a pour nom aujourd'hui Pharaildis, elle s'appelait autrefois Hérodiade : danseuse qui n'eut d'égale ni avant elle, ni après elle.

Tels sont les saints que la vieille cherche à circonvenir

par des promesses, et il y en a d'autres qu'il serait trop long de citer; elle les appelle de la voix et du cœur : elle appelle deux fois saint Pater Nuster et Credinde, cinq fois Dei Paces et quatre fois Miserele, elle invoque Oratrus fratrus et Paz vobas, et termine par Deugracis[10] en se préparant à frapper.

Mais toutes ces prières furent inutiles, car l'audace ne sert à rien sans une certaine subtilité; la passion gêne l'action quand l'habileté n'y aide pas. Dans un élan trop précipité, la paysanne lève son arme au manche trop gros pour sa main; et tandis qu'elle la lève, on entend crier celui qui aurait dû rester coi, mais qui ignorait que son avis était maintenant inutile. Le peuple assis tout à l'entour reste terrifié, et la paysanne elle-même est épouvantée de son hurlement. La hache levée avait commencé à s'abattre telle la foudre (il arrive souvent qu'une chose vue de loin semble proche, et vue de près semble éloignée), mais il manquait pour atteindre le bon endroit, l'endroit mortel, deux fois la distance déjà parcourue par le coup homicide : or la poignée de la hache, mal tenue, échappa à la main de la femme et se joua d'elle. Le coup cependant ne fut pas tout à fait inutile, car la hache en s'abattant entre l'eau et les fesses d'Ysengrin, coupa le filet. Elle ne le coupa pas en deux parties égales : la partie qui resta fixée dans l'eau était la plus longue. Cependant la partie sauvée, bien que plus courte, était plus chère à son propriétaire que celle dont il avait été dépouillé. Mais la vieille ne s'arrêta pas, car elle ne pouvait retenir la violente impulsion de ses bras, qu'elle suivit dans leur mouvement. Tombant à genoux alors que le diacre n'en avait pas encore donné l'ordre[11], emportée par son élan, elle alla embrasser l'endroit où le coup avait porté. Elle le couvre de baisers, comme si elle en faisait un emplâtre pour la plaie, et elle implore son pardon, le nez sur le derrière d'Ysengrin.

Mais le pauvre évêque, pensant que la paysanne allait mordre les restes du filet brisé, tremble de tous ses membres. La crainte d'une seconde blessure lui fait oublier la douleur de la première. La vieille et le derrière[12] ont peur tous deux, mais le derrière plus que la vieille ! Donc, dès que l'évêque sent le filet brisé, il ne se demande pas si c'est le bon moment pour prendre congé. — Il se secoue, se soulève à la manière d'un chat qui bondit et retombe sur ses pattes. — Il ne resta pas là, je vous l'affirme, et ne répara pas le filet coupé ! Le filet longtemps chéri demeure abandonné, plus méprisable qu'un sou ; il n'en emporte que ce qui est encore attaché à sa personne.

Je m'étonne qu'un évêque s'en aille ainsi. La pauvre foule, qui espérait l'absolution, fut déçue. Mais les âmes grossières ne se tourmentent pas des dogmes sacrés ! Ysengrin ne se soucie pas d'excommunier les pécheurs, ni de les absoudre, il ne prie pas la vieille étendue à ses pieds de se relever, il ne revient pas sur les négligences et n'annule pas les décisions trop sévères, il n'ordonne rien ni n'approuve rien de ce qui a été bien fait[13]. Leur proposerait-il de communier ? Il n'offre même pas à la foule de la bénir[14] ! Parmi tous ces gens, il ne se choisit pas d'acolyte et n'accepterait pas d'attendre le temps de dire un seul bénédicité[15], son refus dût-il coûter son nez au pape ! Il ne pense pas à chanter un petit psaume après le repas[16], il ne remercie ni le peuple ni Dieu : bondissant par-dessus les épaules et les bras du prêtre et de la foule, il s'en va, oublieux de son devoir épiscopal ! Et en prouvant par sa course rapide qu'il n'avait pas senti les coups reçus il proclame l'injustice de cette correction. Il s'en retourne en plus piteux état qu'il n'était venu, et toute sa conduite indique qu'il souhaite être ailleurs. Non, il n'a pas l'intention de retourner à la pêche quand la nuit reviendra, et il n'emporte même pas les poissons qu'il vient de prendre. A choisir, aucune route ne lui plaît ni ne lui déplaît, sauf celle qui le ramènerait vers les eaux qu'il fuit.

Comme s'il était revêtu d'un filet béant de toutes parts, Ysengrin, tout le corps percé de plaies, n'était plus que blessures. C'est à peine si les os rompus parviennent encore à tenir aux nerfs et aucune veine ne demeure profondément cachée sous la peau !

Ysengrin est cependant moins accablé d'un tel désastre, qu'affligé du bonheur de Renard. Or donc, sans le savoir, au même moment, il arrive tout près de son ennemi, caché dans la colline. Il est tout hérissé de plaintes et de menaces :

« Je suis dégoûté de vivre, et dégoûté de vivre, comment ne pas l'être ? Lui qui ne serait pas digne de me servir me nuit ! Lui qui ne serait pas digne de se réjouir de mes honneurs, craint de ne pas m'avoir assez ridiculisé ! Je retournerais donc affronter de moi-même, tête baissée, les arrêts du destin ! Oui, ceux qui n'ont pas l'intention de me frapper, je les supplierais de le faire, tant j'exècre et tant je hais la vie, si l'espoir de me venger ne me la rendait pas chère à nouveau ! Mais l'espérance de ce jour, où le brigand boira à son tour le calice qu'il m'a rempli, me contraint à supporter la vie. Oh ! Si par hasard mon souhait pouvait être exaucé quelque jour, j'achèterais cette journée avec joie au prix de n'importe quelle mort ! J'en atteste la terrible colonne de saint Géréon[17], qui n'a sa pareille ni à Rome ni à Jérusalem. Aucun méchant homme, s'il en a fait le tour, ne peut s'en retourner. J'attendrai ce jour à tout prix. Qu'il pleure sur ses ruses ou qu'il se vante de sa conduite, qu'il implore ou refuse mon pardon, qu'il éclipse ses présents par ses promesses ou ses promesses par ses présents, ou qu'il ne fasse ni l'un ni l'autre, je serai le même ! »

Quand Renard, couché près de là, entendit ce discours, son poil commença à se hérisser de terreur devant de telles menaces. Et afin de ne pas perdre la possibilité de se justifier, s'il venait à être pris, il bondit en avant et dit comme de son propre mouvement :

« Oh ! Mon oncle ! Objet de mes longs pleurs ! » (Il sanglotait entre chaque mot.) « Qui a couvert tes membres augustes de ce sac déchiré ? Nos ancêtres ne portaient pas ce genre de vêtements ! Mais peut-être vas-tu maintenant t'adonner à ta passion pour la pêche et comme les pêcheurs souffrent souvent du froid, tu crois repousser avec ce misérable capuchon les vents violents et les assauts répétés de l'eau glacée ? Joseph le mouton, lui, a un meilleur capuchon ! Celui-là en vérité, te protégerait de n'importe quel froid ! C'est celui-là qui te conviendrait et qui, bien plus, devrait t'appartenir! Alors, pourquoi préfères-tu celui-ci, que tu l'aies eu pour rien ou que tu l'aies acheté? »

A ces mots le vieux loup avait commencé à s'adoucir et sa réponse n'a pas le ton de ses premiers propos : « Exécrable trompeur, tu parles comme si tu ignorais ce qui s'est passé, alors que ta ruse est la source de tout mon malheur! Tu étais mon guide et tu m'as poussé vers les bâtons, les épieux et les crocs! On me met en pièces : celui-ci me coupe, celui-là me pique, cet autre me frappe. On me disloque ainsi le corps en mille plaies béantes, sous tes yeux, sans que cependant tu me viennes en aide! Finalement, je ne sais qui m'a coupé la queue et je suis parti. Cependant aucune blessure ne m'est plus pénible que la faim! Ainsi je m'en suis allé avec la peau du sac, quant aux poissons, je les voue aux diables et toi avec! »

Notre trompeur répond : « A chacun le salaire qu'il mérite! Donne les poissons à qui tu veux, mais en toute justice, rends-moi ton amitié. Je n'ai commis aucune faute, tu le sais toi-même. Cependant, bien qu'innocent j'agirai en tout comme si j'avais une dette envers toi, pourvu seulement que je sois rassuré. Je t'ai conduit, parce que tu me le demandais, vers une nourriture abondante, pour que tu puisses apaiser ton gosier avide. Je t'ai dit à l'avance quels poissons attraper, quels poissons redouter, mais tu te targuais de pouvoir porter n'importe quel fardeau sans être écrasé! A chacun sa limite, dans les petites comme dans les grandes entreprises. Pourquoi me plaindrais-je des turbots qui ont alourdi ton filet? Il te serait impossible de vivre, si tu n'avais pas aussi attrapé celui qui mit le prophète dans son énorme ventre. Seulement, lui pris, tu étais pris toi-même et tu demandais qu'on te délivre, lorsqu'une foule méchante te priva de mon aide. Persuadé alors que tous les démons du couvent avaient été lancés contre toi, pour enchaîner cruellement le moine fugitif que tu es, je dirigeai vite ma course vers une cachette sûre, craignant de me voir ordonner d'entrer au couvent avec toi. Je préfère plumer un coq ou une oie, ce qui est dans mes cordes, plutôt que de diriger un chœur avec une austère piété ! Comme ils se précipitaient vers toi et voulaient t'emmener, tout en déchirant tes vêtements et en te donnant des coups, je me réjouissais de m'être enfui au loin. J'étais persuadé que si j'avais été près d'eux, ils auraient eu pour moi la même complaisance ! Bref, à les voir te couper la queue, nous avons cru que tu étais nommé abbé de neuf couvents, pour que rassasié de tant de bénéfices, tu ne t'enfuies plus sous l'empire de la pauvreté. Et si tu me demandes pourquoi on t'a coupé la queue, c'est évidemment en raison de cette nomination. Le luxe suit la puissance, tout abbé soigne sa personne. Plus on peut être gras, plus on est saint. Tantôt le fer, tantôt la flamme, tantôt un médicament délivre les gras abbés de la maladie. Tant il est précieux de se concilier l'aide de Dieu !

Celui qui a du goût est un sage[18] : pauvre, tu avais déjà très bon appétit, riche, tu t'adonnerais encore davantage à la gloutonnerie et tu engraisserais à la manière des honnêtes abbés. C'est pourquoi il a été utile de te couper la queue. En cas de besoin, si tu n'avais pas à ta disposition un médecin habile, l'humeur pernicieuse pourrait s'écouler par ce chemin sûr. Quant à moi, craignant plus encore d'être abbé que moine, je demeurais caché ; y a-t-il à cela une grosse faute ? Après tant de coups, tu te plains de souffrir de la faim ! Mais on ne fait pas taire cette vieille plainte sans quelque déconfiture ! La disette de notre ventre triomphe de tous les obstacles. Devant toi, derrière toi, toujours le même mobile : quand diras-tu, une seule fois, que tu as le ventre plein ? Si tu as du goût, tu n'endureras pas longtemps cet aiguillon ! »

Le cœur rasséréné par ces propos, le vieux loup répond : « Mon goût n'est pas tel que je ne puisse faire de progrès. Mais tel est le goût dont je fais et ferai preuve : je dévorerai ce qui me tombera sous la dent, je préfère aussi chercher que supporter la privation. Je ne sais pas de quel capuchon tu me parlais ou allais me parler il y a cinq minutes. A coup sûr, je ne me soucie pas de l'héritier à qui échoueront mes dépouilles ! Ce qui emplit mon gosier vide, voilà ce que j'aime ! »

« Mon oncle, » dit Renard, « la situation est meilleure

que tu ne l'espères. Il y a ici quatre frères qui ont une querelle et la font traîner en longueur. Celui qui l'emporte sur les autres par sa rapidité à la course et son âge s'appelle de ce nom que je t'ai cité plus haut, tu t'en souviens. Le nom de celui qui vient après lui est Bernard ; celui-là est moins rapide, mais bien plus fort. Le suivant porte le nom de Colvarianus, parce que l'on voit à peine ses oreilles, cachées par ses cornes recourbées. Quant au quatrième, sa laine claire lui vaut le nom de Belin[19]. Aucune île n'en abrite quatre comme ceux-ci[20] ! En vérité, nous savons qu'ils dépassent par leur taille tous ceux que nourrit la Frise, la plus grande mère des béliers. Ces délices t'interdisent de rester là à te reposer, viens jouer le médiateur ! Ce procès relève de ta juridiction. La terre à partager entre eux quatre s'étend sur un cercle de presque plus de cinq stades. C'est pourquoi, quand l'un d'eux dépasse la zone qu'il ne doit pas franchir d'après la loi qui régit leurs déplacements, ils engagent le combat. En vain, les croquants ont-ils souvent essayé, en réunissant leurs forces, de faire disparaître cette haine, mais jusqu'à présent il n'y a pas parmi eux d'arpenteur capable de délimiter par une juste frontière le milieu de leurs terres. Dépêche-toi, fais des parts égales et dresse une borne entre elles, comme ton père le fit jadis pour leurs pères. Reviens ensuite pêcher, si tu as laissé quelque chose — en plus de la laine. (Tu peux ainsi racheter ton meurtre !) Sur le moins gras d'entre eux une panne de graisse de deux paumes dépasse des côtes ! » Renard bondit en avant et ils s'en vont.

Deux cornes désignaient aux regards, dit-on, la tête de Belin, quatre la tienne, Colvarianus, six cornes se dressaient sur le front de Bernard et huit défenses hérissaient le crâne de Joseph. A la vue de ces têtes armées, Ysengrin est pris de peur et dit, jugeant ces armes très redoutables : « Vois-tu, Renard, ces tours sur leurs fronts ? Ne penses-tu pas que nous devons un peu craindre leurs têtes ? Il ne fait pas bon jouer avec des dents irritées et (je l'avoue) celles du poisson m'ont ôté mon filet. J'ai envie de m'en aller. Non, je ne suis pas arpenteur, et même si je l'étais et que je prenne mal mes mesures, serais-je en sécurité sous ta conduite? Voici quatre robustes compagnons, et quand on est seul, deux hommes sont une armée. Si j'en couche un à terre, la colère des trois autres sera terrible! »

Renard instruisit de ses conseils l'esprit maladroit de son compagnon, si bien que le vieux loup s'avança timidement, suivi du goupil.

Les quatre frères l'aperçoivent et montrent peu de joie à la vue de leur hôte. Ils ne disent rien sinon : « Que va-t-il se passer? Je n'en sais rien! » Et leur supériorité numérique n'aurait même pas pu les rassurer devant l'ennemi : le besoin rend courageux! L'adversité est cruelle, mais lorsque la pauvreté accompagne la force, elle vous donne un naturel vif et avisé. Un homme courageux dans le besoin, quelles que soient ses forces, quand il en a, souhaite et ose : Ysengrin était courageux et dans un grand besoin, il avait pour règle de piété de ne vouloir rien épargner, et lorsqu'il craignait pour son ventre, il affrontait souvent des épreuves redoutables. La proximité de l'ennemi ne leur laisse pas le temps de délibérer; dans l'incertitude, ils hésitent sur la conduite à tenir. Joseph s'avance, les autres le suivent. La crainte leur fait tout d'abord examiner les ressources d'un traité. Ils s'écrient de loin : « Soyez béni, mon frère! Voici six hivers que nous n'avons vu ici de moine! »

Le frère leur répond : « Vous auriez aussi bien fait de me maudire! Croyez que c'est un autre jeu que je vous propose! Pourquoi ces armes? Va-t-il y avoir quelque guerre dans cette région? A quelle famille appartenez-vous et qui êtes-vous? Où allez-vous et d'où venez-vous? »

« Moi tout d'abord..., » dit Joseph. — Le moine impatient coupa court aux paroles qui allaient suivre : « Que ton discours soit bref! Je veux autre chose que des mots! Ils pensent que je ne réclame que des mots! Sois bref ou tais-toi! Aucun discours ne me plaît plus qu'un discours bref! »

« Patience, seigneur! » dit Joseph, « mon discours sera bref. Je suis Joseph, si ce nom t'est connu de réputation. »

(Et il nomme ensuite ses frères.) « Nous sommes prêts à t'obéir et à exécuter ta volonté, si elle est acceptable. Nous aimons la paix, nous sommes un paisible troupeau. Quant à toi, bien que ton guide mérite peu de remerciements, la raison pour laquelle tu es venu ici est claire : tu veux que chacun sache, grâce à des frontières tracées au milieu de nos terres, jusqu'où il peut s'attribuer des pâturages. »

« Vos noms, » dit l'arpenteur, « je les connaissais. Mais je ne pensais pas que vous étiez aussi vigoureux que vous en avez l'air. Je vous remercie de votre complaisance, puissiez-vous être gens paisibles ! Votre obéissance envers moi pourrait être plus vive ; mais en réalité vous ne pouvez pas m'obéir comme vous avez besoin que moi, je vous obéisse, c'est évident ! Ainsi armés, vous ne vous entendriez pas pour partager cette terre en parts égales, même si nous le permettions. Je vais supprimer ce conflit, mais pour l'instant je dois parler dans l'intérêt de mon ventre. Je réclame à manger ! »

Colvarianus lui répond : « Que réclames-tu à manger ici, seigneur ? Nous vivons d'herbes et de dures pâtures ne conviennent pas à nos tendres dents. Nous nous nourrissons de ces tendres herbages, nous sommes tendres et nés pour de tendres aliments. Troupeau presque privé de dents, nous redoutons ceux qui en ont ! »

Le vieux loup répond : « Vous ai-je donné l'ordre de parler ainsi ? Je devrais peut-être me laisser tromper par ces mots ? Dites ce que vous voulez ; on ne me trompera pas au point de me faire penser, alors que j'ai des dents, que vous n'en avez point ! Je ne me fie pas aux mots mais à mes yeux. Montrez-moi vos dents ! »

Ils les montrent, et Ysengrin reste longtemps interdit de ce qu'il voit : il n'aperçoit en effet que deux ou trois dents en bas et aucune en haut. Alors pour la première fois, le loup retrouve espoir et courage. Fou de joie, il appelle le goupil à l'écart et lui dit dans un léger chuchotement : « Je te dis la vérité, écoute ! Tu considères avec étonnement et tu appelles crime mon départ du couvent. Mais au milieu de ces frères-ci, ma vie serait bienheureuse ! En vérité, si les frères de mon couvent leur ressemblaient, s'ils étaient aussi larges des flancs, aussi pieux et édentés, et si l'un d'eux au moins avait survécu jusqu'aujourd'hui, la règle du couvent me retiendrait encore ici ! »

Le goupil lui rétorque : « Leurs dents ne sont pas redoutables, mon oncle, tu l'as vu, leurs gueules sont sans force ! Leur discours est une caution qu'ils t'ont payée d'avance et qui met fin au litige. Ce qui avait été la source de tes craintes te prouve que la paix est certaine. Quant à moi, je suis disponible pour la suite des événements. Je ne veux pas que tu me reproches demain : "Tu es la cause de mon malheur !" »

Ysengrin lui répond : « Tout ce que vont me faire ces quatre compères, assurément je te le pardonne, mais encore je t'en remercie ! » Il s'avance et flatte de ces paroles douces et rassurantes les quatre frères tremblants : « Ne tremblez pas, je vous en prie ! Car vous êtes malheureux, je le vois bien : vous pensiez que je m'en allais, en réalité je ne suis pas parti. Cessez, de grâce, d'avoir peur ! Je vous apporte une agréable nouvelle, écoutez : je suis revenu pour vous montrer ma gueule pleine de bonnes dents. Pauvre de moi ! Vous, mes frères, vous n'avez pas de dents, mais moi, voyez, je coupe des os avec mes dents comme un couteau couperait du beurre ! Regardez ! » (Et il avait ouvert la gueule.) « Voyez, voici mes dents, voyez ! » Ils voient et ce qu'ils voient leur arrache des cris. Dans leur crainte, ils n'osent pas plus avancer que reculer. Ce sont les mêmes gueules hérissées, dit-on, que montrent le porc et le chien, lorsqu'après avoir mangé leur pâtée, ils sont pareillement saisis de violence et de rage, jusqu'à se renverser mutuellement à terre, porc et chien, après un long combat — le chien, le ventre enfoncé, le porc, le ventre mordu. A la vue de ces dents, Joseph, perdant courage, se met à crier, persuadé qu'il va droit à la marmite : « Père, pourquoi ces faux, puisque tu refuses de faucher les prés ? Que les moissonneurs, qui s'en servent, les achètent ! »

Joyeux, le vieux loup lui répond : « Je sais faucher et je faucherai moi-même ces prés que vous n'avez pas craint de faucher hier. Mais j'ai l'habitude de couper des bois comme ceux que vous portez sur la tête, et je suis venu couper ceux-ci. Je me consacre à l'ouvrage que je connais. C'est pourquoi les anciens m'ont surnommé Ysengrin Coupe-Cornes, et m'ont en outre attribué de bonnes mœurs[21]. Pour ne pas parler des viandes, je broie avec ces dents n'importe quels os. »

Belin lui répond doucement en se moquant : « Que veux-tu faire de viande ? Tu as beau te déguiser avec un manteau déchiré, tu as l'air bon pour la règle ! »

Ysengrin lui répond en plaisantant : « Si vous avez pitié de moi et des haillons déchirés que je porte, il est clair que vous pouvez largement me donner de quoi les réparer. Tu es plus grand que tes frères, Joseph, c'est toi qui as la plus grande peau. Tu vas me la donner, tu t'en es assez servi ! Avec elle, je réparerai les trous qui bâillent sur mes flancs. Avec la toison de Bernard, je me ferai un nouveau filet. Je pêcherai peut-être encore : après la pluie, le beau temps ! La fortune suit son cours et fait tourner sa roue[22] ! Mais ma tonsure est tachée de sang. Que ta dépouille, Belin, lui redonne son éclat ! Colvarianus, je me fabriquerai un sac avec ta toison, et ne vous inquiétez pas de l'usage que j'en ferai : si j'ai quelques restes après avoir mangé, je les enfermerai dans ce sac de cuir ; sinon, je m'en servirai pour transporter mes futurs butins. Je sais que vous ne donneriez pas facilement ces peaux à un autre, même s'il vous les payait vingt-sept schillings ! Or à moi, vous les donnez vraiment de votre propre mouvement. C'est que vous savez, comme on dit, qu'"Il ne convient pas que tous les hommes soient égaux". Je m'étonne donc que vous ne me les ayez pas offertes avant même de m'avoir vu. Vous auriez dû expier cette faute d'un lourd châtiment. Mais puisque je vois que vous ne vous êtes pas soustraits à mon ordre, cette honnêteté rend votre faute vénielle. Oui, si vous pouviez dire la vérité, vous qui n'osez pas, je sais que vous préféreriez profiter de vos toisons plutôt que me les donner. Comme un esclave paresseux dissimule sa pensée, parce qu'il redoute les ordres, et obéit spontanément quand son maître les lui donne.

Que chacun garde sa toison, mais ce qu'elle renferme

m'appartient! Ne mérité-je pas des louanges pour parler avec tant de modération? Bien que ma peau soit abîmée par de nombreuses blessures, la coquetterie ne me fait pas tant priser vos pelisses, que je ne puisse me passer de votre cuir : donnez-moi seulement ce qu'il contient! Je ne pouvais pas vous demander moins sans manquer à mon honneur. Peut-être pourriez-vous rougir, vous aussi, de m'accorder ce maigre présent, si vos pères ne l'avaient pas souvent fait aux miens! Et puisque je vous traite si amicalement et si paternellement, il ne vous reste plus qu'à me donner vite ce que vous avez à me donner. Cela fait, j'agirai en sorte que le partage du territoire ne suscite plus de querelles pour aucun de vous. »

Les quatre frères avaient entendu là un discours qui ne leur plaisait guère. Le ravisseur se tient immobile, la gueule grande ouverte et impatient du retard. Belin qui n'était pas très effrayé ose lui répondre ainsi (il était en effet le plus jeune et manquait d'expérience) :

« Assez parlé, seigneur Ysengrin! Tu aurais obtenu tout ce que tu aurais voulu, si tu t'étais tu devant nous! Mais nous ne savons pas encore qui le sort se prépare à favoriser, la fortune distribue des destinées diverses. Si la chance t'est fidèle, tu exauceras tes désirs. Permets-nous d'aller délibérer sur la situation! »

A ces mots Ysengrin, dont la voix et la mine trahissent pareillement le trouble, se déchaîne : « Sots, ne savez-vous pas bien tout ce que j'ai en tête? Qu'avez-vous besoin maintenant de délibérer? Allez-y quand même! Et prenez une résolution que je ne refuse pas d'entendre! Courez tenir conseil, revenez vite ensuite! C'est la fin de l'heure qui donne à tout le monde envie de déjeuner, et dans mon gosier, elle est passée depuis longtemps. »

Les quatre frères sont tout tremblants. Joseph, embarrassé, ne sait quel parti conseiller à ceux qui l'interrogent. Il finit par dire : « Je n'ai pas bien pesé, mes frères, ce qu'il convient de faire. Ce jour nous voit dans une situation bien critique! La partialité du juge aggrave souvent une cause sans conséquence : aujourd'hui, notre cause est grave, car notre juge est malhonnête. Puissent mes conseils avoir du poids à vos oreilles, car je crains que ne soit proche le moment de notre mort! Il nous faut donc charger vigoureusement notre ennemi, le repousser, et vendre ainsi cher notre vie ou mériter notre fuite. Que le loup se place au milieu de ce champ carré, de manière à le diviser en quatre parties de même superficie. Par sa position médiane, il fera quatre parts égales de notre champ : alors chacun de nous se précipitera sur lui depuis le point cardinal opposé. Sans qu'aucun cependant prenne sur lui d'atteindre le premier le centre du carré. (Avec ce juge l'amende est lourde!) Je vous le prédis, celui qui se précipitera le premier paiera son audace de sa vie. Que chacun craigne pour lui! Le centre de notre champ a de bonnes dents, la borne mordra, prenez garde! C'est nous qu'il a envie de partager à son profit, et non pas ces terres au nôtre. Mais notre long retard importune l'arpenteur, il nous faut l'abréger! Voici donc comment nous devrons donner l'assaut : je prends la tête, toi Bernard, la queue. Belin, attaque le flanc gauche, toi, Colvarianus, le flanc droit. De nos cornes bien dures, servons-lui un premier plat copieux. S'il a encore faim, qu'il nous mange donc ensuite! Sers-toi de ta force, Bernard, tu es fort comme un ours, charge-le ; s'il ne le sait pas, apprends-lui à partager nos terres! Le plus petit d'entre nous transpercerait d'un seul coup trois boucliers ; un seul adversaire sera-t-il plus fort que nous, avec la force que nous avons ? »

Le vieux rusé, qui dressait l'oreille, avait surpris ces mots : « Qu'il nous mange! », « le premier paiera ». Il s'en réjouit et appelle les frères ; ils viennent à son appel et le moine leur adresse ces paroles aimables : « Assez délibéré, mes frères! Vous allez agir honnêtement, car vous avez tenu plusieurs propos qui m'ont plu : certains — je ne sais pas qui — vont payer et doivent être mangés ; croyez-moi, je ne vous mens pas, je pensais la même chose. Il n'y a donc plus rien à faire, sinon renouer la paix rompue. Je voudrais cependant vous ordonner auparavant une petite chose : que trois ou un seul d'entre vous aillent se régaler de gazon. Si trois y vont, j'en mangerai un, si un y va, j'en mangerai trois! Cela fait, je partagerai vraiment bien vos pâturages, car ventre affamé n'écoute que son propre intérêt ! »

L'aîné des frères lui répond : « Nous avons prévu mieux », dit-il, « un différend pourrait peut-être s'élever entre nous au milieu de notre repas. Qu'arriverait-il, si, sous le choc de nos cornes, les étoiles tombaient du ciel[23] ? C'est pourquoi il nous faut tout d'abord mettre fin à nos querelles. Et ne te résigne pas à prendre un repas sacrilège, tu dois te souvenir que tu as été frère. Tu iras te placer au milieu, à égale distance de nous tous, et tu constitueras la frontière entre les quatre zones du pré. Tu proclameras alors une interdiction : qu'aucun de nous n'ait l'audace de franchir la borne établie sous ta juridiction ! Et lorsque, désireux d'étendre nos parts, nous aurons enfreint l'interdit, nous te serons livrés en légitime pâture. On te servira plus de plats que tu n'en voudrais, si dévorer une vingtaine de mets te suffit. »

Triomphant, Ysengrin se place comme borne au milieu du champ. Le guide du vieux loup est là, tout près, avide de voir ce qui va se produire. Fronts opposés, les quatre frères regardent les derniers préparatifs d'Ysengrin. Retentit alors l'interdiction, accompagnée d'une lourde menace. Les frères bondissent. Joseph se jette sur l'énorme gueule, le robuste Bernard attaque par derrière, les autres se précipitent sur les flancs du loup. Hélas ! Que de fois la sotte malhonnêteté de la peur ruina un utile ouvrage ! Si la probité de leur cœur avait égalé leurs forces, ce jour-là aurait pu être pour le loup le dernier de sa vie. Mais ce que le destin devait à la grande Salaura lui est réservé, et ce trophée si glorieux attend l'éminente truie[24]. Au milieu d'un tel tumulte, Bernard, lancé comme une machine de guerre, se précipite à la rencontre de Joseph ; si celui-ci avait continué sa route, fonçant droit à son aide, ou bien Bernard aurait heurté son frère en plein poitrail et lui aurait brisé les cornes de ses cornes, ou bien il serait parvenu sur sa lancée jusqu'au gosier avide d'Ysengrin et aurait été entraîné par son élan à travers toute la longue cavité du ventre vide.

Mais bien que Joseph soit le plus rapide de tous, il

craint de payer malgré son innocence et se garde de devancer ses frères. Par peur de la gueule avide, il dévie sa route et transperce la tempe droite d'Ysengrin, dont s'écoule un flot de cervelle. Et si le loup n'avait pas reculé le front sous la violence du choc, le coup lui aurait transpercé les deux tempes. Mais la précaution fut inutile : Joseph lui avait mis en pièces une oreille, les tempes, et fait sauter cinq dents!

Quant aux frères placés sur les flancs d'Ysengrin devant la dangereuse place du cœur, ils enfoncent dans le ventre vide leurs cornes qui se rencontrent. S'il y avait de l'écho dans les plaines, des quatre points cardinaux, le champ aurait alors renvoyé le bruit des cornes entrechoquées. Ils ramènent leurs cornes en arrière et se lancent dans une seconde charge. Bernard fonce derechef sur l'arrière-train du loup. Après ce dernier assaut, quand Colvarianus, plus rapide que son vis-à-vis, charge une seconde fois, tous deux expédient Ysengrin dans les airs, comme une très puissante machine de guerre lance une pierre pour ébranler de solides murailles. Mais si Bernard n'avait pas secoué et fait tournoyer le loup dans les airs, tandis que Colvarianus arrivait sur la droite, cette lourde masse aurait écrasé le pauvre Belin, presque renversé par le loup qui voltigeait de-ci de-là. Et Ysengrin ne put freiner sa course folle jusqu'au moment où il tomba, repoussant celui des frères qui lui faisait face. Dans sa chute, il fit reculer la frontière sur la diagonale sud-est du pré, après avoir traversé l'espace de huit pieds.

Lorsqu'il voit soudain Ysengrin vaincu et immobile à terre, Bernard s'exclame en plaisantant d'une voix forte : « Tu ne mets pas la frontière au milieu, seigneur Ysengrin! Vraiment, tu ne mets pas la frontière au milieu! Là, la frontière est mal placée! Retourne d'où tu viens! C'est moi, Bernard, et tu oses dépouiller mes frères de leurs droits? Tu respectes mes biens, mais tu enlèves les leurs à Joseph et à Belin? Tu ne divises pas autrement les champs, d'habitude? Je prendrai ma part, mais je ne veux pas duper mes frères. Je préfère chacun d'eux à un vaste champ. »

Alors Joseph : « Bernard, as-tu toute ta sagesse ? Pourquoi t'indignes-tu sans raison ? Cette borne plate est plus pratique que la borne droite que nous avions auparavant. Oh ! Qu'une borne plate vaut mieux qu'une borne droite ! Qu'une borne droite vaut mieux qu'une borne mobile ! Je voudrais que cette borne ait été jadis aussi plate qu'elle l'est aujourd'hui. Je supporterai aisément le tort qui m'est fait, si Belin le veut bien aussi. Veux-tu, Belin, te résigner ? »

« Non » dit Belin, « pourquoi supporterais-je ce préjudice ? Je défendrai mes droits ; que celui qui le veut supporte ce dommage. Moi, il ne me plaît pas de m'y résigner ! » Il passe donc à l'attaque, et par de rudes coups, précipite l'ennemi sur ton territoire, Colvarianus. « A ton avis, Colvarianus, doït-on établir la frontière ainsi ou autrement ? Regarde comme je la trace. C'est ainsi et pas autrement que j'ai appris à établir une frontière. Etablis-la à ton tour, si tu penses qu'on peut l'établir mieux ailleurs ! »

Colvarianus lui répond : « L'arpenteur s'est avancé à la légère sur mes terres. Par la foi que je te dois, mon cher frère, il a beaucoup empiété sur mes droits ! S'il ne s'enfuit pas d'ici, moi vivant, il serait plus en sécurité ailleurs ! »

Alors repoussant Ysengrin d'une dizaine de pieds, il n'hésite pas à précipiter le pauvre vieux sur les pâturages de Bernard. « Dis-moi, Bernard », dit-il, « la frontière est-elle bien là ? » Alors Bernard : « Je ne sais pas. Demande à Renard, lui le sait. Il pourrait peut-être devenir Coupe-Cornes, lui qui avait l'habitude de couper les cornes ! »

A ces mots, Colvarianus s'écrie triomphant : « Approche ici, malheureux Renard ! Pourquoi restes-tu loin de nous ? Demeures-tu à l'écart de peur que nous te mordions ? Et ne crains pas les dents de ton oncle, elles semblent avoir perdu de leur mordant ! Si vraiment Joseph te demande d'approcher, viens ! C'est Colvarianus et lui qui t'en prient, non des étrangers ! Dépêche-toi, compagnon, viens nous conseiller ! Nous déplaçons notre frontière de-ci de-là, mets fin à ses voyages, si tu connais pour elle un meilleur emplacement. Nous, nous hésitons, où la mettre ? »

Si Renard ne rétorque pas de lui-même quelque chose à ces plaisanteries, il éclate ou il meurt de rire. Il s'avance donc d'un bond rapide et voyant son oncle hésiter entre la vie et la mort, il se lance, dit-on, dans un discours de ce genre : « Oui, mes frères, oui ! Faites ainsi une bonne action, je suis d'accord. Il est clair maintenant que ces disputes ne vous ont pas plu. Comme vous avez bien rassasié l'arpenteur de votre petit champ ! Il faut vous remercier pour ce festin ! Vous lui avez amplement servi les vingt plats promis ! Il en sera plus rapide à agir quand vous le voudrez. »

« Nous ne réclamons pas d'autres remerciements pour ce banquet », disent-ils, « qu'il partage seulement nos arpents et reste ainsi allongé. »

« Cette borne, à mon avis, » dit Renard, « est une borne de fous, car loin de mettre fin aux querelles, elle ravive celles qui étaient terminées ! Il fallait la ficher en terre et vous l'avez arrachée, alors que la frontière marquait bien le milieu de votre champ. Maintenant que vous cherchez partout où la mettre, vos litiges passés vont renaître. Mais vous êtes moins coupables envers vous-mêmes que je ne le suis envers mon oncle : quand je l'ai emmené partager vos terres, le malheureux espérait ravauder avec vos dépouilles les déchirures béantes de sa robe. Il a renoncé maintenant à cet espoir. De fait, les trous de sa pelisse sont plus grands et plus nombreux qu'avant, et ensuite, vous l'avez fait tournoyer la tête la première par tout le champ ! Vraiment, on peut dire que vous êtes une bande de croquants ! Vous croyez que c'est une balle pour jouer ! Le sage recherche, écoute et suit les conseils, mais une troupe d'ignorants se complaît dans son ignorance. La science des choses connues enseigne à celui qui la possède celle des choses inconnues, mais celui qui manque naturellement d'intelligence ne sera jamais d'une habileté remarquable. Votre borne vit encore, bien protégée par son écorce épaisse, et elle revendique une grande part de votre terre. Elle s'en ira là où on ne redoutera pas sa venue, et négociera quelque paix dont vous pâtirez. Qu'on ôte son écorce à l'arbre stérile pour qu'il se dessèche, car sans écorce il dépérit et meurt[25]. Allez sottes gens, penchez-vous vers celui qui est à terre et donnez à boire à mon doux oncle ! Que chacun lui verse le même nombre de coupes ! Que le plus petit lui apporte autant de coupes charitables que le plus grand ! Je ne vous aide à aucune autre condition ! »

Cela dit, il se dispose à écorcher lui-même son oncle bien-aimé, il se déchaîne et le mord férocement. Il enlève à Ysengrin d'immenses morceaux de peau, en vérité les morsures de Satan lui-même seraient moins cruelles ! Les frères bondissent vivement et bousculent Ysengrin chacun à leur tour. Tout en frappant Ysengrin trois fois, Joseph s'écrie : « Remercie celui qui boit le premier à ta santé, c'est moi ! Tiens, ranime ton pauvre cœur ! » En chargeant pour la quatrième fois, Bernard emplit généreusement les coupes suivantes. « Je fais ce que je peux, » dit-il, « mais je ne peux pas ce que je veux. J'ai peu de dents, mais j'ai des cornes solides. Mes bonnes cornes suppléent à la vigueur dont manquent mes dents. » Quant à Colvarianus, il ajoute au sixième coup : « Je voudrais t'offrir davantage, mon frère, et on me l'interdit ! Renard a défendu de te donner plus à boire. Lorsque la frugalité d'un repas déclenche la colère d'un convive, celui qui doit expier, c'est non pas celui qui désirerait servir un plat de plus, mais celui qui interdit de le faire ! » Belin, chargeant pour la douzième fois, s'adresse ainsi à Ysengrin : « Dis-moi bonjour, compagnon ! C'est moi, Belin ! Voici la dernière coupe mais non la moindre ! Ce calice contient du vin de Bohême pour toi[26] ! Quelque breuvage qu'on puisse te verser dans cette coupe, goûte, les autres n'ont, à mon avis, rien de plus précieux. Voici le dernier calice, bois-le, si tu le peux, jusqu'à la lie ! »

Le goupil s'écrie alors : « Allez-y tous ensemble ! » A ces mots, tous s'élancent et frappent vigoureusement, comme des pilons écrasent dans une marmite, dit-on, des fèves coriaces. Voulant faire croire qu'il a jadis été moine, Ysengrin supporte pieusement tous les outrages et reste coi. Finalement épuisés, décidés à rentrer chez eux, ils abandonnent le loup à demi mort.

Livre III

Lorsque la fortune accable les malheureux, elle ignore la pitié. De même quand ses victimes ont reçu force blessures, elle leur en inflige davantage encore, et tarde à mettre une borne à la succession de leurs maux. Sa main n'écrase personne d'un seul coup, car elle est pitoyablement impitoyable, doucement méchante et méchamment douce. Elle interdit qu'on puisse mourir, mais fait qu'on le désire. Conservant l'aliment de sa colère, elle ne se déchaîne pas tout à fait, mais impatiente de la paix, elle empêche sa victime de reprendre des forces. Et elle a moins de loyauté pour ceux qu'elle doit servir que de déloyauté pour ceux qu'elle doit tourmenter. Il est sûr que la fortune la plus fidèle fait parfois indéfiniment souffrir, car il n'est personne qu'elle favorise totalement, sans ruser. De fait habituellement, les épreuves infligées à ses victimes sont plus grandes que les succès que peuvent remporter ses favoris. J'ai vu certains d'entre eux frappés au moins par le déshonneur, tandis que tout honneur était refusé aux victimes du sort. La fortune repousse beaucoup de ses favoris tout en leur laissant la vie sauve, mais rares sont les humbles qu'elle relève avant qu'ils ne périssent. Ainsi elle se venge de rares bienfaits par de nombreux maux, et compense de nombreux maux par de rares bienfaits.

Pauvre Ysengrin, tu n'as eu gratuitement aucun de ces bonheurs! La fortune t'a fait payer deux baisers de dix horions. Un jour, elle t'a mis la peau en lambeaux, un autre, elle t'en a tout simplement dépouillé! Elle n'a pas voulu cependant que tu sois tout à fait mis à mal, jusqu'au jour où, pitoyablement apitoyée par tes peines continuelles, elle t'a frappé à la tête de toutes ses forces. A quoi bon donc chercher le bonheur ou fuir le malheur? Personne n'échappe à l'avenir. Car malheureux aux champs, Ysengrin a été malheureux à la cour, au milieu de ses ennemis, toujours et partout.

Il arriva que le lion fut saisi d'une grave maladie de langueur; ni le sommeil, ni la nourriture ne parvenaient à lui rendre ses forces. Le lion, qui s'appelait Rufanus, était de mère suève et de père hongrois. Le hasard hésitait à rendre un arrêt de vie ou de mort : tantôt la crainte l'emportait sur l'espoir, tantôt l'espoir sur la crainte. Sa maladie était alimentée par les hasards du climat, car le Cancer faisait fondre le disque du soleil. C'est pourquoi le roi avait ordonné que l'on plaçât sa couche dans une profonde vallée, là où un bois épais dispensait une ombre très agréable, pour qu'ainsi l'agrément du lieu tempérât le feu redoublé de sa maladie et du ciel. De plus, le roi, d'un tempérament impétueux et ignorant la patience, avivait lui-même sa maladie.

C'est pourquoi le héraut du roi convoque au palais royal non pas tous les sujets, mais les quelques grands noms du royaume. Tous ceux qui sont les seigneurs de leur race sont mandés à la cour : Berfridus, le suzerain des chèvres, Grimmo, celui des sangliers, Rearidus, à la tête des cerfs et Bruno, des ours, Carcophas, duc et fils du duc des ânes, Joseph, le chef des béliers, et toi Ysengrin, celui des loups, Renard, guide et gloire de sa race, Bertiliana, qui règne sur les chevreuils et le rapide Gutéro, le chef des lièvres. L'édit royal ordonne à ces grands, dans le cas où nul remède n'apaiserait le mal du souverain, de s'acquitter au moins loyalement de leur devoir en veillant à ses funérailles. Le roi songe également à mettre son royaume en ordre, afin de couper court aux querelles et de le léguer à son épouse et à ses enfants.

Par groupes, on gagne la maison du roi. Les ennemis n'avaient rien à craindre les uns des autres, ni à l'aller ni au retour, car en raison de la fièvre du roi, un édit avait ordonné de faire partout la paix sous peine de mort[1]. Et sauf Renard le goupil, personne ne fut assez hardi pour rester impassible, quand le roi ordonna de venir. Renard tout au contraire pense aux moyens de se protéger du froid et de la neige, et prévoit de quoi manger avant d'avoir faim.

Il se disait alors à lui-même : « Il te faut être malin ! Qui se préoccuperait de celui qui refuse de s'aider lui-même ? La cour a convoqué les riches et les beaux-parleurs, dont le jugement a du poids et l'obéissance de l'agrément. Ceux dont elle ignore qu'ils existent, la cour les jugerait-elle dignes d'être appelés ? Les grands ne se soucient pas que le pauvre soit là ou non. La cour ignore si l'indigent est sage ou non, s'il est vivant ou mort ; et si elle ne l'ignore pas, elle abandonne ce savoir à tous les vents. Le pauvre est ou méprisé ou inconnu à la cour. Le riche pense être digne de réduire le pauvre en esclavage. Pour salaire de son obéissance, il a le droit de servir encore, et quand il a obéi, il reste tout aussi méprisable qu'auparavant. S'il veut qu'on lui soit reconnaissant des services rendus, celui qui agit doit penser : quoi ? quand ? combien ? qui ? pour qui ? pour quoi ? où ? Celui qui veut plaire doit suivre ce principe : quand on lui donne l'ordre d'accomplir un ouvrage utile, qu'il le fasse rapidement ; mais pour un ouvrage agréable au maître, s'il n'a pas reçu d'ordre, qu'il se fasse attendre. Si le roi veut que je vienne, il n'a qu'à me l'ordonner nommément : j'obéis à son ordre, mais rendre des services honnêtes à des ingrats, c'est peine perdue ! L'ours, le sanglier, le loup n'ont qu'à y aller ! (Ces grands seigneurs que leur richesse a rendus redoutables et présomptueux, la cour les convoque !) Que celui qui reçoit donne à son tour ! Que craigne celui qui est craint. D'habitude personne n'aime ni ne craint le malheureux. Et quoi, vivre auprès du roi ? Pour moi, ce n'est que vivre ! Je suis pauvre et (comme il est juste pour le pauvre) je serai dans les mêmes dispositions à l'égard de tous ; je ne favorise personne et je ne pense pas que personne me favorise, je ne redoute personne et ne suis pas redoutable. »

Ysengrin est très content que Renard se moque du roi, quand tous les autres seigneurs gagnent le palais sur l'ordre royal. Il a souffert moins de tourments, pense-t-il, qu'il ne va en faire payer! Alors que sa peau commence à peine à repousser, il part de chez lui, devance les autres et pénètre dans la grande salle du palais. Il entre seul et s'écrie « Bonjour! » au milieu de l'angoisse générale. Personne ne soufflait mot, le roi gémissait, et la foule épouvantée avait peine à souffrir son terrible rugissement. Ce fou d'Ysengrin se met à déplorer la maladie du roi, et bien que tous lui fassent signe de se taire, il redouble de cris. Les uns après les autres, tous prennent place : les grands sont invités à s'asseoir en haut de part et d'autre de la salle, et le menu fretin en bas de la même façon. Bien qu'il n'en ait pas reçu l'ordre, ce rustre d'Ysengrin se dirige vers le trône défendu par l'ours, et s'approche du roi. Celui-ci interdit cependant qu'on l'écarte, et il n'est pas contraint de s'éloigner. Le roi dit alors : « Je doute qu'on puisse avoir quelque espoir à mon sujet! »

Le docteur lui répond : « Sire, je suis là (sur votre ordre, mais je serais venu de moi-même!), pour examiner de quelle maladie vous souffrez. J'ai appris à diagnostiquer les maladies en prenant le pouls du malade (j'ai au moins tiré cet avantage de mon apprentissage au couvent). Je vois vite quel est le paroxysme du mal, comment il s'abat sur le malade, et quel doit être le jour critique[2]. Donnez-moi votre main, je vais prendre votre pouls. »

Le roi tend la main, Ysengrin lui prend aussitôt le pouls et s'écrie : « Sire, voici un pouls qui me plaît! Si vous me demandez quel est votre état, je vous répondrai : je constate que vous souffrez d'une fièvre du premier degré, et à ce stade les malades éprouvent habituellement une violente et courte faiblesse. Le paroxysme de la maladie se traduit par une seule crise, et le rétablissement est durable. La maladie de langueur qui vous tourmente ne comporte pas d'autre période dangereuse. Dans trois jours ce sera le moment critique de votre fièvre. »

Son malade lui répond : « Je ne pensais pas du tout que tu étais médecin ; mais te voici comme rajeuni par ton art!

Oui, si tu ne me l'avais pas prouvé toi-même par tes paroles et tes actes, et qu'une rumeur vienne m'annoncer cette nouvelle, je ne lui accorderais pas toute ma confiance. Mais de fait, à voir ta pelisse floconneuse, tu sembles rajeunir. Moi aussi, aide-moi de ton art, si tu le peux ! »

Le médecin lui rétorque : « Ordonnez qu'en vous guérissant, je mette à l'épreuve ma connaissance de la médecine. Je vous dirai que faire. Cependant cette apparence que vous me voyez, c'est Renard et non la médecine qui me l'a donnée. Par son fait, j'ai enduré ces maux et d'autres plus pénibles encore. Voyez mes cicatrices, c'est ainsi que j'ai rajeuni. Mais plus que de mon malheur, je souffre de l'outrage qui vous a été infligé : le héraut avait ordonné à tous vos seigneurs de se rendre ici. Bruno, le puissant ours, Grimmo, le suzerain des sangliers (moi, je ne compte pas) ont tremblé à votre ordre. Ces grands seigneurs et tous les autres vous redoutent, mais lui méprise le poids de votre pouvoir et reste orgueilleusement à l'écart. Vous ne permettrez pas à l'extraordinaire audace de cet individu de rester impunie ! Mais que Dieu m'accorde seulement que vous viviez ! Et il me l'accordera ! Mangez aujourd'hui du bélier, demain du bouc, ce sont les aliments que notre médecine prescrit à ceux qui souffrent de pareilles maladies. Si vous pouviez en manger, chacune de ces viandes vous serait d'un même profit. Il vous faut réparer vos forces par de copieux repas. Si j'étais dans un grand danger de mort, et que vous m'ordonniez de remplir de ces deux viandes les chambres voûtées de mon ventre, même si chacun d'eux était quatre fois plus gros qu'il ne l'est, si ma bedaine est bien aujourd'hui ce qu'elle fut hier, je m'affligerais de la perte du plus petit sabot ! Et celui qui me le volerait ne paierait pas sa faute sans y laisser sa vie ! Même si vous jugez bon de garder le bouc pour demain, tuez-le aujourd'hui, car la chair d'un animal fraîchement tué est nocive. Non qu'il y ait ici personne à qui je souhaite un tel sort ! » (Or le bélier et le bouc, qu'Ysengrin haïssait, étaient tous deux présents. Mais il taisait sa haine pour cacher sa ruse et éviter les soupçons. Il dit donc :) « Je chéris tous les membres de la cour réunie ici, et je pense qu'eux aussi me rendent mon affection. Il y a d'autres béliers, d'autres boucs qui courent la campagne ; cependant, le sage s'empare souvent de la première proie qui lui tombe sous la main. Si vous vous inquiétez, sire, des décrets promulgués pour sauver la paix, c'est moi, un pauvre sot, qui vais vous montrer quelle sage attitude adopter : pour en sauver beaucoup, il faut se résigner à en sacrifier quelques-uns. Si vous disparaissez, c'est toute la gloire du royaume qui disparaît ! Vous ne violez pas la paix, vous l'échangez contre un plus grand profit. Qui compte le plus ? le bélier ou le bouc, ou le lion ? Si c'est là un péché — on dit que je suis moine et prêtre — que le poids de la faute retombe sur mes épaules ! Plus d'une fois dans les couvents on a préféré l'intérêt à la justice, mais lorsqu'on commet peu de fautes, il est normal qu'elles soient précédées d'appréhension ! Vous ne serez pas un cas exemplaire, si vous prostituez l'honnêteté à votre bénéfice. Vous suivez un exemple et vous laissez le même ! C'est un principe suivi depuis longtemps que de faire dépendre le droit des circonstances. Et la réciprocité des outrages facilite le pardon. Qui craindrait de faire de petites dépenses pour un gros profit ? On commet souvent un très grand crime pour un maigre bénéfice. Comme le juge, l'avocat a des arguments en abondance ; si l'un dit : "C'est criminel !", l'autre répond : "C'était utile !". Agissez non pas à votre habitude, mais selon celle du monde. Faites en sorte que tout vous redoute, mais vous-même ne redoutez rien. L'honneur et les avantages matériels s'attachent au voleur, l'homme épris de justice sera pauvre et déconsidéré. Et même si c'était Pâques, je ne craindrais pas de violer la paix, du moment que cette violation me serait utile. Le pouvoir lie et délie les lois en toute sécurité, personne ne doit se soumettre aux lois qu'il a lui-même instituées. Car le but des règles n'est pas qu'on les redoute, mais que l'on redoute leur auteur. Ce n'est pas l'épée qui frappe, mais celui qui tient l'épée. La loi est donc soumise au souverain, mais le souverain n'est pas soumis à la loi :

pourquoi craignez-vous alors de modifier ce que vous ordonnez vous-même ? C'est un rustre que le prince qui protège les droits des rustres, le peuple est la pâture des grands comme les prés sont celle des troupeaux. Recherchons donc l'utilité par tous les moyens, légitimes ou illégitimes, car il mourra de faim plus souvent qu'à son tour, celui qui fuit les injustices ! »

Pendant ce temps, le roi commence à se retourner sans rien répondre au vieux loup, comme s'il le méprisait. Et la cour pense que le roi condamne plus ces paroles perfides qu'il ne souffre du côté sur lequel il est couché.

Le bélier et son compagnon avaient deviné que le roi, rendu d'humeur facile par son alitement, était pris de pitié. Vite, ils s'élancent, se concertent sur la conduite à tenir, et s'en prennent tous deux aussitôt au vieux sot : « Va-t'en d'ici, monsieur le médecin, monsieur le prêtre, va-t'en, Ysengrin, tu restes trop longtemps au chevet du roi ! Le roi n'a pas seulement demandé à se confesser ; que tu sois prêtre ou médecin, va-t'en ! Oui, tu es un prêtre sage et digne de s'asseoir au chevet du roi, toi qui violes les traités et apprends à les violer ! Si notre respect pour le roi ne nous arrêtait pas, c'est toi qui le premier serait soumis au joug de ta propre loi ! »

Autant de paroles, autant de bons coups par en dessous. Aucune syllabe ne se perd, ni ne reste sans effet. Front contre front, où qu'Ysengrin soit, ils le repoussent en avant, la tête la première, afin qu'il n'aille pas secouer le roi en tombant sur le sol de tout son poids. Mais ils se gardent de lui déchirer la peau. Lui observe pieusement le silence, méditant de supporter tous les outrages pour la gloire de Dieu. Voici qu'ils répètent pour la troisième fois : « Si notre redoutable souverain n'était pas là, on devrait violer la paix en s'en prenant d'abord à toi ! »

Le sanglier, l'ours applaudissent à cet avis. Le sanglier dit : « Regarde, l'ours, avec quel calme ces deux-là défendent leurs droits ! » L'ours lui répond : « Je songeais, Grimmo, à te poser une question semblable : quand as-tu vu deux adversaires moins féroces que ces deux-là ? Je le constate et j'en reste stupéfait : ils n'ont en aucune manière osé toucher leur ennemi. Ils redoutent trop les ordres donnés par le roi. Ils le disent eux-mêmes, le moine a mérité une bonne correction, et ils ne le traiteraient pas autrement qu'il ne le mérite à leurs yeux. Mais il est tout à fait évident qu'ils craignent d'offenser le roi. Le roi a décidé la paix, ils lui obéissent. »

En entendant ces propos, le bouc et le bélier s'aperçurent que certains désiraient le départ du médecin, et ils reprirent ainsi leurs menaces : « Nous t'avons ordonné de décamper, seigneur Ysengrin, et tu restes là! Dans ton cœur tu as pris nos vœux pour de vains souhaits! Tu attends sans doute, une fois le roi rétabli grâce à notre chair, de manger ce qui restera de nous. Veux-tu bousculer le roi? Voyez, cet individu bouscule le roi! Ne sais-tu pas où tu te trouves, Satan stupide? »

« Ysengrin, décampe! » (Car Ysengrin n'était toujours pas parti.) « Nous avons presque trop plaisanté! » dit l'ours. « Si tu ne t'en vas pas en vitesse, tu te repentiras d'être resté ici! Plusieurs ont le droit de siéger auprès du roi. » Prenant son élan, le bélier envoie rouler le loup la tête la première. Le pauvre n'ose rien répondre. Quant au roi qui s'était retourné, il n'avait rien vu des événements. Alors le vieux loup, vaincu, se résigne à rebrousser chemin.

On avait disposé les sièges, chacun avait pris place. Le sot recherche les plus hautes places, l'homme d'honneur occupe le rang le plus bas. Après avoir chassé le vieux loup, le bouc et le bélier restent debout auprès du roi. Le bélier prit le premier la parole et dit à Berfridus :

« Va-t'en d'ici, c'est moi qui suis le meilleur pour le roi, toi, bouc, tu as la gale! Je suffirai tout seul au roi, car toi tu es malade, tu pues vraiment autant qu'un abbé ivre trois fois par jour! »

Le bouc répond au bélier en plaisantant : « C'est plutôt à toi de t'en aller, toi qui es atteint de la pire hydropisie! Tu as le ventre gonflé et pourri, comme un marais fangeux. Que le roi goûte donc lui-même, qu'il voie celui de nous qu'il préfère dévorer! Je sais que nous ne sommes pas tous deux bons à manger. Ysengrin n'a fait presque aucune étude de médecine, tu me racontes qu'il n'a pas bien non plus partagé vos terres. D'où vient qu'il soit médecin maintenant? Plût au ciel que Renard soit ici! Lui ne se vante pas, mais il connaît son métier! A coup sûr, il aurait bien fait la différence entre les mets inoffensifs à servir au roi et les mets nocifs (car il s'y connaît!). Si tu aimes le roi, Ysengrin, fais bien vite venir Renard, et ne dis pas que tu as voulu passer pour médecin! Oui, si en présence de Renard, tu pouvais ramper dans un trou de souris, tu ne resterais pas un instant dehors! »

A ces mots, le souverain se retourne, et eux se prosternent en hâte devant le lit royal. Sa Majesté pardonne volontiers à ceux qui ploient devant elle, elle ordonne aux courtisans prosternés de se relever et de s'asseoir. Toute la cour félicite le bélier et le bouc, le loup aurait, disent-ils, mérité un plus lourd châtiment. Bruno apaise alors le roi, avant qu'il ne profère de graves menaces contre le goupil :

« Sire, ne soyez pas cruel envers votre serviteur absent! Il a peut-être une bonne raison pour être en retard. Oui, si à son arrivée, il ne fournit pas une bonne excuse pour la faute qu'il a commise en s'attardant, punissez le coupable comme la loi l'exige. Gutéro, cours vite! Ordonne à Renard de venir ici en toute hâte! (Car il est fou et inconscient de s'attarder ainsi.) »

Gutéro obéit à l'ours. Or donc il trouve Renard, bien gras, en plein festin, devant un monceau de viandes. « Que vas-tu faire, malheureux Renard? » s'écria-t-il, mais l'autre : « Sot lièvre, l'abondance n'est pas la compagne du malheureux! Qui est donc heureux, si moi, je suis malheureux? »

Gutéro lui répond : « Même si je ne te dis rien, tu vas facilement t'en rendre compte. Ce traître de loup t'a dénoncé, le roi te demande, et tu as à peine le temps de venir t'expliquer toi-même. »

Renard lui rétorque : « Ah! Voilà pourquoi tu me traites de malheureux! C'est précisément pour moi l'occasion de ne pas l'être! Si le roi ne me connaissait pas, je ne passerais pas pour son ennemi. Je me réjouis d'être connu à la cour, même de cette manière. Celui qu'on ne trouve pas digne de haine, on ne le trouve pas digne non plus d'amour, car chacun est capable d'aimer ceux contre qui il s'est irrité. Que l'on refuse de donner des preuves d'obéissance, c'est la colère, c'est le préjudice ! Que l'on en donne, c'est le gain et la faveur ! Voici pourquoi la colère du lion m'est plus agréable que la paix avec le loup : la haine d'une personne connue flatte plus l'honneur que l'amitié d'un malheureux. Je ne m'inquiète pas de la haine d'un ennemi puissant : le sage va libre là où périt le maladroit ! Habituellement, la colère du puissant sert plus l'astucieux que sa bienveillance ne sert le sot. C'est que ni l'une ni l'autre ne peuvent durer longtemps ! Va, rapporte que tu ne m'as trouvé nulle part, et ne crains rien pour moi ! J'ai encore quelque ruse dans mon sac ! Le bâton tombe souvent sur le dos de qui l'a coupé, les coupes reviennent à qui les a emplies. Ysengrin, sois tribun aujourd'hui. Le soir ne sera pas tombé quatre fois que je serai préteur[3]. »

Une fois le lièvre retourné devant le trône royal, Renard réunit toutes sortes de bonnes herbes. Il suspend à son cou nombre de chaussures largement trouées et prend la route. Son embonpoint excessif fait que, même s'il n'avait pas d'autre fardeau, il pourrait à peine traîner son propre poids. Mais pourquoi vous parler d'un tel embonpoint ? Je crois que certains propos sont inutiles, parce qu'incroyables. On voit pendre entre ses côtes autant de chair qu'il n'en tire de l'oreille au milieu du corps en levant la queue. Chez les maigres, le ventre passe pour plus mou que le dos : or Renard avait le ventre plus dur que le dos. A un cheveu près, on le dirait semblable à une outre remplie d'air ou à une taupe sans os[4]. Il semble rouler comme une boule et non pas marcher, et il balaie le sol de sa bedaine sans y laisser l'empreinte de son pied, car son ventre pendant avait complètement recouvert ses pattes. C'est dans cet état que Renard pénètre dans le palais royal.

Après avoir salué trois fois le roi, sans que celui-ci lui réponde, il jette chaussures et herbes sur le sol. Puis comme s'il ne pouvait plus avancer d'un pas, il tombe, reste étendu à terre et pousse de longs soupirs. Il finit par se relever et par s'asseoir, comme si en faisant halte, il reprenait des forces et se reposait. Alors, dans l'attente des paroles du goupil, la cour reste suspendue à ses lèvres ; le roi lui-même attend en silence. En différant son discours de quelques instants, Renard le met en valeur. Il pousse trois soupirs et finit par dire :

« Autres temps, autres mœurs ! Et le vulgaire se moque de ce qu'ont fait les anciens. Les choses se succèdent, les temps changent, et l'aspect du ciel aujourd'hui est différent de ce qu'il était hier : le mouvement de l'esprit l'emporte sur tout le reste, et les mœurs changent plus vite que les choses. Il est mauvais aujourd'hui, il sera pire demain et encore pire après-demain, celui qui hier soir était presque bon. Et lorsque, devenu le pire des individus, il ne peut aller plus loin dans le mal, à ce moment-là, et alors seulement, ses mœurs sont contraintes de se stabiliser. Le salaire était tout d'abord supérieur aux services rendus, il fut ensuite équitable, puis insuffisant, enfin nul. La reconnaissance était grande, puis elle fut infime, enfin inexistante. Il faudrait maintenant n'avoir rien mérité ! La colère est le prix de l'obéissance. Ainsi le compte tombe juste, à notre époque le pauvre fait d'admirables profits ! Si un riche avait apporté au roi ce que je lui apporte, toute la maison serait déjà joyeusement allée à sa rencontre. Le roi l'aurait salué le premier, il se serait assis aussitôt après le roi, il aurait bu et mangé. Mais parce que nous sommes pauvres, on nous interdit de rendre service sans danger. C'est là certainement le sort habituel du pauvre ! »

On raconte qu'à ces mots le roi esquissa un sourire et dit : « Dis-moi ce que tu m'as apporté, je t'en remercie avec joie. » Renard fait de nouveau attendre sa réponse en suspendant un instant son discours, avant de tenir ces propos onctueux et rusés :

« Sire, je devais faire un voyage peu sûr, et passer par certaines routes où je craignais des embuscades. Le soir précédant mon voyage, alors que j'explorais les étoiles et le ciel qui devait me révéler l'avenir, une étoile menaçante et qui annonçait des changements sur le trône, emplit brusquement mes yeux de sa chevelure de feu[5]. Mon sang se glaça dans mes veines et je tombai : cette comète voulait votre tête! Je la maudis et consulte malgré tout les étoiles. Une autre brillait, m'indiquant que vous pouviez encore être guéri. L'espoir commence à me redonner du cœur, cette énergie me rend l'usage de mes membres. Avec l'espoir pour seul bien et pour seul compagnon, je cours aussitôt à Salerne[6], et toute la médecine de la ville vole sur mes épaules. Je me hâte de toutes mes forces. Un petit retard m'est aussi odieux que les funestes présages de la comète. J'arrive ici aussi vite que la foudre, avec des remèdes précipitamment emportés. Toute la cour contemple les chaussures pleines de trous dont je me suis servi pour aller là-bas et en revenir. »

Il explique de la même façon en trois langues l'histoire des six chaussures, en hongrois, en grec et en latin[7]. Il les compte toutes à trois reprises, une fois en chaque langue, mais pour les dénombrer, il ne se sert pas à chaque fois des mêmes chiffres. Au contraire, il reprend les mêmes chaussures comme si c'en étaient d'autres, et change de langue à la fin de l'addition. Pour finir dans la langue la mieux parlée par le roi, il compte en hongrois dix-huit chaussures. Et il ajoute :

« Je suis tout enflé de faim, sire, regardez-moi, je suis rompu! Quel besoin y a-t-il de paroles? Je meurs sous vos yeux. J'aurais peine à vivre assez longtemps pour vous voir prendre le breuvage que je me suis procuré, et le remède qui vous soulagera ne me soulagerait pas. Voici comment j'ai risqué ma vie pour sauver la vôtre. Je vous ai salué trois fois, et vous ne me rendez pas mon salut! Quant à ces herbes, elles m'ont été offertes par le plus grand des maîtres, sous la férule de qui j'ai étudié. »

Renard recueille dans un vase les herbes éparses, il les remue bien, et leur parfum qui se répand emplit tout le palais.

L'ours et le sanglier s'interrogent : où Ysengrin a-t-il laissé le pot renfermant ses herbes médicinales? « Te les a-t-il confiées à garder, Berfridus? » demandent-ils, « ou bien ignore-t-il la manière de les doser? »

Le bouc leur rétorque : « Mes seigneurs, il n'en est pas

comme vous le croyez. Ysengrin se souvient toujours de l'art de la médecine, mais ce sont les herbes qui lui manquent. Il avait coutume de traverser les Alpes pour acheter des herbes, comme le faisait son sage aïeul. Mais à rester dans nos campagnes, il a perdu l'usage de la langue romane, c'est pourquoi chez lui le pot à herbes reste vide[8]. »

A ce moment-là, le souverain, charmé par l'agréable parfum des herbes, invite Renard à s'installer plus près de lui, et à préparer vite ses drogues pour qu'il les prenne. Car le frisson de la fièvre commençait à le saisir.

Les yeux tournés tantôt vers son oncle, tantôt de nouveau vers le roi, le médecin répond ainsi : « A quoi bon piler des épices, si vous n'acquérez pas d'abord une chose dont nous avons besoin maintenant? Prise trop tard, ma potion ne mettra pas fin à vos plaintes ; et puis, il y a un autre obstacle que nous déplorons : la potion doit être bue sitôt élaborée, afin qu'elle ne s'évente pas et qu'aucun retard ne diminue son efficacité. Hâtez-vous d'exiger l'objet dont le manque vous nuit, en un instant je confectionne cette petite potion avec mes herbes. Hâtez-vous, je vous l'ai dit, mais à quoi bon? Vous pouvez frapper, tirer, l'objet refuse de venir à vous. »

« Insolent! » dit le roi. « Que trouveras-tu dans mon royaume, et où que ce soit, que je ne puisse bientôt posséder? »

Le médecin lui répond : « La conduite à tenir n'est pas celle que vous croyez. Votre pouvoir est grand, mais vous n'êtes pas l'unique propriétaire de toutes choses. Il arrive souvent que l'on trouve tout de suite une chose qu'on aurait cherchée très longtemps, et l'objet rare se présente parfois de lui-même à celui qui le cherche. Mais en vérité, chacun garde ses biens d'une main ferme, ce qui précipite beaucoup de nos souhaits dans divers aléas. Ce que je cherche, vous le trouverez et le contemplerez peut-être. Cependant à quoi bon? Ce bien-là, une mauvaise griffe le tient. On peut tout imaginer, l'avare garde ce qu'il a. Alors qu'il dérobe les biens d'autrui, donnera-t-il les siens? Plaidez, réclamez, ordonnez, donnez, promettez, frappez, menacez, l'avare trouve toujours un faux-fuyant! Ni la bienveillance, ni la bonté, ni les compromis ne le touchent ; s'il doit donner de quelque manière, c'est contraint et forcé. Tant que l'avare estime plus ses biens que ceux qu'on lui offre, vous ne le rendrez honnête à aucune condition. »

Le roi courroucé répond : « Dis-moi au plus vite ce qui manque. Je veux voir moi-même qui me le refuserait ! Parle ouvertement. »

« J'obéis bien vite, seigneur, » répond Renard, « et puissent nos prières fléchir celui qui détient l'objet dont nous avons besoin ! C'est la peau d'un loup de trois ans et demi qu'il vous faut, si vous désirez que ma potion fasse rapidement effet. La nature a doté la peau d'un loup de cet âge d'une vertu médicinale si étonnante que, si vous vous en couvrez et transpirez après avoir pris mes herbes, le sommeil de jadis reviendra bientôt réconforter vos membres. Et comme le feu dévoreur de copeaux lèche et consume la graisse, de même la sueur desséchera votre fièvre qui alors vous quittera. Achevez ce qui reste à faire, moi je vous ai dit tout ce qui est utile à votre santé. Voici les herbes ! Voici l'apothicaire ! Allons maintenant ! Vite un mortier et un pilon pour mes préparations ! Notre souverain commence à trembler, son mal le reprend ! A présent, il faut veiller à tout pour ne pas perdre de temps. Moi, je ne traîne pas. Hâtez-vous si vous devez m'apporter les autres objets dont j'ai besoin ! Je pile mes herbes sur-le-champ. Allons qui me donnera un mortier ? Dépêche-toi, apporte-le-moi ! » Alors, pour le servir, chacun se dispose à devancer son voisin.

Ysengrin songe à ce moment-là qu'il serait bon de se glisser dans l'épaisseur de la foule et de se frayer un chemin vers la sortie. « Bien que ces discours ne me fassent pas peur, » dit-il, « nombre de choses peuvent nuire aux infortunés. L'homme heureux, bien à l'abri, a coutume de mépriser les dangers, pareillement le malheureux se doit de redouter même les choses inoffensives. »

Renard, qui s'était rendu compte de son manège, se mit à tousser et s'indigna en ces termes : « Où avez-vous juré d'aller ? Allez-vous tous y aller, autant que vous êtes ? Huit personnes peuvent bien porter un mortier ! » (Tel était le nombre de ceux qui s'avançaient, le vieux loup mis à part.) « Que le neuvième s'asseye, où veut-il aller ? Il peut rester à sa place et je lui pardonne l'audace qu'il aurait de s'asseoir ! » Le vieux ne doute pas que ces paroles s'adressent à lui. Il ne sait que faire, mais reste cloué sur place, là où il s'était avancé. Il craint de s'éloigner autant qu'il souffre de rester.

Pendant ce temps, le roi inquiet a tourné et retourné mille pensées en son esprit ; il hésite longtemps sur la conduite à tenir, et appelle quelques personnes : « Que faire, Bruno ? Que dis-tu, Grimmo ? Qu'en dites-vous tous ? Voici quelqu'un qui me sert avec sagesse et attachement. »

L'ours lui répond : « Nul besoin de longs détours. Nous ne nous demandons pas à qui vous pourriez demander ce que vous désirez. Ysengrin est ici. Il connaît tous les sentiers et ce savoir illustre sa race depuis dix générations. Parlez-lui. S'il refuse de vous aider, ne cherchez plus ce que vous souhaitez, personne sauf lui, ne peut vous conseiller. M'approuves-tu, Renard ? »

Celui-ci répond : « Parmi les choses que tu avances, seigneur ours, il y en a que je conteste et d'autres que confirment de solides témoignages. Si Ysengrin a de l'attachement pour le roi, ses conseils ont du poids. Mais je sais qu'il ne se rappelle pas bien ses ancêtres, à moins par hasard que sa lignée ait été recensée dans les livres sacrés. »

A entendre ces mots, le loup préférerait être ailleurs, et il maudit les portes d'être si éloignées. Fuyant donc sans en avoir l'air, il s'efforce de dissimuler sa fuite par un nouveau stratagème : tourné en effet vers ses compagnons, quand eux regardent ailleurs, il se hâte de reculer, puis lorsqu'on l'aperçoit, il revient de même sur ses pas. Mais au retour il fait un pas de moins qu'à l'aller, jusqu'au moment où il s'esquive presque, ayant atteint le seuil.

Le goupil avait vu ce manège : l'œil droit sur ses herbes, il surveillait du gauche la fuite du vieux loup. « Mon oncle, » s'écria-t-il, « je n'ai jamais rien observé d'aussi étonnant, si tu fais vraiment ce que je vois. Mais je n'en crois pas mes yeux : je rêve, ou bien tu te hâtes de sortir tout en rentrant ? Plus tu te hâtes vers nous, plus tu te diriges vers le seuil. Tu te dépêches de sortir, ou plutôt, la porte se déplace vers l'intérieur ! Viens plutôt ici, pour mériter des remerciements. Il nous faut chercher comment soigner la maladie du roi ; nous hésitons, renseigne-nous, nous sommes inquiets, aide-nous ! »

Alors, comme le souverain renouvelait l'ordre de Renard, le loup s'approcha, le cœur plein de méfiance, et abandonna son inutile va-et-vient. « Pourquoi m'appliquer à vous conseiller ? » dit-il, « d'après moi, vous connaissez toute la race des loups aussi bien que moi, d'après vous. Cherchez et employez pour le roi la peau d'un loup de deux ans, ou de trois ans si vous préférez, je m'en moque : je ne veux ni être remercié pour un présent, ni me fatiguer à chercher. C'est vous que ce mérite attend, c'est vous que ce labeur appelle ! » (Ysengrin parlait durement, car il savait que, trahi, des paroles aimables le serviraient peu devant les grands.)

Mais le médecin se met à jurer, il se touche la tête du doigt et déclare : « Voyez, seigneurs, voyez ce chef roux ! Par ce chef roux, nous avons cherché et nous avons trouvé un loup convenant pour le service du roi ! Je ne veux pas dire lequel. Il y a dans la cour ici réunie un loup qui fait l'affaire. S'il nous entend, il sait qu'il s'agit de lui. Il donnera sa peau malgré lui ou — difficilement — de son plein gré. Et que notre reconnaissance soit le gain de ceux qui la méritent ! »

Ysengrin s'écrie : « Ce croquant délire ! Quel loup y a-t-il ici sauf moi ? Sauf moi, aucun. Comme un loup serait utile ici ! »

A ces mots de son ennemi, Joseph ne peut dissimuler sa joie : « Ysengrin, prends la férule[9] ! Tu ne l'auras pas volée, par saint Gilles, tiens ! Car tu as bien parlé ! »

Bruno ajoute joyeusement : « L'école où tu as appris, Joseph, à composer des vers, sait être favorable aux loups[10] ! Puisqu'il n'y a donc pas ici d'autre loup que lui, qui puisse être bon au service du roi, cela dit, Renard apprends-nous la suite. Sur ce point, le conseil ne sera pas en désaccord. »

Alors le goupil tire son oncle à l'écart et lui glisse à l'oreille : « Mon oncle, quel honneur nous confère cette journée ! Par le succès de leurs entreprises et leur puissance, nos pères ne nous ont-ils pas dépassés ? C'est à peine si nous sommes leur ombre. Cependant lequel d'eux a mérité d'offrir au lion sa peau ? Ce désir ambitieux, qui a osé le nourrir ? Et voici que Dieu t'a réservé cet honneur grâce à mon art. Je vais montrer une bonne fois l'attachement que j'ai pour mon oncle ! Après cela, chaque fois qu'on lira la généalogie de ta race, c'est avec toi que l'on fera commencer la noblesse de ta lignée. La gloire qui t'échoit aujourd'hui est si grande que, par ce seul succès, tu rejettes dans l'ombre tout le prestige de tes aïeux. Tu seras appelé l'auguste ancêtre de notre famille, toute notre descendance te donnera le nom d'aïeul, et les générations nées de toi se glorifieront jusqu'à la dernière d'avoir obtenu un tel renom grâce à ton mérite ! »

Bondissant en arrière, Ysengrin n'a pour se réconforter que cette consolation : « Je m'en serai sorti, j'aurai survécu, je ne suis pas perdu ? Toute peine devient plus légère, quand on l'assume, pour ainsi dire, spontanément. »

Le médecin dit en se rasseyant : « Tarde, et le roi est mort ! Mon oncle, tu sais ce que Bruno vient de dire : "Nous avons supporté assez de détours jusqu'à présent." A ce que je vois, tu ne guériras pas le roi de toi-même. La queue de la poire regarde toujours la branche d'où elle est tombée. Les méchants préfèrent perdre leur bien que de le vendre à un honnête homme ; mais s'ils sont contraints de le donner, ils perdent et la reconnaissance et le bien. Lorsque l'avare garde son bien entre ses griffes avec trop de ténacité, il endure souvent pour un maigre profit les plus grands dommages. J'en atteste mon souverain qui se nourrit de feuilles et de feuillages[11] (fie-toi à ce serment car il sera tenu) : non, je ne supporterai pas davantage que le roi soit privé de la peau de loup dont il a besoin, quand elle est là sous ses yeux ! Je tardais à parler, espérant que tu la donnerais de toi-même, afin d'acquérir une reconnaissance digne du service rendu. Mais maintenant je l'affirme : tu as l'âge qui convient à cette peau réclamée par la médecine. Qui tait la vérité par partialité ou par peur, et ment parce qu'on l'en a prié ou pour de l'argent, celui-là supporterait toutes les infamies. Alors que tu as si souvent pratiqué la médecine, ne t'es-tu pas rendu compte de ce qui m'a sauté aux yeux ? Tu savais, sans qu'on ait à te le révéler, où il fallait chercher le remède qui manquait. Mais ton cœur était loin de vouloir le bien ! »

A écouter les paroles du vieux loup, il semble qu'il ne veuille pas avoir entendu ces propos, car il répond ainsi : « Puisse le roi accorder foi à mes paroles : tu le guériras, si tes herbes ont autant d'efficacité que ma peau. Pour ne rien dire de plus, mes poils blancs témoignent de mon âge : J'ai plus de trente-deux lustres ! Ton succès, Renard, jette partout le désordre, mais il est excellent que ceux dont la chance est effrénée trouvent une limite. Tu files à ton gré[12], pourquoi pas ? Tu plaides pour les rois ; mais c'est le soir qu'il faut se féliciter d'une agréable journée. Le scorpion a une jolie tête, mais il pique avec la queue. Peut-être nous rencontrerons-nous encore dans la campagne ! »

Alors l'ours : « Dis ce que tu veux, compère Ysengrin. Beaucoup ont le poil blanc avant l'âge. On devient blanc sans que cela signifie toujours que l'on soit vieux. La neige fraîche est blanche, ainsi que le cygne de trois ans à peine. »

Le docteur vient alors à leur rencontre, dans l'intention d'apaiser par une réponse aimable les violents propos de son oncle : « Mon oncle, tu effraies un parent qui te craint sans que tu le menaces et qui t'est attaché, bien que tu le détestes. Cesse tes menaces, je t'en supplie, quand je désire ton bonheur. Mais la cour te tient pour coupable d'une grave offense : on dit en effet que tu as été affranchi et que tu dois encore un tribut au roi, que jusqu'à présent tu gardes par-devers toi[13]. Or ton créancier te compte des intérêts plus élevés que nous n'en pouvons payer tous deux, et ensuite il t'ordonne de régler ta dette. Il t'est possible de payer capital et intérêts (le roi y consent, si je me porte garant pour toi), en sacrifiant seulement ta peau. J'étais prêt, si tu avais besoin d'aide, à payer la moitié de ta dette, mais ta seule peau satisfait ton créancier. Or si tu défends ta peau sous le vain prétexte qu'elle est blanche, tu peux être proprement convaincu de trahison : car il y a un an aujourd'hui, sans une nuit de plus ni de moins, que la même demeure nous a accueillis tous les huit[14]. Tu ne tardas pas à être le neuvième. A ta vue, nous applaudîmes tous, persuadés que sous ta conduite, nous aurions tous les succès. Nous t'avons demandé de prendre, comme chef, la tête de notre troupe, vu la dignité de ton âge et tes dons d'astuce. Mais tu affirmas avoir à six mois près moins de trois ans et tu déclinas ce joug, en alléguant ta jeunesse et ton inexpérience. D'où te viennent maintenant tant et tant d'années, puisque à ce moment-là, tu ne dépassais pas la moitié d'un lustre? Si l'on dit que je me trompe, témoins, venez déposer! Lève-toi vite, Joseph, viens témoigner en ma faveur. Ainsi que toi, l'âne, et toi, le bouc! Vous fréquentez tous trois les mêmes endroits, et je ne ferai pas appel en cette circonstance à des témoins étrangers. C'est vous que je choisis, vous qu'il aime et qui êtes ses amis, dites la vérité, puisque vous la savez! »

Les témoins cachent leurs sentiments : malgré l'ordre qui leur a été donné de s'avancer, ils s'attardent à leur place et affirment ne pas bien se souvenir des événements. On leur ordonne une seconde fois de s'avancer, mais ils restent assis, comme s'ils pensaient : « Pouvons-nous trahir un ami, un seigneur, un père? » Réclamés pour la troisième fois, ils tardent toujours. Renard dit alors : « C'est envers le roi lui-même que vous commettez une faute, si vous ne vous hâtez pas! » Comme s'ils redoutaient cette menace, ils se lèvent alors; on leur ordonne de se dépêcher, ils approchent lentement, au milieu du silence général de la cour.

« Comment penser, » dit l'ours, « que mentent ces témoins, qui ont peine à obéir après avoir reçu trois fois l'ordre de se lever? »

On ordonne aux témoins de parler : « Ecartez-vous un peu, vous deux! » dit le goupil. « Toi, bélier, approche-toi des seigneurs ! Tu es plus âgé que les deux autres témoins, et tu connais mieux l'éloquence et la rhétorique. Nous te donnons la parole en premier. »

Faisant mine alors de murmurer à l'oreille du vieux loup, le bélier hurle de manière à être entendu de tous : « Voici, parrain, tu le vois, nous sommes forcés de témoigner contre toi ! Mais si tu fais preuve de sagesse, la situation peut encore tourner à ton avantage. Pour mériter des remerciements par tes présents, donne ce que tu dois de ton plein gré, sans que nous témoignions, comme si on te sollicitait et que tu ne sois pas débiteur. Le roi ne te réclame qu'un vil cuir de loup ; si tu lui refuses une telle bagatelle, quand lui ferais-tu un plus beau présent ? Habituellement, il n'y a qu'un merle blanc pour connaître les sentiments de celui qui se tait. Voici que tu te tais. Eh bien ! tais-toi ! Mais moi, je vais dire ce que je sais : un certain Ysengrin a eu ici l'âge que dit Renard. Pour ma part, je ne témoigne pas contre celui-ci, qui n'a pas de queue, comme l'autre Anglais[15]. Mais de fait, il n'y en a jamais eu d'autre que celui qui est devant nous. J'ajoute une petite chose, ignorée du goupil, mais toute la cour, y compris notre grand roi, sera d'accord avec moi : si un certain Ysengrin éprouve un préjudice de la perte de sa peau, cette violation de la paix est sans inconvénient. Ce moine est prêt à pardonner toutes les fautes. Oui, ainsi je cache bien la faute de mon compagnon[16] ! »

Le bélier avait terminé, le goupil ajouta : « Tu l'as bien cachée, grand merci ! Le signe de votre accord mutuel est que tu te tiens près de lui. Tu pourrais agir ainsi partout où la chance serait avec toi ; mais si vous vous trouviez tous deux face à face dans n'importe quel champ, la bonté des pères apparaîtrait avec évidence chez leurs enfants ! Allons maintenant, bouc, à toi ! Témoigne par tes propos de ton affection pour Ysengrin ! »

Le bouc s'avança en se justifiant et déclara : « Je suis appelé à témoigner, et je dirai ce que je dois dire. Ma peur de Renard me contraint à ne pas garder le silence. Je ne dis rien de plus des événements connus dont a parlé Joseph, mais il est tout à fait nécessaire, je le sais, que vous sachiez ce que je vais dire. Ce qu'il serait préjudiciable de cacher, je le révélerai de moi-même : la lune est aujourd'hui favorable, demain assurément elle sera néfaste. C'est pourquoi la peau de n'importe quel loup, aujourd'hui excellente, perdrait son efficacité, si l'on attendait jusqu'à demain. »

Le troisième témoin appelé à déposer est l'âne Carcophas. Son braiement faisait trembler le sol : « Ysengrin, jeune vieillard, réjouis-toi ! Je vais réduire à néant par une simple objection les inventions de ces témoins. Tu sais qui je suis ? Je suis maître Carcophas, originaire d'Etampes, comme on le dit de moi entre Pâques et Reims[17]. Comme je souris aux arts, on m'appelle Carcophas, du nom de Pierre prononçant gutturalement le mot art[18]. Je ne suis que lettres. Tu es peut-être entré ici aussi ignorant qu'un jeune loup, rejoins donc mes élèves ! Tu sauras la grammaire : allons, dis-moi, si l'on écrit n-c, et que l'on ajoute le signe des brèves, quelle syllabe aurons-nous ? Tu ne réponds pas ? » (Ysengrin restait en effet silencieux.) « Pendard, dépouille-toi, vaurien ! Frappez-le ! Qui a des verges ? Je vais écorcher ce chien[19] ! Rassemble ces petites lettres, et la syllabe *nunc* (maintenant) apparaît. Le fait est que c'est maintenant qu'on doit te dépouiller de ta peau. Mais je vais vous donner une preuve et non un témoignage : regardez ces poils tout neufs ! Ysengrin est jeune, je vous le répète, qu'il donne donc sa peau ! Ce paysan de Joseph fait des vers, et assemble des lettres : b-e : bê, et toi, tu ne peux former la syllabe *nunc* ? Tu ignores un minimum de grammaire, et tu cherches à passer pour médecin, et tu affirmes même être entré au couvent ? Comme tu as bien chanté matines aujourd'hui[20] ! As-tu l'habitude de traiter au couvent tes affaires aussi habilement qu'au dehors ? Je suis d'avis que le moine qui ne sait pas chanter se débarrasse de sa peau ; une fois débarrassé d'elle, il sera bon chanteur. Comme tu voudrais être loin d'ici si le sort t'avait été favorable ! Mais je voudrais auparavant être sûr que tu sais chanter. Pour faire vite, il nous faudra chanter toutes les heures d'un seul coup, quand tu donneras ta chemise. Voleur, quitte ton froc ! Notre roi va tout d'abord s'en servir, et il me sera bien utile ensuite pour mes martinets. Il dédaigne de m'obéir! Berfridus, ordonne-lui d'obéir! Il se dépêchera peut-être davantage, si c'est toi qui commandes! Par saint Bavon[21]! Nous n'obtenons rien par la bonté; le moine a une habitude bien à lui : prendre de force et garder fermement. »

Les témoins avaient terminé, et comme le moine refusait toujours ce qu'on lui réclamait, le rusé médecin lui dit en grec : « Tu as entendu les témoins, Ysengrin. L'accusé est contraint de faire amende honorable ou de subir son châtiment. Cependant le roi se propose dans la mesure où tu le lui permets, de faire en sorte que tu ne quittes pas le palais dans la tristesse, ou poussé à la colère. En te sollicitant avec bonté plutôt qu'en te contraignant par la force, le roi te réclame avec beaucoup de modération ce qui lui appartient de droit. Si tu répugnes à donner ta peau, souviens-toi que tu la prêtes. Dès qu'il aura transpiré, aussitôt, le roi te la rendra! Dis ce que tu veux, en trois semaines tu ne retrouveras pas une solution aussi avantageuse!... Pourquoi, malheureux, continues-tu de te taire? N'as-tu aucun souci de l'honneur? Si tu veux faire quelque chose, fais-le, ma drogue est presque pilée. Nous sommes maintenant en été, tu n'as pas besoin de ta peau par cette chaleur. Nous nous demandons même avec étonnement pourquoi tu l'as traînée ici. Elle est si lourde et si affreusement hérissée, lorsqu'on la regarde bien! Fou, pourquoi aimes-tu cette misérable défroque de loup? Si j'apercevais en plein hiver huit de ces peaux, je ne jugerais pas une seule d'entre elles digne d'enlaidir mes épaules! Cependant tu sembles hésiter pour savoir si tu préfères conserver ou donner ta pelisse. Et que serait-ce si nous étions en proie aux rigueurs d'un hiver froid? Et si l'on te demandait de renoncer à la moitié de ta peau, suivrais-tu l'exemple du saint patron de Tours[22]? Non, en vérité, tu ne serais pas plus prêt à donner le dixième de ta peau, qu'un myrte à donner des pêches ou un saule des fraises! Le roi en personne te demande de lui prêter ta pelisse, bien plus toute la cour brûle de te remercier, et tu auras peine à y consentir ? Cette peau donc, que tu finirais par me donner si je te menaçais, tu refuses de la prêter un peu, quand le roi te la demande ? On ne te demande pas de la donner (fou, pourquoi hésites-tu ?), mais de la prêter ! La peau reviendra vite à son propriétaire ! Et tu ne l'auras pas prêtée à un vilain ou à un chevalier de petite naissance[23], c'est le roi lui-même qui te demande ta peau ! Si tu étais chez toi aujourd'hui, ne courrais-tu pas tout nu te mettre à l'ombre trois fois dans la journée ? Quel démon t'interdit de quitter ici une seule fois ta peau ? Ne peux-tu pas vivre sans elle si peu que ce soit ? Jamais je n'ai vu un honnête homme trembler ainsi pour rien ! Si tu avais quelque sagesse, tu aurais de toi-même demandé au roi qu'il te soit permis de donner ce que tu refuses de prêter. Pauvre de moi, à qui la nature injuste a refusé une peau convenant au service de mon maître ! Que le Capricorne répande la neige, ou le Cancer le feu de la canicule, il n'aurait pas été nécessaire de me supplier, pour que je prête ma peau. Et je ne préférerais pas la prêter plutôt que la donner. Mais tu ne veux pas prendre la moindre peine pour ta gloire. »

Dans l'espoir que ces paroles lui ouvrent un asile, le rusé Ysengrin répond, avec une habileté qui allait être inutile : « Tu abuses un roi sans méfiance, perfide petit goupil ! Moi, j'ai réfléchi à un remède plus sûr : la peau d'un vieux loup français est de beaucoup plus efficace que le cuir d'un jeune loup teuton. Tu sais que je suis teuton et tu as prouvé que j'étais jeune. Mais ma peau n'a même pas de pouvoir médicinal. Que le roi suspende l'affaire, je vais m'en aller et revenir aussitôt. Je pars chercher pour le roi un vieux loup français. »

Sans être embarrassé de la réponse à faire, le rusé médecin réplique à son tour, doucement, au moine : « Mon oncle, et si la peau de ce loup était plus petite que la tienne, alors qu'il faut que le roi ait tous les membres couverts ? Sauf la tienne, nous ne connaissons nulle part de pelisse, de vieux ou de jeune loup, qui puisse complètement recouvrir le roi. »

L'abbé lui rétorque : « Cette crainte me semble vaine, si tu prends du roi le soin que tu dis. Si la peau que j'aurai choisie est plus courte que de juste, ajoutes-y la tienne — on peut en faire un bonnet — les deux peaux suffiront! Si tu veux capter la bienveillance des grands, tu ne dois pas longtemps compter sur ta ruse! Tu dois poursuivre leur faveur jusqu'à la payer de ta chair vive, car c'est dans la loyauté que la loyauté prend son effet. La reconnaissance des grands est de courte durée, si on ne l'achète jour après jour. Pour que ton mérite ne soit pas inutile, mets-le continuellement en œuvre avec ténacité. Les plus grands présents sont misérables aux yeux de qui désire acquérir davantage, et l'homme de bien consacre toute bonne action à une meilleure encore. Que l'ami du roi n'ait peur de rien, sinon de perdre le roi! Moi, il me suffit de vivre parmi les loups des forêts! »

« Mon oncle », répond Renard, « tes conseils sont judicieux, mais cette drogue réclame une peau d'une seule et même couleur. Ne pense donc pas qu'il faille tenir compte des distinctions que l'on peut établir. Il ne servira à rien de parler maintenant de loup gaulois. Nous prescrivons aussi bien un loup sarmate qu'un loup espagnol. L'origine du loup n'importe pas; pourvu que ce soit un loup, il fait l'affaire en lui-même. Mais, en vérité, tu es digne de foi lorsque tu dis qu'"un loup âgé serait plus utile au malade". Pour moi, je dis qu'un jeune loup, je dis qu'un vieux loup fait l'affaire. Les témoignages établissent que n'importe quel loup est bon : deux sources font l'éloge du vieux, quatre celui du jeune! J'ignore lequel des deux remèdes, du jeune ou du vieux, est le meilleur, tant que je ne vérifie pas par l'épreuve de la peau, lequel est le plus efficace. Nous voudrions donc qu'il y ait ici en même temps un jeune et un vieux loup, tous deux prêteraient leur peau au roi. Mais la fortune nous a offert le jeune et refusé le vieux, aussi nous passons-nous de l'absent et nous saisissons-nous de celui qui nous est donné! Rebelles à la chasse, nous mettons la patte sur ce que nous avons : un seul oiseau dans le filet vaut mieux que huit dans la nature. Tu n'iras donc nulle part. Si tu t'en allais, tu n'accepterais pas de revenir au bout d'une centaine de jours. Puisque tu as dit qu'un jeune loup n'était absolument d'aucune utilité au malade, sois un vieux loup plutôt que de prendre la fuite. Je préférerais t'imaginer un peu âgé, plutôt que te voir partir. Je l'ai su avant toi et tu le sais aussi : un vieux loup fait l'affaire. Si tu le veux, tu es donc jeune ; si tu le veux, tu es un vieux chenu. Tu es comme une marmite, il est évident que tu peux servir quel que soit ton âge. Maintenant, va, donne ta chemise, ne passe pas pour un rustre. Nous te supposons vieux, pour que tu puisses faire l'affaire, sur ton propre témoignage. Si ni la crainte, ni la reconnaissance du roi ne peuvent te fléchir, donne au moins ta chemise par amour pour moi ! Je pense que tu vas maintenant faire volontiers, si tu n'es pas fou, tout ce que je t'exhorte à faire, d'autant que tu le sais, je te prodigue toujours, et aujourd'hui encore des conseils aussi judicieux que mon amour pour toi est constant. »

Ysengrin, plus sourd qu'un poirier à qui on ordonnerait de donner des glands, laisse ces douces paroles s'envoler aux quatre vents. Alors pour la première fois, le médecin se met à gronder ; il blâme son oncle obstiné de son insensibilité, et lui reproche la bienveillance dont il a fait preuve à son égard : « Ah ! Tu hésites encore ! Quand te résigneras-tu à consentir ? Je sais qu'en vérité on te demande maintenant trop peu de choses ! Tu refuses donc que le roi revêtisse ta peau ! Quel seigneur n'aurait pas été heureux d'un si grand honneur ? On offre rarement à un vilain un paon assaisonné de poivre[24] ; la gloire se présente d'elle-même à toi, et tu la fuis ? Mon oncle, si j'avais une raison de te demander ta peau, pourrais-je disposer d'elle comme le roi en dispose maintenant ? J'ai vraiment confiance en toi, toi dont le lion ne peut pas obtenir une peau de loup ! J'entends dire quelque chose de vrai : "La poix ne sert à rien sur un pot qui dégouline." Tu aimes ta pelisse comme un fou sa massue. A qui se fier ? Nous sommes issus d'une même souche, et tu ne te rends pas compte que j'ai honnêtement veillé à tes intérêts ! Moi, le pauvre trahi, je n'agis pas comme celui qui capte la faveur des rois, au contraire je prends loyalement soin de ton honneur. Car le roi pourra peut-être survivre sans ta peau. Mais toi, si tu ne la lui prêtes pas, tu seras aussi avare qu'un bâtard[25] ! Je laisse dorénavant les choses suivre leur cours. Fais ceci, fais cela, tu sais bien sans moi ce que tu dois faire.

Sire, voyez-vous clairement maintenant la morale des loups ? Je vous ai dit une douzaine de fois : "Il ne vous donnera rien." Et vous ne me croyiez pas, jusqu'à ce qu'il vous en donne lui-même la preuve. Croyez-vous maintenant au moins que je vous dis la vérité ? Voyez donc où vous devez l'envoyer ! Sur ce point le vieillard ne vous a pas cédé, il chérit son cuir plus que votre trône. Oui, vous péririez avant qu'il se soit seulement dépouillé pour vous de cette loque qui couvre son dos. Ce n'est pas pour un étranger que je m'émeus, souverain adoré, je suis confus de la grossièreté de mon oncle car il sait surtout, que j'ai obtenu le rang de grand maître parmi les fourreurs[26], et il ne doute pas de pouvoir revenir ici avant cinq jours, royalement pourvu par mon art d'un nouveau pelage ! »

Comme le médecin achevait son chapelet de sottises, le roi, brièvement, réfuta ainsi ses propos :

« Renard, comme il en a le droit, Ysengrin a un honnête souci. Il est venu au palais sans écuyer, et il est malséant maintenant qu'il ôte lui-même sa dépouille. Qu'on la lui ôte, il ne me la refuse pas. Bruno, tu auras le choix : ôte à notre abbé sa chemise, ou bien donne-moi la tienne. »

A ces mots le bélier s'écrie : « Que choisis-tu l'ours ? Retire-toi et vois ce que tu préfères ! » Bruno lui répondit : « Ami Joseph, je sais bien ce que je préférerais, si je n'écoutais que moi ! Je serais trop heureux de me dépouiller de ma peau pour la donner au roi, car ce présent me serait fort utile et fort avantageux. Mais pour que l'on n'aille pas dire que j'ai jalousé mon compagnon, je ne veux pas voler par un vilain tour la place d'autrui. Que celui à qui le sort sourit emplisse donc son office, et couvre le roi de son somptueux manteau. »

Le loup ne pense pas que ces propos aient été tenus pour sa gloire, il ne se soucie pas du moqueur qui cache son manège sous des plaisanteries et des rires, et il ne juge pas bon de demander à Bruno sa décision et son avis sur le choix proposé. Il bondissait donc en avant et se précipitait comme la foudre quand, en pleine course, le goupil vient rouler dans ses pattes :

« Pitié pour mon oncle, illustre Bruno ! » dit-il. « Il ignorait que le roi avait besoin de sa peau, aussi n'a-t-il apporté ici qu'une seule pelisse. Il n'en possède qu'une et il la donne volontiers, pourvu qu'on lui permette seulement de garder intacts ses ongles. Emporte le reste avec la permission du prêteur et la mienne. Il ne faut pas trop accabler celui qui prête de lui-même. A cheval donné, on ne regarde pas trop la bouche ! »

Irrité, Joseph s'en prend à Renard de sa requête : « Ah ! Renard ! Maintenant tes ruses sont évidentes ! Voici la faute qui rassasiera le large gouffre d'Orcus, celle pour laquelle mille corps empliront ses fosses infectes ! Toi aussi, quelle jalousie, vraiment, te torture, parce que ton oncle est plus puissant que toi et te dépasse ! Sans cesse cet individu souffre des succès remportés par ses suzerains et par ses pairs, et il en est abattu malgré sa ruse et sa puissance. Bien que tu en souffres, ton oncle est digne de passer avant toi, et il le fera ! La force de Renard tient à sa malice. Ses conseils sont dictés par ses intérêts, et non par sa sagesse, c'est qu'il est jaloux. Bon abbé, ton heureuse fortune le tue ! Qui diminue le mérite atténue forcément la gloire. Le perfide demande de partager en deux la chemise ! Ysengrin, veille à tes intérêts ! On pense que je suis ton ennemi, mais le conseil que je te donne n'est pas celui d'un ennemi : que celui qui veut servir serve jusqu'au bout, qu'il rende complètement service, ou bien en vérité qu'il garde ses bons offices pour lui ! Je te le conseille, aussi vrai que je t'aime : si tu recherches pour ton geste une entière reconnaissance, garde-toi de couper en deux le service rendu ! Sans les ongles, à quoi sert le reste de la peau ? La chaleur s'en va par les quatre portes, et le roi fond à transpirer sous une peau percée de quatre trous — Voilà la sagesse dont ce médecin de malheur fait preuve envers toi et envers le roi ! Seigneur Ysengrin, donne tes ongles jusqu'à la racine, donne ton cuir, ta chair, ne garde rien. Je t'avertis : que ta peau ne perde pas le moindre poil car alors, elle sera tout entière inutile ! »

Joseph avait tenu là des propos que la cour approuvait ; et il n'y avait personne qui gardât le silence. Alors, les herbes à la main, Renard dit en gémissant : « Bruno, excellent conseiller, puisque l'assemblée rend publiquement son avis, va ! Mais je te demande une petite chose... ce serait le moment... pardonne-moi... je te récompenserai : n'accepte pas de lui ôter plus que tu n'auras trouvé sur lui ! Lui-même en vérité n'a jamais pris plus qu'il n'avait trouvé. Il est permis de prendre ce qu'il y a, mais criminel de prendre davantage. »

Apitoyé, Bruno accède à la prière du suppliant ; il voulait à nouveau ôter sa peau au vieil évêque et se préparait à le faire, quand Berfridus s'y opposa en criant d'une voix forte : « Bruno, malheureux Bruno, attends encore un instant ! J'en atteste saint Botulphus[27] que je vais souvent prier, moi je ne donnerais pas une puce pour une peau vide ! Retire-lui plus que la chemise ! Si tu ne lui retires pas plus que la peau, tu fais moins que le ver solitaire ! La requête du grand médecin est stupide, et on a raison de refuser des faveurs qui violent le droit et dépassent la mesure. »

L'ours répondit en quelques mots (et il s'avançait de manière irréversible) : « Ce que j'ai accordé, je l'ai accordé, et je tiens mes promesses. Mais toi, tu ne sais pas le français, seigneur abbé. Je vais t'aider pour ne pas abîmer ta peau : baisse la tête, tends les bras, je vais te montrer comment ôter ta chemise à la française. »

L'ours donc, après avoir détaché la peau par-dessus et par-dessous, à gauche et à droite, dépouille le vieux jouvenceau de son amict[28]. Après avoir pris ses mesures, il coupe du haut de la nuque, entre les deux oreilles, jusqu'à l'extrémité des talons. L'élan qui fait voler une terrible faux à travers les herbes n'est pas différent de celui de l'acier brillant dans la graisse épaisse. Cependant les pattes avant gardaient leurs gants, et le front sa peau jusqu'aux oreilles, car à partir des oreilles la peau béait largement. De plus, un nerf au-dessus du nez reliait, tel un nasal tordu, la naissance du front au museau. Comme les ongles étaient très profondément enfoncés, l'ours les avait laissés de chaque côté, en passant avec une extrême agilité. Il s'écrie vivement : « Compagnons, voici un verset de lu ! Maintenant, que celui à qui ma lecture ne plaît pas lise mieux que moi ! Mais voici une peau aussi ignorante de l'allemand que si on l'avait arrachée à un loup poitevin ! Carcophas, qu'en dis-tu ? A ton avis, ai-je bien lu ? Vous aussi parlez, le bélier et le bouc ! »

Tous deux restent cois, et ce fut l'âne qui répondit : « Que je meure, si tu n'as pas bien lu ! Jusqu'à présent Ysengrin a tranquillement supporté ta lecture. Continue, il la sentira. Car c'est à peine s'il a senti la bagatelle que tu as déjà lue ! »

Le sanglier irrité dit alors en grinçant des dents, d'une voix menaçante : « Ysengrin, tu ne te conduis pas comme il faut. Je me demande quand et où Bruno sert de sacristain, mais il sait bien enlever sa tunique à notre jeune pape ! Si Abel, notre enfant de chœur en surplis blanc, avait aussi bien ôté au prêtre sa chasuble, il aurait dévoré neuf pommes, finie la dernière génuflexion[29] ! Tu n'exprimes cependant aucun remerciement pour ce geste obligeant — en paroles, je ne connais pas ton cœur — comme s'il ne te rendait ni honneur ni service. On aurait pu te traiter de fou, si la règle ne l'interdisait[30] ! Conduis-toi à l'avenir avec plus de sagesse et de profit ! Rends grâce pour le service rendu, sois reconnaissant. Il ne convient pas de toujours refuser de répondre aux bienfaits reçus. Et ne dédaigne pas de recourir aux services d'un tel diacre, partout où l'on te choisira comme prêtre ! »

Le bélier objecta : « Il me semble plutôt que Bruno n'a pas mérité de remerciements pour le service qu'il a rendu. Ne rien entreprendre fait moins de mal qu'entreprendre pour s'interrompre. Seul un service achevé mérite des remerciements. Bruno, retire-lui sa mitre ! Si tu ne la lui retires pas, il va passer pour un efféminé[31] ! Bruno retire-lui sa mitre ! Il est moins reconnaissant de ce qu'on lui a ôté, qu'inquiet de ce qu'on lui a laissé ! Et Bruno souhaite des remerciements ! Ce que, dit-on, le chien a mérité pour avoir mangé le gâteau, voilà ce que Bruno a mérité, et il n'obtiendrait rien de mieux ! Je préconiserais une onction, si cette tonsure avait été fraîchement rasée. Mais maintenant on ne peut plus longtemps prendre Ysengrin pour un moine! Où le roi projette-t-il de le nommer évêque? Il a maintenant une grande mitre entre les oreilles. Est-il toujours abbé, serait-il enfin nommé évêque? D'où vient aux loups cette gloire si brillante et si assidue? Moi, en vérité — et je ne suis pas plus fort que l'ours — je n'aurais pas mérité de remerciements pour ma complaisance. Je lui aurais arraché les yeux et coupé les oreilles, si cette tiare n'avait pas consenti autrement à se laisser arracher. Mais je crois, bouc, que peu de gens, toi et moi mis à part, ont à se soucier que le loup s'en aille privé de la vue. Si nous acceptions tous deux que la lumière le quitte, nul ne s'en plaindrait, pourvu que nous lui arrachions les oreilles. Ainsi évidemment, une fois sa robe enlevée, l'intérieur de son crâne, d'un accès plus libre, capterait les sons par une voie plus dégagée. »

Voilà les paroles du bélier; Berfridus affirme qu'il se disposait depuis longtemps à tenir à Bruno les mêmes propos. En punition de sa faute il lui ordonne trois jours de jeûne, et l'avertit à plusieurs reprises de se garder désormais de cette erreur.

La peau arrachée, le loup répandait alors une rivière de sang, aussi abondante que le torrent d'eau qui tombe du ciel par une forte pluie. Il avait tout le corps plus rouge qu'une goutte du flot qui s'échappe de la gorge blessée d'un agneau.

Le médecin s'écrie triomphant : « Nous sommes venus ici, choisis par le roi, pour rendre la justice et parler en son nom dans tout le royaume. Et parce que le bouc donne du lait, et que Carcophas pisse du miel[32], voici notre assemblée plongée dans l'affliction. En effet, quand un tel outrage rejaillit sur le roi, je m'étonne que vous ayez eu l'impudeur de déplorer autre chose : une soierie tissée au-delà du Don n'étincelle pas davantage, la patine des ans ne fait pas tant rougeoyer l'ivoire que ne flamboie cette tunique[33] deux fois teinte, dont s'enorgueillit cet individu qui fut assurément mon oncle, mais qui ne l'est plus. Quel malheureux oserait être le parent d'un puissant personnage ? Le riche et le pauvre tirent la corde en sens contraire ! Tant qu'il paraissait pauvre, couvert d'une infâme loque, il pouvait ne pas avoir honte de moi. Mais peut-être rougit-il de moi, maintenant que l'on empêche sa pourpre découverte de se cacher sous un cuir de loup. Le marchand vient de la retirer d'une cuve de pourpre tyrienne, la teinture fraîche ruisselle encore de gouttes rougeoyantes. C'est à vous d'agir, seigneurs, au nom de votre honneur et de celui du roi ! Voyez le royal éclat de cet étincelant vêtement ! Oh ! Comme le riche semble briller aux yeux des pauvres ! Mais à quoi servent les richesses lorsque leur propriétaire est avare ? La richesse de mon oncle me met en valeur, son avarice me confond. Le bonheur parfait existe là où le cygne est noir. L'avarice d'un riche vaut à peine mieux que la largesse d'un pauvre ; tu me laves, mon oncle, du déshonneur de ma pauvreté, mais ma misère ne te nuit pas autant que ton avarice ne m'inspire de honte, c'est évident. Quel sage, pris du désir de se rendre à la cour du roi, aurait porté comme vêtement de dessus ses plus vilaines nippes ? Mais toi, enfilant ta peau de loup en dernier lieu, tu étais, à même la peau, paré comme un roi. Comme il convenait de cacher sous un tel manteau de la pourpre de Tyr, de cacher sous une hirsute peau de loup de la pourpre éclatante ! Mais je saisis pourquoi tu es venu couvert d'une ignoble peau de loup, dans le désir de dissimuler une glorieuse parure. Au terme de longues prières nous avons fini par t'arracher difficilement, vaurien, la permission de contempler ton élégance. Si au moins tu avais porté la pourpre par-dessus et la pelisse par-dessous, la faute aurait été pardonnable. Si la cour est de mon avis et protège le droit, elle condamnera et déplorera le tort fait au roi. Il faut compenser le mépris qu'il a eu du roi par des excuses proportionnées à sa faute. Or la cause royale lui reproche deux crimes : le remède du roi a été retardé par ce moine qui s'entête à garder son froc, et la cour a été horrifiée à la vue de cette infâme dépouille. Il n'a pas mesuré la portée de son audace, cette faute ne restera pas impunie, et on ne la laissera pas passer sans dommage pour le coupable ! »

La cour approuve par ses cris les paroles du médecin : « Il faut corriger le coupable et lui faire payer son audace ! Lui, quatre fois abbé et évêque de surcroît, est aussi coupable qu'un loup laïc et rustre ! Une peine équitable ou une correction compensera son forfait ! »

Les nobles criaient et causaient un fracas assourdissant. Lorsqu'enfin calmés les barons se furent tus, et que le tumulte fut apaisé, le médecin reprit : « Mon oncle, tu n'entends pas la décision de ces seigneurs ? Pourquoi restes-tu à l'écart ? Fais amende honorable sur-le-champ, si tu as quelque souci de toi-même ! » (Et de fait, il l'interrogeait.) « Sot, ignores-tu la faute à expier ? Ne t'avons-nous pas déjà assez dit le crime que tu as commis ? Ce crime, c'est la pourpre portée par-dessous pour offenser le roi, et le manteau donné trop tard à celui qui te priait. »

L'abbé, qui semblait être très irrité et ne pas vouloir approcher, restait toujours debout, sans déplorer l'étourderie de sa conduite. Le médecin gronda avec emportement : « A quoi penses-tu mon oncle ? Crois-tu que, si je ne prononce pas trois serments, je parle en l'air ? Mon oncle, par les ailes souveraines de saint Gabriel, ces ailes que sept attelages de bœufs peuvent à peine porter, si tu ne fais pas sur-le-champ amende honorable, après le manteau, je t'enlève la chemise ! Si tu veux, passe outre à mon ordre. »

Le vieux commençait alors à s'avancer pour faire amende honorable. Il se souvenait que le destin lui avait été cruel, et craignait qu'il ne le fût encore. Le bouc le rappelle à l'ordre :

« C'est en cet équipage, mauvais moine, que tu as l'intention de parler devant notre grand roi et les seigneurs ? Ote ce nasal qui te pend jusque sur le museau, pour ne pas bafouiller ni bégayer. Ce nasal t'empêche de fermer librement la gueule. (Un juge prudent cache mille pièges. Une petite pierre pointue peut faire échouer des causes irréprochables !) Ote ton nasal, pour ne pas tomber dans le piège tendu. »

Le bélier s'écrie et lui répond : « Berfridus, quelle sottise dis-tu ? Fou est celui qui tente d'apprendre une haute sagesse à celui que l'on ne peut instruire. Bien que ce nasal soit petit, penses-tu qu'il est pour lui aussi méprisable que ma laine à mes yeux? Il a été longtemps si désireux de garder sa peau, qu'il ne souffrirait pas qu'on achetât ce nasal pour trois deniers! »

A la manière de quelqu'un qui fait amende honorable, le loup tend les deux bras, prosterné devant le lit du roi. Il pose la tête à terre, et dans un geste suppliant, se dispose à prononcer les paroles apaisantes de celui qui demande pardon. Lorsque le prudent médecin voit Ysengrin prêt à faire amende honorable, il s'en prend à lui, lui parle durement et se déchaîne avec violence :

« C'est cela, c'est cela, oncle diabolique, c'est cela, mon oncle, pauvre fou! Déguerpis, oncle diabolique, déguerpis! Vraiment tu agis bien, tu fais ce que je te supplie toujours de faire, tu demandes gentiment pardon et moi, alors, j'approuve ta conduite! Si tu étais encore couvert de ton manteau hirsute, en serais-tu venu à une tentative aussi horrible? Je pensais que tu allais demander pardon — et tu te jettes sur le roi pour un duel! La seconde faute est pire que la première. La pourpre précieuse a transformé ton cœur et ton corps; que le roi se munisse vite d'un bouclier et d'une massue[34]! Ysengrin veut chasser le roi du trône. Oh! Le digne pugiliste qui saute à la gorge du roi! Seigneurs, permettez-vous que l'on inflige ce déshonneur au roi? Malheur à moi! Quelle morgue promène cet individu en robe de pourpre! Il était digne du gibet; cependant son crime a semblé réparable par les services des barons et les miens. Et maintenant, ces gants et cette coiffe nous offrent les gages d'un duel! Seigneurs, qui supporterait ces outrages? Est-ce qu'à ton avis ces signes calment notre colère, espèce de fou? Ils la font plutôt se déchaîner! Quel démon t'a persuadé de t'avancer, avant d'apprendre par mes conseils ce que tu devais faire? Sur mes conseils, vraiment, tu aurais dû laisser loin dehors ces gages d'une sotte témérité. Peut-être le roi pourrait-il se laisser fléchir par des prières et user de mansuétude à ton égard, lui qui peut difficilement maintenant se laisser fléchir par qui voudrait vous réconcilier.

Dites-moi, sire, qu'allez-vous ordonner pour cet acte

d'audace ? Vous avez un naturel d'une grande noblesse. Je vous en supplie, épargnez ce niais ! On dit qu'il est mon oncle, et bien que ce soit malgré lui, il vous a servi. Voici, mon oncle, ce que le roi, dans sa loyale attitude, te fait dire (car le roi m'a ordonné de parler pour lui) :

« C'est le pécheur qui a besoin de pardon, l'innocent veille sur lui-même. Et personne ne pardonnera si personne ne pèche. Celui qui supporte est plus fort que celui qui frappe, et la plus grande gloire de Dieu n'est pas d'avoir créé le monde, mais de tolérer qu'il soit criminel. Abandonne donc toute crainte, Ysengrin, avance et reviens vers moi. Sur la prière de Renard, je te tiens quitte de ta faute, autant du fait que tu t'es jeté sur moi, malade, le poing en avant, que du retard que tu as apporté à me prêter ton manteau. Et je ne refuse pas et ne retarde pas ton pardon, sous prétexte que tu ne me le demandes pas. Les ingrats obtiennent leur grâce, quand on la demande pour eux. Je t'épargne, bien que tu le refuses, et je me félicite d'épargner un ingrat, car tu n'en seras que plus reconnaissant lorsque tu recouvreras ton bon sens. Donc que tu attendes, ou que tu préfères te dépêcher, je veillerai à ce que tu ne te plaignes pas d'avoir subi ici quoi que ce soit de fâcheux : si tu veux attendre, lorsque j'aurai transpiré, tu rentreras chez toi après avoir récupéré tes vêtements. Si tu es pressé, je garderai ce que tu m'as prêté pour te le rendre, quel que soit le jour où tu reviendras ici. »

Le médecin avait achevé de transmettre le message du roi, et se tournant vers son oncle, il lui dit pour son propre compte : « Mon oncle, ne va pas dire une fois de plus que je ne te suis pas venu en aide ! Qui a fait cesser la colère du roi ? Tu le vois bien ! »

Ysengrin ne répond pas. Il est moins joyeux qu'on lui garde ce qu'il a prêté, qu'affligé de l'avoir prêté. De plus, il refuse de s'attarder au palais et s'approchant des abominables portes, il songe pour la seconde fois à quitter les lieux. Le cerf, le sanglier, le goupil, le bélier, le bouc, l'ours et l'âne disent adieu, chacun de son côté, au fugitif : « Va, maintenant que Dieu te garde, doux ami ! Maintenant que Dieu te garde, doux ami ! »

Ysengrin ne répond pas, il les laisse là avec leurs saluts et s'en va, comme s'il n'avait pas apprécié leur hospitalité.

Lorsque le roi Rufanus eut pris les herbes de Renard et transpiré sous la peau bien chaude, il se retrouva frais et dispos comme naguère. Il demande à manger, il mange, et bien vite la robuste constitution du roi et le remède efficace conjuguent leurs effets. Bientôt, ayant retrouvé ses forces, il prie Renard de faire passer le temps plus vite en lui contant un agréable récit. Qu'il lui raconte comment le loup est entré au couvent et en est sorti, comment il fut l'hôte de la chevrette, comment il revint de voyage, leurs aventures à tous deux, leurs entretiens, et pourquoi Ysengrin a caché son âge à la cour. Le roi ajoute avec un sourire qu'il désire aussi vivement savoir comment le coq s'est joué de Renard lui-même. Renard était peu enclin à accepter, car son discours ininterrompu, qui l'avait fait beaucoup parler, l'avait fatigué. Mais il demande à Bruno de rapporter ce qu'on lui avait souvent raconté. Or Bruno venait de composer de nouveaux vers sur ces événements. On demande au roi s'il voulait les entendre, il les réclame. Gutéro part les chercher et, revenu aussitôt, il les remet à l'ours, qui les donne au sanglier, qui les lit. Toute la cour restait silencieuse, écoutant avec attention le poème aux doux accents.

Livre IV

Prise du désir de prier, Bertiliana la chevrette voulait partir en pèlerinage avec ses amis. Seule d'abord, elle se trouva par la suite sept compagnons, dont voici les noms et les fonctions : Rearidus le cerf, guide de ce dangereux voyage, arbore sur son front hérissé les armes de sa ramure ; Berfridus, le bouc, et Joseph, le satrape des béliers, protègent aussi le détachement des armes de leurs fronts ; l'âne Carcophas, apte à porter de lourdes charges, tire son nom de la nature des services qu'il rend[1]. Renard assure le commandement et distribue les interdictions et les ordres, comme le gouvernail qui fait tourner d'un côté ou de l'autre le vaisseau docile. Il est très sage et instruit par l'expérience, mais rien n'indique s'il a plus d'années que de ruse ou plus de ruse que d'années. Gérard, le jars, monte la garde la nuit et met les ennemis en fuite par un vacarme épouvantable[2]. Sprotinus, le coq, surveille et signale l'heure, et chante aussi bien à l'aube qu'au crépuscule. Par son chant, il donne le jour le signal du départ, du repos et des repas ; la nuit, il engage ceux qui veillent à s'acquitter de leurs vœux envers Dieu. Où et comment la chevrette obtint du sort ces compagnons, je vais vous le dire, car ce ne fut pas une affaire publique. La chevrette avait quitté son foyer seule, dans l'intention d'aller à l'étranger prier des saints auprès desquels elle avait souvent fait vœu de se rendre en pèlerinage longtemps auparavant. Elle voulait surtout voir la colonne du sanctuaire de saint Géréon[3], qui n'est pas la même pour les méchants et pour les bons. La chevrette avait gagné un carrefour ombragé de taillis épais, alors qu'elle avait déjà effectué la moitié du voyage entrepris. C'est là que le goupil rencontre la dame qui errait à travers les épines et les ronces. Il lui adresse un salut qu'elle lui rend. Il lui demande alors : « D'où venez-vous ? Où allez-vous ? Pourquoi êtes-vous seule ? Que s'est-il passé ? Répondez à toutes mes questions, elles sont sérieuses ! »

La dame lui répond : « J'ignore pourquoi tu me poses ces questions mais écoute-moi ! (Peut-être mon exemple t'instruira-t-il !) J'ai quitté mon foyer et je pars adorer des reliques de saints qui reposent à Rome et en d'autres endroits. Et afin qu'une suite nombreuse ne diminue pas mon pieux effort, je fais route seule, sans avoir besoin d'une foule de serviteurs. »

L'habile Renard reproche à la chevrette de voyager comme une écervelée, et il lui prodigue ces bons conseils : « Ma chère sœur, ne pouvez-vous servir Dieu et trouver grâce aux yeux des saints, sans courir les routes non accompagnée ? Si la leçon de Job est vraie, l'hypocrite n'est jamais heureux[4]. Il n'y a rien de plus traître qu'une foi affichée. Que chacun soit ouvertement ce qu'il est : que la pauvreté soit le lot du pauvre, mais il convient que le riche soit entouré de ses richesses. Le pauvre ne sait pas gérer une fortune, il ne connaît pas les honneurs. Retirez-lui, donnez-lui du bien, dans les deux cas, il est perdu. Qu'on l'entoure d'honneurs, le pauvre se rengorge, qu'on les lui ôte, il se mine. Otez-lui son bien, il sera désespéré, rendez-le-lui, il sera effronté. La plus grande chance d'un misérable est de ne jamais connaître la prospérité : il foule ainsi d'un pas franc un sentier familier. Celui qui ne sait pas posséder des biens ne sait pas les perdre. Les deux situations bouleversent son tempérament instable. Mais le riche, s'il est soutenu par une profonde sagacité, apporte autant de résignation à la perte de sa fortune que de sagesse à sa possession. Il traite ses pairs chez lui comme à l'extérieur, ôtez-lui son train de vie, sa richesse mérite des insultes. Vous aussi, vivez honorablement, procurez-vous une belle suite. Soyez généreuse chez vous, plus généreuse encore au dehors. L'éclat d'une somptueuse suite ne rend pas le mérite vain, pourvu que le cœur soit pieux et fort d'une vraie simplicité. Peut-être les grandes herbes cachent-elles un hôte avec qui vous ne souhaiteriez pas vous entretenir seule, le soir tombé. Le cerf, le bélier, le coq, le bouc, le jars, l'âne et moi-même avons fait vœu d'accomplir le même voyage. Acceptez-nous comme compagnons fidèles pour le meilleur et pour le pire, nous sommes d'une force et d'une prudence remarquables. »

La proposition est agréée, Renard appelle ses compagnons, tous concluent un accord d'alliance mutuelle, et ils partent ensemble.

Le rusé Ysengrin, couché près de là, avait prêté l'oreille aux événements et entendu le traité conclu. Ce loup avait derrière lui trente-deux lustres, le jour où la chevrette rencontra ses compagnons. A peine a-t-il vu l'âne chargé de trésors enfermés dans des sacs de cuir passer lentement, en raison de son fardeau, que le doux contact de cette proie délicieuse le met au supplice. Que faire? Son esprit était vif mais son ventre lourd. Il avait mangé et bu plus que de raison et trop copieusement, au point de creuser le sol sous le poids de son ventre plein. Ses flancs, qui sur son bassin et ses côtes avaient plus d'une paume d'épaisseur, étaient tendus et plus fermes que son ventre dur comme de la pierre. Et sous la pression de son estomac, sa peau s'était tellement détendue que les poils, bien que fournis, ne la recouvraient plus tout entière. Il réunit alors toutes les forces de son corps, trois fois il tente de se lever et trois fois il s'effondre. Il se met à gémir et appelle sur sa tête mille morts : « Ah! Douleur! » dit-il, « il me faut mourir ici même! Oh! Quel gîte je perds aujourd'hui, moi le plus misérable des proscrits! Mais j'irai, que je le puisse ou non, j'avancerai n'importe comment. Au pire, je suivrai leurs traces en rampant comme un serpent, en roulant à terre comme un porc : si je ne puis être leur compagnon, je serai leur hôte! » Il roule donc du ventre sur le dos, puis du dos sur le ventre. L'espoir lui donne des forces, ses forces de l'espoir et la convoitise le fait se hâter.

Vigilant, le chef de l'expédition savait que le loup était caché dans ces bocages, et que rares étaient ceux à qui il voulait du bien. Il s'écarta donc des autres en compagnie de Joseph, et décrocha la tête sans vie d'un vieux loup, suspendue à une porte[5]. Il dit ensuite à Joseph ce qu'il devait faire, si un hôte se présentait, du nom de loup, chenu et déloyal.

La nuit tombe rapidement ; au chant de Sprotinus, ils gagnent un abri et s'installent avec leurs affaires. Joseph appelle Carcophas et lui confie la garde de la maison. « Tu vas rester ici, petit âne! » dit-il, « tu es le portier, plante-toi ici tel un pieu solide, car notre vaisseau aborde en terre étrangère. Crois-tu être tout à fait en sécurité, parce que nous ne sommes pas maintenant sous la menace des armes ? On met un appât à l'hameçon qui attrape les habitants des eaux, parfois la coupe offerte est plus suspecte que l'épée. Sais-tu quelle invention livra Troie à ses ennemis ? Très souvent le bon accueil d'une province a trompé un banni qu'un repos trompeur empêchait de rien appréhender. Si un étranger mal intentionné se glisse dans cette enceinte, garde bien en mémoire ces paroles[6] : quels que soient les ordres que je te donnerai, fais le contraire. »

Carcophas accepte volontiers de se placer devant la porte, à l'endroit ordonné. On se met à table, mais un appétit féroce tourmente l'âne qui, affamé, réagit comme un rustre stupide : il abandonne la porte, gagne le foyer, fait le tour des plats abandonnés et rafle les miettes éparses.

Joseph s'en prend à lui : « Retourne à la porte, paysan, imbécile, ta fonction requiert un soin vigilant! Pour un infime profit, tu en perds un grand. Tu négliges de prendre soin de ta vie pour complaire à ton gosier. »

Le portier, uniquement préoccupé de porter secours à son ventre furieux, entendant cette leçon, fait avec sérieux cette réponse inutile : « Que me confies-tu à garder, compagnon, sinon la porte ? Puissé-je exécuter tes ordres sans danger! Je ne mâche pas avec les yeux, je confie ma nourriture à mes dents, ma gueule vide les plats, c'est elle la porte de mon visage! »

Comme son ventre se détendait peu à peu, le loup avait commencé à marcher, et dans son zèle, il allait au-delà de ses forces. Or, tandis que Joseph furieux accable l'âne récalcitrant de promesses, de prières, de coups et de menaces, arrive le mauvais hôte. Il adresse à ceux qu'il trouve là des souhaits joyeux, mais il ne pense pas ce qu'il dit et ne dit pas ce qu'il pense. Camouflant son mauvais dessein sous un beau discours, il couvre sa ruse du voile feint de la piété. Il a l'intention d'égorger durant la nuit ses hôtes endormis, et de compenser son retard par son profit, mais il dit en franchissant le seuil : « La paix soit avec vous! Un ermite vous le dit, soyez bénis, mes frères! Encore une fois, que la paix soit avec vous! Voilà le souhait d'un ermite. »

(Ils avaient tout d'abord été épouvantés, comme il arrive quand un objet ennemi se présente soudain à nos oreilles ou à nos yeux, mais bientôt, comme il leur fallait résister, voyant qu'il n'y avait qu'un seul et non plusieurs ennemis, ils reprirent confiance en leurs forces et en leur nombre.)

Leur hôte ajouta : « Je suis ermite et je vais sur les routes pour exhorter mes frères à observer la paix et la justice. Ceux qui ont la foi derrière eux auraient-ils peur en ma présence? Ne tremblez pas quand j'arrive. Ma rage s'est apaisée, mais je garde mon apparence et ma voix, c'est là la peine réclamée par le châtiment de mes vices. J'ai l'aspect d'un loup, mais mon esprit est plus doux que celui d'un agneau. Par ma voix, je dis que je suis loup, mais je le nie par mon honnêteté. Le son de ma voix est donc aussi trompeur que l'aspect de mon corps, c'est à mes mœurs et à mes actes qu'il faut vous fier. J'avais jadis la réputation d'être méchant et cruel avec les innocents, aujourd'hui ma vie est aussi vertueuse que j'ai été auparavant mauvais. Et il n'est personne à qui il me soit plus doux de rendre visite qu'à vous. J'ai d'autant plus d'amour pour vous que je vous ai fait plus de mal. Moi aussi, ma confiance en votre vœu m'a attiré ici, je vous supplie de me prendre comme compagnon jusqu'à Rome. Je souhaite rendre visite au patriarche du temple de

Palestine, donne-moi la croix des pèlerins, parrain bouc ! »
(Celui-ci le fixait en effet d'un air courroucé tandis qu'il
parlait, car il ne se souvenait pas que le loup lui ait jamais
apporté une aide habile et amicale.)

Les fautes d'hier font honte aujourd'hui, et le bouc fut le
premier à repousser les vœux du loup. « S'il y en a un ici,
pour se féliciter, » dit-il, « que la porte n'ait pas été gardée,
qu'il se balance demain à un gibet ! Sauf le jars (dont nous
ne connaissons pas toutes les intentions), les autres ne
l'auront pas voulu, c'est lui peut-être qui l'a souhaité[7] !
Celui qui a passé sa jeunesse dans le vice, vieillit dans le
vice et là où il vieillit, tout naturellement il meurt. Si je
croyais qu'un loup capable de respirer s'est apprivoisé, il
me dévorerait, qu'il soit abbé ou ermite. Que le loup soit
donc anachorète, évêque ou abbé, il n'a qu'à ne pas avoir
de dents, ou s'en retourner d'où il vient, d'où il s'est enfui.
Qu'il regagne son couvent et y réclame la croix[8]. (Car il
n'y a pas d'évêque parmi nous.) Nous fermons notre
maison à un ermite qui a de bonnes dents : ni le goupil, ni
l'âne, n'ont ta chère denture. Aucun propriétaire de
bonnes dents ne s'apprivoisera jamais au point que je ne
souhaite nous voir, lui sous la terre et moi dessus. Un
ermite bien dentu n'a rien à faire dans cette maison.
Dis-moi aussi, l'âne, pourquoi ne fermes-tu pas la porte
maintenant ? Cherches-tu à nous amener encore plus
d'ermites ? Celui-ci connaît suffisamment son métier sans
l'aide d'un autre. » Le jars est d'accord, et pour ne pas se
démarquer de ceux qui désirent que la porte soit fermée, il
donne l'ordre de la fermer.

Aux propos de ces deux-là, Ysengrin a compris que peu
de monde avait apprécié son entrée et, dans la crainte que
les autres ne lui réservent un accueil semblable ou pire, il
les devance par un stratagème, en faisant mine de fuir :
« Ysengrin s'en va, mes frères, demeurez en paix ! Nous ne
sommes pas tels, » dit-il, « que nous le paraissons. Que
personne ne s'irrite de l'intrusion de votre frère, je vous en
prie. Si vous me l'ordonnez, je reste, sinon je pars volontiers. Enfin, si l'on m'a adressé quelque injure, je la
pardonne, et je demande en échange qu'on fasse bien la

même chose pour moi. Je me retire, Renard, adieu, ainsi qu'à vous tous, compagnons, vous que Renard, chose étonnante, a préférés à moi ! »

Renard voit que le loup souhaite qu'on l'empêche de partir et qu'on le force à revenir sans déchirer sa pelisse[9]. « Mon oncle, » dit-il « où veux-tu aller dans cette nuit profonde ? Ce n'est pas l'heure de voyager, tout est fermé. Le bouc se repent d'avoir dit des sottises, reviens, ne pense pas que ces mauvaises paroles s'adressaient à toi ! Nous pensions que quelqu'un d'autre, que nous préférerions voir aller ailleurs, attaquait notre maison. Mais toi, nous nous mettons tous en chœur à ton service, avec tout l'amour que nous te vouons, et ce que nous avons de meilleur est à ta disposition. »

Ysengrin s'assoit tout content et répond par des remerciements. Bertiliana demanda qu'on serve vite à manger et dit : « Joseph, nous ignorons si ce frère a mangé aujourd'hui, dis aux cuisiniers de se hâter ! »

« Hélas, madame », répond Joseph « nous n'avons ni poissons, ni ragoûts, et personne ne trouverait deux œufs dans ce bois. Qu'on demande à l'ermite s'il a le droit de manger de la viande ! »

« Oh, Dieu fasse que tu me donnes de la viande ! » pense l'autre. Comme si elle craignait de s'en informer auprès d'Ysengrin lui-même, la chevrette demande à Renard quels aliments sont permis aux religieux. Le voleur craint moins d'être pendu que l'évêque ne redoute d'entendre le goupil dire que la viande est interdite aux gens comme lui. Mais le chef des opérations, plein d'expérience, garde en son cœur les sentiments de son oncle et les siens, et répond ainsi à la dame : « Madame, rien ne leur est interdit, sinon la faim. La bible enseigne que pour les purs, tout est pur[10]. »

« Dis-moi, père, » demande la dame, « le goupil a-t-il raison ? Mange-t-on de la viande dans ton ordre ? Lui dit que oui. »

L'ermite, heureux de ces questions, et ne doutant pas qu'on le croirait, répondit doucement : « Nous mangeons ce qu'on nous donne, je ne demande ni ne refuse rien. Les dons de Dieu comme les vôtres me sont agréables. Dieu saint a tout fait saint pour ses saints, Satan ne mange rien et demeure toujours mauvais. La règle essentielle est de fermer son cœur au péché, car le jeûne est souvent la punition infligée aux pécheurs. Rien n'est donc interdit au juste, sinon le péché, et servir Dieu est la plus grande des libertés. »

La dame répond alors joyeusement : « Joseph, notre hôte mange de la viande, sers-lui maintenant, je t'en prie, les meilleurs plats que tu peux ! »

Le bélier réplique, après avoir un peu murmuré, comme un esclave rebelle à tout ordre : « En vérité, madame, il n'y a rien ici que des têtes de loups blanches. C'est une nourriture simple, à la saveur simple. Ne me donnez pas des ordres trop difficiles à exécuter ! Je sers volontiers ce que j'ai, si j'avais mieux, je le donnerais aussi. Renard sait que je n'ai à ma disposition rien de meilleur, je pense que Renard et les autres sont au courant de tout. »

Renard ajoute : « Notre maîtresse donne des ordres extravagants. Elle ne sait pas ce qu'elle veut, elle donne ce qu'elle n'a pas ! Elle t'ordonnerait bien, alors que nous sommes sur une haute montagne, de servir des saumons du Rhin ou de la Meuse ! Puisque tu dis avoir des têtes de loups, et que tu les as, sers-les sur-le-champ, sers-les, ne font-elles pas l'affaire ? Elles ont le goût qu'elles ont, et nous-mêmes nous en mangeons. Ce plat est aussi approprié au lieu où nous nous trouvons à présent : la forêt a ses loups comme la mer a ses poissons, il est donc aussi bien de manger une tête de loup, ici, qu'un poisson là-bas. Donne ce que tu as, mon bon frère, voici un modeste ermite, la piété suffit aux pauvres devant Dieu. »

Joseph s'en va, apporte la tête qui était en sa possession, et la lève bien haut en bondissant sous le nez de son hôte. A cette vue, le loup commença à baisser sa queue entre ses pattes et à préférer être ailleurs. Entre deux sauts, le serveur criait : « Celui qui offre avec joie mérite l'approbation de son seigneur ! Renard, j'ai pris d'abord cette tête-ci ! Vois si elle a bon goût, elle exhale un parfum qui trahit sa saveur. Si son goût est aussi bon que son parfum, on m'en dira des nouvelles! Tu te demandes d'où elle provient? Je crois que cette tête était celle d'un vieux loup d'Anjou[11]. Il n'y en a pas de meilleure jusqu'à Rome. »

A ces mots, le chef lui répond, comme poussé par la colère : « Imbécile, qu'est-ce que cette tête? Apporte-en une plus grosse! » Joseph revient vite et rapporte la même tête. Mais il l'avait rendue méconnaissable et l'avait pourvue d'une tonsure en lui arrachant les poils sur le haut du crâne. « Celle-ci, » dit-il, « nous l'avons prise tout récemment à un abbé anglais, je ne la servirais pas à mon propre frère! Mais ce mets précieux n'est rien auprès d'un hôte, qui est regardé comme plus précieux encore. Le maître de maison a un lit de paille, son hôte un lit de plume. Vois, Renard, comme cette tête est grasse et ronde, comme elle conviendrait en tout à la dignité de notre hôte! A Sithiu[12], les gros moines aux lourdes têtes hochent des chefs semblables à celui-ci, saint Vaast [13] nourrit dans son couvent des têtes comme celle-ci, l'ermite doit l'accepter de préférence aux autres, elle n'était pas d'un ordre différent du sien. »

Renard qui donne des ordres pleins de finesse, lui rétorque : « Peu de gens apprécient un repas frugal servi par un mauvais domestique, et les convives perdent leur temps. Je ne te recommande pas cette tête. Il y en a beaucoup de meilleures dans un autre coin : va un peu à gauche, j'avais caché là une grosse tête, dont la gueule est tenue ouverte par une baguette de coudrier. Elle est bien meilleure à manger, va! »

« Qui pourrait rechercher une tête entre mille? » répond Joseph. « J'ignore laquelle choisir d'abord ou en dernier. Veux-tu celle que Gérard le jars a arrachée hier devant nous quatre quand il pensait couper de l'herbe? Un évêque danois se reposait là, dans les herbes drues, il était couché et il était difficile de voir quelque chose de sa personne. Le jars, qui coupait de l'herbe à cet endroit, tomba sur lui sans faire attention et décapita le pontife danois. Excité par l'aventure, mais nullement effrayé, il lui arracha d'un souffle les poils et les oreilles, et fit rouler la tête jusqu'ici en soufflant puissamment. Le cerf l'a vu, le bouc l'a vu, l'âne l'a vu, et moi aussi. »

Et le goupil d'ajouter : « Oui, c'est elle dont une baguette de coudrier tient la gueule ouverte, elle nous suffit, apporte-la vite ! » Joseph s'en va, dépouille la tête de tous ses poils et de ses oreilles, pour qu'aucun indice n'aille dévoiler leur ruse. Il ouvre la gueule et la distend en y plantant une baguette. Les lèvres, déformées par un horrible rictus, restent ouvertes. A cette vue, le vieux loup sentit son sang se glacer dans ses veines et détourna le visage. Alors pour la première fois, il lui apparut avec évidence que la fortune ne voulait pas plaisanter ; jamais il n'avait eu aussi peur.

« Quel démon, » dit-il, « m'a entraîné chez ces tueurs de loups ? Malheur à moi ! A quelle corde le jour est-il attaché pour traîner ainsi ? Quels exploits pour cette armée de cornes ! Et ce qu'on raconte de ce Gérard ! — en plus, il ne lui suffit pas d'avoir égorgé de pauvres loups, il va plus loin — il leur aurait arraché d'un souffle les poils et les oreilles et fait rouler la tête jusqu'ici ! Pourrais-je supporter cela sans devenir fou ? »

Le jars lui répond : « Crois-tu donc, Ysengrin, que ce soit là une nouveauté ? La chose ne m'est pas arrivée une seule fois. Si je le voulais, je décapiterais d'un souffle huit loups plus gros que celui-ci, et toi-même, seigneur ermite ! Penses-tu que je sois toujours dans l'œuf de ma mère ? »

Et il menait grand tapage en soufflant avec sa gorge. En l'entendant, le loup pousse trois « oh ! » et tombe sur le dos, évanoui. Il pensait avoir depuis longtemps perdu sa tête, arrachée par le souffle du jars et lancée au-delà des neiges danubiennes. Il gisait à terre à demi mort et privé de connaissance ; son parent le relève et lui dit : « Mon oncle, redresse-toi, assieds-toi ! Mon oncle, si je ne me trompe, tu tombes de sommeil, va te reposer ! Notre sympathie pour toi nous a fait prolonger le repas plus qu'il ne convenait. »

Ysengrin ne répond rien, il pense à autre chose et gémit d'avoir pénétré sous le toit de cette redoutable bande. Son désir d'entrer, auparavant, n'était pas aussi violent que son envie de partir, maintenant. Et il est moins charmé par l'espoir que torturé par une peur dévorante.

Alors le chef des pèlerins lui dit : « A quoi songes-tu, mon oncle ? »

Mais lui : « Tu me demandes à quoi je songe ? Vous êtes vraiment les pires des monstres ! Quel diable a jamais vu des pèlerins transporter tant de têtes de loups pour leurs repas ? Des têtes de bœufs ou de porcs ne seraient-elles pas meilleures à manger ? »

Le rusé orateur lui rétorque : « Mon oncle, ton entrée en religion ne semble pas t'avoir rendu plus sage que tu ne l'étais quand tu suivais le chemin du mal. Que m'importe ce que tu as fait à un goupil scythe, à un goupil indien ? Et que t'importe ce que j'ai fait à des loups d'Espagne ? Nous, nous sommes assurés de notre dévouement mutuel, et ce châtiment est le lot de nos ennemis, non le tien. As-tu peur devant le jars, le bélier, le bouc et moi-même ? Est-ce que des gens auront jamais été plus attachés à d'autres gens ? Le hareng parle grec, le chariot grince en traversant les Alpes : tu as là autant de matière à chansons que tu as de raisons de nous craindre[14]. Dessers la table, Joseph, rapporte vite les plats à l'office. Quelle belle reconnaissance pour notre service et notre dévouement ! Il récompense notre complaisance par de la colère, nos dépenses par des outrages ! »

Joseph emporta vite la tête, la rangea, revint et dit en gémissant : « Hélas ! Comme notre évêque est pâle ! Il est blanc comme un malade, je vous dis qu'il est un peu faible. Il a ou il couve une fièvre quinte avec ses frissons glacés. Il serait peut-être mieux chez lui. »

L'orateur lui répond : « Oh ! Comme Joseph est habile ! Comme il a été bien formé dans la maison de sa mère ! L'abbé veut continuer sa route et cela suffira peut-être pour qu'il s'en aille ? Une chose pense l'âne et une autre l'ânier. On peut bien faire des vœux, mais l'issue de l'action est incertaine, rares sont ceux qui ont le bonheur de toujours réaliser leurs souhaits. Tu veux qu'il s'en aille après avoir reçu la permission de dévorer gratis nos bonnes provisions ? Qu'il les gagne au moins par ses conseils ! »

Comme il s'apprêtait à continuer, le bouc l'interrompt violemment, en bouc qui ne voulait pas avoir le loup pour professeur : « Cette calomnie, Renard, est injustifiée, il n'a pas fait grand mal à notre garde-manger. Nous avons tous mangé, c'est ce qui a fait fondre les mets éparpillés ici et là. Quand toute la maison témoigne du rite de l'hospitalité, le cœur et la main des hôtes doivent respecter cette coutume. Devrait-il payer notre repas et le sien ? Quand un invité arrive, on sert tout le monde plus copieusement, la voix et le visage expriment l'affection du cœur. Voilà ce que nous avons fait et ce que nous ferons encore volontiers, car notre maisonnée est toute dévouée à ton oncle. Nous l'avons donc bien servi jusqu'à présent, je le sais, accorde-lui maintenant la plus grande des faveurs : il demande à partir, dis-lui de le faire ! Il aurait fallu lui demander de désirer ce qu'il demande, et comme il n'obtient pas non plus ce qu'il nous a demandé, sommes-nous des gens qui savent vivre ? En refusant des bagatelles, le fou rend vains ses grands présents, et la bonté d'hier est inutile, si elle fait défaut aujourd'hui. Pourquoi empêcher de repartir celui à qui tu n'as pas interdit d'entrer ? Tu aurais dû plutôt lui refuser l'entrée ! Passons-nous de ses conseils — qu'il s'en aille ! — plutôt que de nous laisser écraser sous le poids de ce conseiller ! Et qu'arrivera-t-il, si notre mentor se repaît avec un appétit à te faire préférer qu'il soit reparti à jeun en gardant ses conseils ? Il te conseille de le laisser rentrer chez lui : quand les conseils d'un prisonnier seront-ils très utiles ? Il pleuvra plutôt avant trois fois des poutres ! Il rachète son dîner par son départ, et mérite des remerciements, tant une arrivée comme la sienne éveille de soupçons ! »

Le prudent orateur, qui savait tromper et qu'on ne pouvait abuser par une petite ruse, lui rétorque : « Tu empêches tout le monde de parler, et ton discours n'est agréable à personne. Ce vieillard est le plus sage des patriarches, c'est un bon conseiller, un bon pourvoyeur. Je vous le dis franchement, il a autant de tours dans son sac qu'il a vécu de jours. Nous ne devons nous priver de ce conseiller à aucun prix, il sera plus utile que nous à ma maîtresse. Bien plus, à supposer qu'il lui soit permis de se retirer et que le moment y soit propice, de lui-même il refuserait de le faire, si je connais bien sa loyauté. Pensez-vous qu'après avoir jugé bon de faire tant de chemin pour venir ici, il veuille si vite abandonner ses parents ? Au nom de nos liens de famille, je te le demande mon oncle, est-il au monde un endroit où tu préférerais être, plutôt qu'ici, auprès de tes chers parents ? »

Ysengrin rumine longtemps quelle bonne réponse il pourrait faire et finit par dire ce qu'il juge sans danger pour lui. « Qui suis-je à ton avis ? Pourquoi m'appelles-tu ainsi ? — Je ne te repousse pas méchamment. Je voudrais bien être ton oncle ! »

Renard répondit : « Puisque à mon avis tu es le frère de mon père, il est juste que je t'appelle mon oncle. Je reconnais ton physique — parle, s'il te plaît — et ta voix. Et ne le nie pas parce que tu vois que je suis un malheureux. »

Ysengrin répliqua : « Je nierai, Renard, ce qui est faux. Mon apparence et ma voix induisent ton esprit en erreur, tu ne dois pas toujours te fier aux voix et aux apparences : beaucoup se ressemblent par le visage et la voix. Je ne suis pas celui que tu prétends, cette fois-ci tu te trompes. J'ai le même nom, mais je suis un autre loup. Je m'appelle Ysengrin comme celui que tu crois avoir devant toi. Nous avons le même nom, mais ma valeur est inférieure à la sienne. Je me fais gloire d'être son filleul, mais je déplore de n'avoir pu être ni lui-même, ni son rejeton. Cependant, je remercie le destin d'avoir reçu le même nom que lui, et d'avoir le même visage et la même noble voix. Choisis pour te conseiller celui dont tu auras éprouvé les capacités, quel qu'il soit, si lourd est le handicap qui pèse sur mon âge : j'ai eu la moitié de cinq ans ce soir. Les conseils de la jeunesse n'ont pas de poids, on abandonne la parole du jeune homme aux quatre vents, on confie celle du vieillard à un coffre. Permets-moi de m'en aller, je n'ai aucune raison de m'attarder ici. Je ne veux pas imposer la charge de mon déjeuner à des amis pauvres, que je ne peux servir par mon bon sens et ma loyauté. »

Le vieux jouvenceau avait terminé son discours; le maître très content ajouta d'une voix calme : « Ici tout de suite, ici mes amis, bélier, cerf, bouc! Le filleul de mon oncle a l'intention de partir, je vous le confie à tous trois, raccompagnez-le. Il nous aime et nous honore malgré notre pauvreté! Que notre conduite parachève notre hospitalité jusqu'au dernier moment! Qu'avant son départ, notre hôte déguste toutes les coupes de ma maîtresse! Ne le traitez pas plus mal qu'il ne se proposait, selon vous, de vous traiter chez lui. Remerciez-le d'avoir daigné nous rendre visite et demandez-lui de revenir quand il voudra! »

A ces mots Ysengrin ajoute, craignant que ces coupes n'aient une saveur amère : « Je connais le chemin, je suis bien venu sans guide, je peux repartir de même. J'avais déjà beaucoup bu, je ne boirai pas maintenant une goutte de plus. Il gaspille son bien, celui qui l'offre à qui n'en veut pas. Je n'ai plus besoin de rien, sinon de m'en aller. »

Tels étaient les vœux d'Ysengrin, mais le chef du groupe l'apaise en lui disant d'une voix amicale : « Je t'en prie, doux ami, tais-toi! Mon oncle est-il ton parrain? pour l'amour de lui, je dois faire pour toi ce que j'aurais fait pour lui, afin qu'il ne doute pas, quand il l'apprendra, qu'il aurait bénéficié des mêmes services, s'il avait été notre hôte! »

Les guides passent devant, on invite l'ermite à les suivre. Que faire? Ysengrin est pris entre deux maux : il a peur de s'en aller et il se repent d'être venu, car il voit près de lui ses hôtes sur le point de lui servir les coupes promises, et loin de lui le seuil de la porte. Cependant, il commence à avancer peu à peu, en tournant souvent les yeux de tous côtés, longtemps il va et revient sur ses pas. Comme Carcophas se hâtait d'avancer pour garder la porte, le bélier se met à crier et à le menacer d'une voix peu rassurante : « Baudet, si tu tiens à la vie, écoute bien la tâche que je te confie! C'est le noble Joseph qui te l'ordonne, tremble donc! Par les saints que je vais prier, si tu ne suis pas mes ordres, ta mort ne suffira pas à racheter ta faute ! Ouvre grande la porte, notre tout-petit Ysengrinet va s'en aller. Ne le fais pas passer par un chemin étroit, car il est malade. Espèce de fou qui joue l'empressé, si jamais tu le coinces quelque part, arrache-toi les yeux avant de paraître à ma vue ! »

Le portier lui répond : « Trêve de flatteries, mon frère ! Je saurais bien faire tout seul ce que tu m'ordonnes ! Tu hurles et tu me donnes beaucoup d'ordres, mais je comprends la raison de tes cris. Ta ruse ne te servira à rien. Il est évident que tu désires t'attirer ainsi la faveur de notre hôte, et briller par mes loyaux services. Qu'on ne me défende ni ne m'ordonne rien : le sage n'a pas besoin d'ordre pour agir utilement, ni d'interdiction pour se garder du danger. Il a été mon hôte comme le tien, et je refuse de me résoudre, si je le sers davantage, à ce que tu y gagnes une plus grande reconnaissance. Tu fais semblant d'être bon, mais tu ne peines que de la voix, moi je ne crie pas, mais je prouve ma loyauté par mon dévouement. »

L'évêque crut qu'ils avaient parlé sincèrement, et il commençait à marcher d'un pas plus assuré. Pendant ce temps le portier avait entrebâillé la porte : « Par ici, » dit-il, « passe vite ici, c'est ton chemin ! » Tout en parlant, il pousse deux fois le vieux loup et, d'une voix retentissante, lui ordonne à trois reprises de s'élancer du bon pied. Ysengrin franchit le seuil d'un bond rapide et était déjà passé sain et sauf jusqu'à mi-cuisse : mais Carcophas était lourd, il pesait autant que six bœufs de la côte frisonne, plus trois grains de sel. Or il pousse la porte de tout son poids, se couche dessus, et l'écrase sous sa pression toujours plus étroite. L'abbé était prisonnier comme un chien pris au collet ou un oiseau attrapé au piège d'un lac gluant. Il ne recule ni n'avance, il ne bouge plus dans aucun sens, il serait plus libre de ses mouvements dans un étau de marbre. Ses flancs n'avaient pas résisté ; comprimés, ils étaient collés à l'intérieur l'un contre l'autre, tellement le loup était serré par la violente étreinte de la porte ! Hélas ! Comme l'oppresseur se soucie peu d'avoir confiance en l'opprimé ! Comme le pauvre s'entend peu avec le riche! Seul Dieu et l'opprimé connaissent les sentiments de l'opprimé! Comme ce retard était désagréable au cœur de celui qui était coincé là!

Comme si le loup refusait d'avancer, le portier le presse brutalement de la voix, le pousse du genou, le frappe du pied. « Vous le voyez, compagnons, » disait-il, « la porte est ouverte, mais ce bon serviteur ne veut aller nulle part. Pourquoi m'attarder ici? On m'appelle ailleurs, demandez-lui de partir! Si j'avais su, je n'aurais pas laissé la porte ouverte. Je n'aurais pas été réduit à rester ici à cause d'un étranger, quand tant d'occupations sérieuses, très importantes, requièrent ma présence. Il reste planté là; m'en demande-t-il pardon? Et me remercie-t-il de ma patience, comme il le devrait? Une fois élevé, le choucas récompense ses parents nourriciers en souillant leur nid de ses excréments, la corneille meurt sous les coups de son ennemi le coucou, qu'elle nourrit dans son nid[15]. Voici ma démission, Joseph, donne ma charge à je ne sais qui, je m'en moque, que n'importe qui l'assume! A qui pourrais-je servir de portier, malgré mes bons yeux, quand cet individu occupe continuellement le seuil avec ses allées et venues? »

Le bélier rétorqua : « Je t'avais dit d'ouvrir la porte en grand, et tu ne penses pas une seule fois à faire attention. Je m'en porte garant, gibier de potence, si jamais tu l'as malmené, mauvais valet, tu le paieras! »

Le portier dit : « A Dieu ne plaise! Ne vois-tu pas que la porte est ouverte? Tu n'en crois pas tes propres yeux, imbécile? A Dieu ne plaise qu'on l'ait malmené en ma présence! Car il le sait lui-même — qu'on le lui demande — je ne porterais pas le premier la main sur lui sans qu'il m'ait agressé auparavant! Toi, au moins, Berfridus, regarde! »

Alors le bouc dit à l'âne : « Ne le vois-je pas bien? S'il veut s'en aller, il le peut. J'ignore pourquoi il reste là, il refuse de s'en aller de lui-même. On ne peut ouvrir plus largement cette porte. Mais voici ce qu'en vérité je constate : Joseph aussi se moque de toi, le scélérat, car il voit bien que la porte est ouverte depuis longtemps. Mais il te jalouse, te fait des reproches, tandis qu'il considère avec une sympathie partiale la paresse de l'évêque et se tait. Il est clair que tous les moines sont fous, les jeunes comme les vieux. Au début, quand ils entrent en religion, ils respectent et aiment leur couvent. Puis la règle qu'ils connaissent à peine perd de sa valeur, et quand ils ont appris ce qu'on peut faire dehors, et qu'ils sont sortis une fois, alors ils ne retournent au couvent que bien malgré eux ou jamais. Voilà les manières de cet ermite paresseux. J'ignore si tu es abbé ou patriarche[16], mais pourquoi restes-tu planté là? Puisque la porte est ouverte, pourquoi refuses-tu de partir? Si tu partais maintenant, tu serais juste à l'heure pour complies[17], pourquoi traîner, insensé? Hors d'ici, l'ermite! Et toi, cerf, où vas-tu? » (Car ce dernier faisait mine d'avancer.) « Attends, compagnon, que le patriarche boive! »

Alors le cerf : « Il n'a pas encore bu? Pourquoi donc cette tentative de départ? Je pars en avant pour le conduire; Joseph, il ne part pas? Il me semble qu'il veut partir. »

Joseph lui répond : « Pars quand tu voudras! Mais lui restera : pourquoi partirait-il sans avoir bu? Auparavant, il lui faut étancher sa soif avec des coupes bien remplies. »

« A boire, à boire pour l'évêque! » dit le cerf. « Moi, je m'en vais. Je ne tolérerai pas un plus long retard. Ma biche garde la maison seule, et elle est affamée. Si tu dois venir avec moi, seigneur abbé, viens maintenant! L'heure est passée, déguerpis! Je ne resterai pas plus longtemps ici, il ne m'est pas possible d'y passer la nuit. Toi, vas-y sans problème, un autre paierait cher son audace, mais puisque Joseph te protège, personne ne te fera de mal. »

Joseph le contredit : « S'il le mérite, qu'il paie! Dis-moi, bouc, est-il coupable? Dis-le et il paiera! »

Le bouc répond : « Je ne le jugerai pas plus mal que vous, bien qu'il ait perdu tout ce qu'il avait d'honnêteté. »

Joseph répète : « Je me suis assez tu, l'abbé, en arrière! Penses-tu que nous pouvons paresser comme toi? Il faut rentrer ou sortir, choisis vite! Le choix proposé est impératif! Fais-moi confiance, ou bien tu vas filer, ou bien tu regretteras d'avoir traîné! »

Oh! les gémissements du malheureux! Mais le bouc dénaturé se moque de ses cris et déclare : « Voici un ermite qui chante la messe au milieu de la nuit. Bélier, écoute bien, quel chant suave! Si je ne me trompe, j'aurais peine moi-même à moduler une pareille mélodie! »

« C'est ainsi que l'on chante la messe chez toi d'habitude? » dit le bélier. « Je sais maintenant que tu ne connais pas bien tes psaumes. En réalité, il repasse sa leçon à voix basse — et tu as cru qu'il disait la messe! C'est qu'il veut être catéchiste à Reims sur l'Escault[18]! »

Rearidus répliqua : « Vous dites tous deux des sottises, moi je suis savant en matière de chants, et vous, vous êtes des ignorants. Il avoue maintenant les nombreux péchés qu'il a commis, et il désire savoir comment les racheter. »

Le bouc dit alors : « Joseph, le cerf a raison. Vois ce que nous devons faire après cela! Va-t-il nous exposer tous ses crimes de fond en comble, pour laver dans la pénitence infligée les fautes qu'il aura avouées? »

« Dieu nous garde de cette sottise! » répondit le bélier. « Je n'ai pas besoin de conseils pour arrêter ma conduite. Qu'il y ait ici quelqu'un de mon avis, qui partage mon opinion, et je ne laisserai pas cet individu réciter longtemps ses péchés. Qui sait si sa voix puissante ne parviendra pas au fond des bois écartés, et si elle ne poussera pas ses pareils à se repentir de leurs crimes? A nous trois, nous ne pourrons peut-être pas absoudre la foule qui viendra confesser ses mauvaises actions. Donnons-lui l'absolution de ces fautes, pour les autres, les Brabançons se chargent volontiers de les corriger. Mais c'est à nous qu'il a été donné de laver celles-ci. »

Le bouc entonne alors de ses trois cornes un long amen aux modulations variées. Chaque corne fourchue chante une double mélodie : le son de la première rappelle le cri d'un hibou maigre et celui d'une roue de char pourrie, le son de l'autre une idole d'Arabie et une jarre gauloise, la troisième module sur deux tons les notes aiguës du haut de la gamme, comme la voix haut perchée d'une trompette et la dernière corde d'un violon. De tous côtés, on n'entend plus ensuite retentir que ce seul mot : « Frappe! ». Ils reçoivent le vieux loup avec une sollicitude parfaite : le cerf s'en prend à ses flancs, le bouc à ses épaules, le bélier à sa gorge, et entre chaque coupe s'élèvent des paroles bienveillantes. « Moi, » dit le cerf, « je pousse et je remets en place ces côtes déplacées par la maigreur de la jeunesse. » « Frappe-lui les côtes, toi ! » s'écrie le bouc, « moi, je m'efforcerai de ne pas trop les lui secouer, comme je le crains, en le poussant aux épaules. » « Moi, » dit le bélier, « je resserre ce gosier jusqu'à présent trop vaste et dont l'ampleur plaisait peu à mes pères. »

Ah ! Mille fois on entendit le cerf, entonnant un bénédicité : « Regarde bien mon frère ce que t'apporte ce calice ! » Ah ! Mille fois on entendit le bouc : « Je ne suis pas bouc, mais prêtre, reçois la croix que tu désirais, saint ermite ! » Ah ! Mille fois on entendit le bélier : « Si tu as envie de m'accompagner à Rome, voici la besace et le bâton[19] ! » Ah ! Mille fois tous s'écrièrent : « Que le grand Satan bénisse et multiplie ces coupes pour son serviteur ! »

Telles sont les coupes que les échansons, au-dehors, ne rechignent pas à verser encore et encore à leur cher convive. Mais à quoi bon les demi-mesures ? Peut-être dort-on à l'intérieur ? Ceux du dedans oublient-ils de prêter main-forte à leurs alliés ? Le vieux loup n'a pas à se plaindre : à l'intérieur ses compagnons ne lui donnent pas moins qu'il ne le désire (même s'ils lui donnent plus qu'il ne voudrait). Le coq se jette sur son dos, le goupil sur son sexe, le jars sur sa queue. L'un lui arrache les poils, l'autre le mord, le troisième, déchaîné, lui donne des coups de patte. Personne ne prend le temps de conseiller autrui — chacun était son propre conseiller — de peur de ne pas avoir par hasard le temps de se conseiller soi-même en prodiguant des conseils à autrui. Comme la pince tient dans son étreinte le fer sous le marteau, ainsi le jars triomphant serre et presse la queue du loup. Comme une main habile dégrossit une planche à coups de hache, ainsi le coq lui arrache les poils avec la chair jusqu'à l'os. Ysengrin est cependant incapable de se rendre compte de ces accès de fureur, tant Renard se déchaîne avec rage et férocité.

Quand l'évêque eut vidé ces coupes remplies par ses hôtes, et qu'à bout de forces toute la troupe épuisée se fut assise, alors Joseph ordonna de fermer la porte, et l'âne obéit en glissant ces quelques mots à l'oreille du loup : « Tes chers amis t'ont raccompagné jusqu'ici, maintenant, si tu te fies quelque peu à tes pattes, mon ami, bondis loin d'ici ! Bondis maintenant, essaie ! Bondis, si tu as jamais bondi ! C'est l'heure où le chœur se réunit pour les matines. Cependant ne t'en va pas sans me remercier. Un peu de reconnaissance suffit pour de grands bienfaits. Nous avons accepté de te donner gratuitement plats et boissons, car les nourritures corporelles sont faites pour la prospérité de tous. Mais nous exigeons des remerciements pour t'avoir tous raccompagné, veille à ne pas nous offenser. On garde la main fermée quand un hôte autrefois ingrat revient demander l'hospitalité. »

Ysengrin retient ses menaces et garde un noble silence, il se réserve pour son heure. Mais à quoi sert au sot de faire preuve pour une fois de sagesse ? Après un brin de bon sens, il demeure toujours aussi bête : il se tait intelligemment deux fois, mais divulgue sottement quatre secrets ; il n'apporte jamais autant de talent à cacher quelque chose que de sottise à le raconter par la suite. A quoi sert à l'âne de se taire et au goupil de parler ? L'un aurait gagné en se taisant, l'autre perd malgré ses discours. Le goupil avait entendu l'âne plaisanter et dire que c'était l'heure des matines. Et dans l'intention de sonder le cœur de celui qui s'en allait, ainsi que pour tromper son oncle au moment du départ, il tint ce discours : « Baudet ignorant, penses-tu que cet ermite veuille dire d'autres matines que celles que nous venons de dire ici ? »

A ces mots, le vieux s'arrêta ; il allait se laisser tromper par son habile ennemi, car désirant se jouer de lui, il répond : « Tu as chanté tes matines, Renard, moi je remets les miennes à plus tard. L'heure de chanter matines n'est pas encore venue pour moi. Je diffère les miennes jusqu'à l'aube, car je pense chanter le jour tout autrement que la nuit. Nous venons de dire ici l'office de nuit, vous avez lu votre lecture à huit voix, et la partie à lire par la neuvième voix m'est réservée. Tout vient en son temps : à chaque enfant son gâteau, et un vaisseau chargé de jours attend dans le port de la vie. Je ne tiens pas bien ma place, seul parmi huit chanteurs. Demain la compagnie sera plus nombreuse dans l'autre camp. Mes frères viendront chanter matines, eux qui chantent laudes[20] autrement que le bouc et le jars ! »

« Mon oncle, » dit l'orateur, « tu seras toujours pour moi l'oncle que tu as été jusqu'à présent. (Pourquoi nier la vérité ?) Mais Dieu ne peut-il rassurer celui que ses rêves effraient[21] ? De plus, on a institué des lois pour régler les querelles. Or si tu soumets nos actes à un tribunal, nous avons agi ici comme tu le désirais, nous n'avons rien fait dont tu aies à te plaindre. Bien que tu le nies, j'ignore pourquoi, il est certain que tu as trente-deux lustres. Il faut saluer comme nous l'avons fait tout arrivant, quel que soit son âge, s'il désire rajeunir. Donc, pour que tu repartes avec l'âge que tu t'étais toi-même attribué, nous t'avons, dans notre bonté, prodigué ce remède. De telles marques de complaisance méritent-elles des coups et des menaces ? Il ne vaut pas mieux que Satan, celui qui rend le mal pour le bien. Remercie-nous, s'il te plaît, de t'avoir rendu la jeunesse. Salue ainsi notre zèle. Les années t'avaient rendu plus lent qu'un char de dix ans, tu as vu notre porte sous d'heureux auspices. Tu commences maintenant à être un chiot aussi tendre qu'une fève de trois ans. La paix soit avec toi ! Va où tu veux, tendre chiot ! La paix soit avec toi ! Va vite ! Chaque fois que tu sentiras le retour de la vieillesse, tu retrouveras toujours ici la jeunesse ! Soit, que le traitement qui t'a fait entonner sur notre seuil un nouveau chant ne comporte qu'une seule séance aujourd'hui, par la suite il en aura toujours deux ! »

L'évêque lui réplique : « Tu lances ici le palet à ta guise, mais l'heure du jugement récompense chacun selon ses mérites. Pourquoi tourner autour du pot ? Vous m'avez honnêtement servi, je vous aime comme vous m'aimez et pas autrement. Mais vos services n'ont pas suffi et vous me les offrez encore. Ce procès synodal manquait à mes maux. Jadis je ne me souciais pas de respecter la loi — le premier venu va maintenant m'en imposer le poids ? Je n'échange pas mon vieux chemin contre un nouveau plus honnête. Il est trop tard pour apprendre aux vieux chiens à supporter la chaîne. J'ai ma loi personnelle, je suis évêque et doyen[22], je convoque demain le synode, nous nous retrouverons. Je vous montrerai l'accueil que j'ai réservé à votre sollicitude, quand j'aurai réuni l'assemblée de mon synode. Si je ne vous rends pas au moins autant que j'ai reçu, je veux bien passer pour plus traître qu'un Suève ou qu'un Gète ! »

Puis le vieux loup s'éloigne d'un bond : ses plaies l'auraient empêché de ramper, et sa colère et sa douleur encore fraîche lui donnaient des forces. Renard ordonne alors prudemment de monter la garde, de peur que, poussé par la colère, l'ennemi ne tente un coup de main.

Le vieux loup s'était éloigné d'environ cinq cents mètres : d'un hurlement puissant, il appelle ses partisans, proches et éloignés. Une petite heure après, onze de ses compagnons étaient déjà réunis[23] : Gripo Triplepanse est arrivé avant tous les autres, c'est le beau-père de l'abbé, et trois rejetons d'Ysengrin accompagnent leur grand-père de leur course rapide : le grand salut des brebis, Larveldus le Coureur, Grimo Plumoie, qui a hérité de la physionomie et du nom de son aïeul, et Nipig Sept-gueules, jamais rassasié ou à peine. Viennent ensuite deux enfants de Gripo : Guls Spispisa, l'aîné, et Gvulfero Worgram, le cadet. Ils sont suivis de Sualmo Gouffre Vide et du fils de la tante de Gripo, Turgius Grande Besace, que Sualmo s'enorgueillit d'avoir pour gendre, ainsi que du petit-fils de Sualmo, Stormus Varbucus, et du courageux beau-fils de Stormus, Gulpa Petite Gehenne. Puis vient l'oncle paternel de Gulpa, qui est aussi l'oncle maternel de Sualmo, Olnam, surnommé Averne le Grand. Le loup leur découvre les misères qu'il venait de subir, leur dénonce les auteurs de ces maux, il se plaint, on fait vœu de punir les coupables et on part.

L'assaut est donné un peu avant l'aube ; ils crient : « Aux armes ! », mais ils vont connaître un échec à la hauteur du succès qu'ils sont persuadés de remporter. Car l'habileté transforma un mal en bien, et la victoire revint aux vaincus : le sage enlève une forteresse inaccessible au fort.

La sentinelle qui avait veillé toute la nuit s'était aperçue la première du terrible retour de l'hôte irrité, et prévint les siens. Le coq, le cerf, le bélier, le bouc, le jars, le chevreuil et le goupil grimpent avec leur légèreté et leur agilité habituelles, s'installent sur le faîte du toit, et attendent là leur destin. Mais l'âne, rendu indolent tant par son poids que par ses habitudes, restait à manger près d'un tas de foin. Les ennemis donnent l'assaut et assiègent d'un seul élan la maison dont ils ont juré la ruine. L'âne, pris de peur presque trop tard, grimpe en haut du tas de foin et se dirige vers l'endroit où il voit, d'en bas, ses amis. Il a déjà les sabots de devant sur le toit, et ceux de derrière sur le foin, situation d'où pourrait découler pour lui d'un même coup ou le salut ou la mort. Il ne semble ni échouer ni réussir dans son escalade et peut tout aussi bien perdre que mettre à profit l'occasion de fuir. Du bord du toit jusqu'au tas de foin, en bas, il y avait autant de distance que le corps de l'âne, suspendu entre les deux, en occupait. Alors, dans un grand élan, l'âne se propulse en hauteur, mais tombe à la renverse en chancelant, et le bond, renversant l'âne au lieu de le soulever, le fait rouler sur le dos. Il s'écroule comme une montagne et écrase à terre sous son énorme poids Turgius et son beau-père.

Mais la sagesse du goupil transforme la catastrophe en succès : « Insensé, est-ce là ce que nous t'avons ordonné ? Penses-tu que nous ayons besoin de ces souris ? Attrape plutôt le premier archiloup de cette bande, et envoie-le rouler ici ! Continue ensuite la série, après les grands les petits, jusqu'à ce que tu t'aperçoives qu'il n'en reste plus un poil. Pauvre de moi ! Quel dommage que l'égarement n'en ait pas poussés davantage ici ! Ceux-là, nous les mangeons avant demain. Tu exécutes les ordres, espèce de fou, ou Gérard le jars devra-t-il charger ? Lui ne laissera subsister ni queue ni tête ! »

Alors le jars, gonflant la gorge et agitant violemment les ailes, fait mine de s'envoler. Les ennemis restèrent glacés de terreur. De plus, ceux qui avaient été précipités à terre n'ayant pas encore la force de se relever, c'est la peur, la panique. On ne traîne pas : autant de loups, autant de fuites aux alentours. Celui pour l'amour de qui on avait pris les armes est le premier à déguerpir. Ils étaient venus tous ensemble, ils repartirent en ordre dispersé. Ils étaient venus dans une direction, ils lui tournent maintenant le dos à toute allure. Turgius et Sualmo, qui essayaient de se relever, finirent par extraire péniblement leurs corps du sol défoncé, et une fois jetés dans une fuite éperdue, ils laissèrent derrière eux tous ceux qui avaient longtemps tenté de les devancer. L'âne vaincu remporta ainsi la victoire grâce à la ruse de Renard, et le malheur d'un seul les secourut tous.

C'était le lendemain matin ; le coq et le jars s'étonnent que l'habileté du goupil ait vaincu tant de loups. Revenant alors sur cet exploit, ils se mettent à détester leur compagnon, qu'ils soupçonnent de méditer pour l'avenir un vilain tour. Sprotinus règle donc la conduite à tenir en chuchotant tout bas, et il instruit et avertit ainsi son ami :

« Cet individu, Gérard, me semble trop astucieux, et nous ne sommes pas d'une candeur imbécile. Ce n'est pas peu de choses que de savoir où gît la tromperie ; quand on sait où est le serpent, on l'évite et il fait moins de mal. Revenons dans notre pays, je crois que j'ai assez fait de pèlerinages. Changeons de route, rien n'est plus sage à mon avis. Il est dangereux en effet de nous attarder ici, et nous n'avons plus de raison de le faire, puisque le mariage, à l'occasion duquel nos maîtres avaient décidé de sacrifier tous leurs mâles, volailles et quadrupèdes, a été célébré. Et Carcophas n'a plus à craindre de devoir porter du bois pour le foyer, puisqu'aujourd'hui la fête est finie. La situation qui nous a forcés à être les compagnons de Renard a donc pris fin[24]. Si je le connais bien, jamais personne de notre lignée n'a vécu ni ne vivra longtemps avec lui dans la paix et l'amitié. Et ne pense pas qu'il soit plus sincère pour avoir prêté serment. Ils jurent beaucoup, ceux à qui l'on fait peu confiance. Le perfide ose violer ses serments d'autant plus vite qu'ils sont plus solennels. La véritable loyauté, elle, n'a pas besoin de serments. Renard nous a prêté serment, crois en sa fidélité ! Il veut pour toi ce qu'il a voulu avant pour tes pères ! Tant qu'il a les tripes pleines, il observe le traité, mais fini le traité quand il n'est plus rassasié. Le besoin revendique la liberté de pécher, et pense que le seul crime est de manquer. Il se moque de nuire au plus grand nombre, pourvu qu'il y trouve son intérêt. Et quand le besoin vous conseille, ni la peur, ni l'honneur n'existent plus. Il faut nous enfuir en cachette et tout de suite, car si notre ennemi s'en aperçoit, il nous empêchera par ses embûches de faire le voyage que nous projetons. »

Renard prêtait une oreille attentive à leur chuchotement ; il s'avance et leur dit : « De quoi avez-vous peur, mes amis ? Les loups ne sont-ils pas partis ? »

A ce moment le coq pense : « Mais toi, mon frère, tu n'es pas encore parti, et tu veux à coup sûr être pour moi ce que le loup est pour toi ! »

Le malicieux orateur ajouta : « Quelle raison avez-vous d'avoir peur, quand sont réunies la richesse, la piété et l'amitié ? Le sot redoute des choses sans danger, et se rassure quand il faut avoir peur, mais le sage pèse les deux éventualités dans sa balance. Soyez tranquilles auprès d'un ami, tremblez face à l'ennemi. Vous ne m'avez pas encore convaincu de ruse. Nous sommes demain samedi, aujourd'hui vendredi, et ces jours-là, je ne mange pas de viande chez moi, à plus forte raison en pèlerinage. Celui qui manque lui-même de loyauté pense que personne n'est loyal, si votre loyauté était entière la mienne aussi vous serait connue. Mais la bonté du sage soutient l'ami dans l'erreur, je ne vous renie pas pour cette petite faute. Puisse maintenant notre entente, réaffirmée sur des reliques, avoir tant de poids, que la rupture du traité entraîne une double faute. Et ne redoutez pas ce pèlerinage, bien qu'il soit éprouvant, car celui qui n'a pas traversé de dure épreuve, n'a pas mérité de douce récompense. »

Le coq lui répond : « Tu sais ce que nous disions, et si tu ignores la vérité, tu inventes le reste. Nous nous félicitions en effet de ce que le savant traitement appliqué grâce à notre porte et à nos herbes ait si vite rajeuni le loup. Voici donc une chose étonnante : tu fais mine de croire que nous voulons partir, quand tu sais que nous voulons rester avec toi. Nous craignons bien au contraire que tu ne nous juges indignes d'être tes serviteurs. Nous ne voyons pas ce que tu as en tête, mais tu vois ce que nous, nous pensons. Pour que notre espoir ne soit pas déçu, prêtons de part et d'autre un second serment, et sois remercié si tu ne nous rejettes pas ! »

Trompé par ce serment réitéré, le chef de l'expédition crut que ses compagnons voulaient demeurer. Malgré cela, le coq redoute moins de jeûner pour expier la rupture du traité, qu'il ne se réjouit d'échapper à une mort certaine. « Dépêche-toi maintenant, ami Gérard, nous passerons peut-être la journée sains et saufs, mais nous serons mangés demain, » dit-il. « Allons vite, tant qu'il n'a pris aucune précaution pour nous empêcher de fuir ! » Sur ces mots, ils se mirent vite en route, mais le cerf, l'âne, le bélier et le bouc n'abandonnèrent pas encore leur maîtresse.

Quand Renard s'aperçoit du départ des deux compères, sans se soucier de la rupture du traité, il déplore le préjudice fait à son ventre. Il prend alors son bâton et sa besace et s'en va. Il reste longtemps sans trouver celui qu'il cherche, mais finit par apercevoir le coq dans un grenier bien garni. Il lui tend alors un piège inutilement habile : « Holà, ami Sprotinus ! » dit-il. « Pourquoi es-tu parti en laissant tout le monde dans l'ignorance et l'inquiétude ? Tu aurais dû au moins, même si tu partais seul, dire où tes amis pouvaient te trouver ! Moi-même qui te cherchais, il m'a fallu longtemps pour te découvrir enfin ici avec bien du mal. »

Le coq répond : « Ce n'était pas la peine de me chercher, je serais revenu de moi-même, quand je me serais rendu compte qu'il pouvait m'être utile de rentrer. »

L'ennemi ajouta : « D'accord, mais je m'étonne que tu sois parti seul. Aucun d'entre nous, hélas, n'a mérité de t'accompagner ? Je ne parle pas de moi, que tu aimes d'une affection constante et qui te le rends bien, mais le reste de notre troupe souffre que tu sois parti en la méprisant. Ils se plaignent du retard excessif que tu apportes à l'accomplissement de leurs vœux pieux, et ils ne veulent aller nulle part jusqu'à ce que tu sois revenu. Maintenant, tant que Dieu se soucie de nous, reçois la besace et le bâton, et achevons notre pèlerinage ! »

L'oiseau à la crête n'était pas d'accord : « Je sais que je serais en sécurité sous ta conduite, et je désirerais faire toujours route en ta compagnie, mais reprends ton bâton et ta besace, car c'est Gutero qui me les donnait jusqu'à présent et c'est lui qui me les donnera encore une fois ! En voici la raison, si tu me la demandes : on dit que tu es très loyal quand tu meurs de faim, mais que, rassasié, tu n'as plus de parole. Je ne voyagerai donc pas avec toi, si tu n'es pas à jeun, puisque tu ne respectes aucune parole quand ton ventre regorge de nourriture. »

Le rusé lui répond avec un sourire : « Nous serons donc associés ! Je meurs de faim à un point incroyable, et plus la faim qui me torture est cruelle, plus je suis loyal. »

L'animal à plumes lui rétorque : « Tu perds ton temps, va-t'en ! Au nom des saints que tu vas prier, va-t'en, Renard ! Je resterai ici, que ce soit bien ou mal, je ne veux pas aller avec toi. Gutero a décidé de faire un meilleur pèlerinage et m'a persuadé d'être son compagnon. C'est ce que je vais faire, retourne sur tes pas ! Ces chansons ne te servent à rien, nous nous connaissons trop bien l'un l'autre. »

Renard fait mine d'être irrité et répond habilement à ce discours, car il désire tromper le coq par un vilain tour : « Oh, Sprotinus ! Je passais jusqu'à présent pour ton parrain, mais après cela je te renie[25], toi et ta race ! Accompagne cette souris ! Tu passes pour un coq de rien du tout et tu n'as absolument rien de la noblesse de ton père. Il avait toutes les qualités, toi tu n'en as aucune ! »

Subitement attrapé, le malin répond : « Pourquoi crois-tu que je sois plus méprisable que mon père ? Je suis le seul maître de douze épouses, et aucune d'elles n'ose prendre le moindre grain, si je ne l'y invite pas auparavant. »

Le menteur réplique : « Sprotinus, tais-toi ! Toi, le rejeton d'un tel père, tu te vantes de ces bagatelles? Pour ton honneur, je souhaite mourir! La coutume est d'être d'autant plus méprisable que l'on est d'une origine plus illustre, et de se conduire moins bien que ses glorieux aïeux. Car ton illustre père chantait souverainement, sur une seule patte et un œil fermé. »

Tout heureux, Sprotinus promet de faire la même chose, et il la fait car, répond-il, il ne veut pas être inférieur à son noble père.

Renard ajouta : « Tu commences maintenant à être digne de ta race, mais la valeur de ton père, fut, dit-on, plus grande encore. La renommée ne parle pas de toi et nous ignorons si la semence qui a fécondé ta mère était légitime ou non. Il convient qu'une noble lignée dépasse ou égale ses ancêtres, mais il ne faut pas qu'elle dégénère. Oui, ton noble père fut beaucoup aimé du mien, ses titres de gloire honoraient tous ses aïeux : sur une seule patte et les deux yeux fermés, il lançait aux quatre points cardinaux son chant retentissant, d'une voix suave que l'on pouvait entendre aussi loin que s'étend le pouvoir de Dieu et encore trente-deux milles plus loin![26] »

Le coq jure qu'il peut faire la même chose, et il se met à chanter les deux yeux fermés. Renard l'attrape aussitôt au beau milieu de son chant, et il se moque de lui, car il le tient par la patte : « Vraiment, qui agit à sa guise prouve sa véritable nature! Tu chantes merveilleusement, Sprotinus! Puissent tes enfants chanter chaque jour ainsi pour moi, comme ont chanté tes pères! Eh bien, que souhaitais-tu me dire dans ta chanson? Je le sais : tu avais contracté une alliance sous serment et tu te repens de l'avoir violée. Tu voulais me le dire, mais ta voix porte trop, tu ignores qu'il y a des pièges tendus partout. Que serait-il arrivé, si quelqu'un s'était caché et avait entendu dans son coin le récit de ton déshonneur, quelqu'un qui malgré toi se serait dépêché de venir ici? C'est pourquoi, quand tu te disposais à chanter, je t'ai empêché de continuer. Il nous faut entrer dans le bois, là tu me parleras à l'insu de tous. Il faut t'infliger là la punition de tes péchés, car il n'y aura personne pour divulguer tes fautes. Tu apprendras qu'il est plus difficile d'expier la trahison de sa parole que de la respecter. Non que je désire te manger ou manger l'un des tiens ! Je le ferais à contrecœur, que cela soit bien clair pour toi ! Je meurs de faim, je tiendrai donc ma parole, je ne te réclame rien que tu ne me donneras de toi-même, si tu es sage. Je ne mange pas les plumes, je te laisse les rémiges des deux ailes, tout ce que tu as de bien blanc restera intact. C'est ce qui n'a pas de valeur, ce que tu sais inutile à manger, ce que tu nourris de mousses et de vermisseaux, que je mastiquerai. »

L'objet de ces moqueries restait silencieux, attendant un moment plus propice pour jouer un tour à l'ennemi. Renard était contrarié de s'être attardé, et il rattrapait son retard en courant plus vite.

Il avait fait la moitié du chemin, quand dans un vacarme confus, une troupe de paysans furieux l'aperçut qui s'en allait. « Regarde ce qu'emporte Renard ! Attrape-le ! Le laisseras-tu partir ? Où vas-tu maintenant, voleur ? Où vas-tu ainsi ? Attrapez-le ! Cours ! Frappe ! »

Sprotinus avait compris qu'en saisissant l'occasion il pouvait rendre ruse pour ruse et tout joyeux, il dit ainsi : « Hélas ! Quelle honte restera à jamais sur ma race ! J'affranchis le destin du soin de ma tête ! Mais c'est l'honneur de mes ancêtres et celui de mes descendants qui me préoccupe, eux dont mon sort a offensé la noblesse : un ennemi dégénéré m'emporte prisonnier, moi qui suis issu d'une lignée noble depuis cent générations ! Ah ! Que n'ai-je été jadis la proie d'un goupil, et si seulement cet honneur était revenu à un animal né d'ancêtres aussi nobles que les miens ! Mais un ignoble voleur me tient, un vilain petit goupil m'emporte ! Tu me demandes pourquoi je dis cela ? » (Il le lui demandait en effet.) « Si je le pouvais, mes reproches seraient encore plus graves et encore plus pertinents. Tu veux passer pour honorable, et qu'as-tu d'honorable en toi ? Car cette troupe de paysans t'aurait-elle injurié impunément, si tu étais, comme tu t'en vantes, d'illustre famille ? Fournis d'abord la matière des louanges, si tu veux qu'on te loue, car sans les titres que constituent les faits, les mots s'élèvent vides de sens. Ah, tu me demandes que faire ? » (Et en effet, il le lui demandait.) « Et tu passes partout pour un sage ? Ecoute, je vais te faire la leçon. Tu avais toujours semblé plus sage que moi, je me résignerai à être ici au moins une fois plus savant que toi. Voici donc ce que tu vas faire : dépose-moi à terre, je resterai là. A quoi me servirait-il de fuir ? Il me faut mourir ! Et une fois que tu m'auras déposé, dis : "Populace insensée, silence ! Si j'emporte quelque chose, n'est-ce pas mon bien que j'emporte ? Son père a été ainsi transporté par le mien, et ce coq profite maintenant du service vassalique, qui est une condition exigée par ses pères[27]." Si le septième d'un œuf de pou ne valait pas mieux que toi, comme c'est le cas, tu pourrais ainsi réfuter les injures de ces paysans. »

Renard dépose son butin et crie ces sottises, tandis que le coq, une fois à terre, s'enfuit avec autant de rapidité que d'agilité. Battant des ailes, il se pose sur de hautes ronces : « Je suis ici, seigneur ! Merci, porteur de coq ! Encore que je préférerais être ailleurs, je me réjouis cependant d'être en ce lieu, où sans toi j'aurais mis plus de temps à venir. Tu t'es bien acquitté de la redevance paternelle. C'est ainsi que mon père a jadis été transporté par le tien. Mais puisque tu t'es acquitté de ta tâche si vite et si volontiers, si tu le veux, je te donnerai les meilleures mûres de ce buisson[28]. »

Cela dit, il agace son ennemi par différentes chansons : il chante en hongrois, en grec, en chaldéen. Le trompeur trompé par le faux traité lui répond, sous le couvert d'une feinte sollicitude : « Oh ! Sprotinus ! Protecteur et gloire de ta race ! Noble et sage, beau et généreux ! Je ne m'étonne pas que tu m'offres amicalement des mûres, car tu me donnes souvent de très grands signes de complaisance. Mais je n'ai pas envie de mûres maintenant, mange-les, toi, pendant que je vais voir si la paix règne ou la terreur. Je ne veux pas qu'un paysan sans foi ni loi nous insulte à nouveau, ni qu'un ennemi, quel qu'il soit, gêne notre voyage. »

Livre V

Parfois, à agir rapidement, le fou se conduit comme un sage et inversement, quand il est pris de court, le sage se conduit comme un fou. Il est difficile de toujours agir sagement, et personne, si fou soit-il, n'agit follement en toutes circonstances. Renard, le plus souvent avisé, cessa de l'être une seule fois, le jour où desserrant l'emprise de ses dents, il laissa s'échapper son précieux fardeau. Il posa le coq à terre pour défendre sa noblesse, mais l'orgueil et l'intérêt ne peuvent cohabiter. Ce qui l'afflige, c'est moins le sort de la proie perdue que sa crédulité si sotte. Lui qui sait et qui aime tromper, il souffre plus de s'être laissé berner une seule fois, qu'un être honnête et loyal d'avoir été dix fois trompé. Mais le rusé personnage, confiant dans le vain espoir de réparer le dommage subi, ne donne aucun signe d'un si violent chagrin. Quant à celui qui vient d'échapper aux rets, bien sûr il ne cesse, devenu sage, de se tenir sur ses gardes, pour ne pas retomber dans les mêmes filets ou dans d'autres semblables. Le goupil, feignant donc la gaieté, met au point une nouvelle ruse et tend de nouveau ses pièges jusque-là inopérants.

S'éloignant aussitôt par un chemin de traverse, il cherche à faire croire qu'il va vérifier si la paix règne. En route, il aperçoit par hasard une vieille chaussure; il l'attrape, y plonge les dents, et la mâche longuement. Il finit par exhaler sa fureur en termes cruels et maudit ainsi ses propres dents :

« Vous êtes les dents de Satan, et non celles d'un

honnête goupil. Je ne sais quelle malédiction ni quel souhait formuler contre vous! Que Satan vous arrache à coups de ciseau émoussé, lui que des liens puissants tiennent enchaîné dans le neuvième cercle des Enfers, celui de l'envie! Allez, grincez sur un cuir pourri! (Et de fait, trois ou quatre fois il fit grincer ses dents en mordant la chaussure.) Il fallait ainsi vous entrechoquer et serrer quand on vous offrait une proie de chair, mais comme vous n'avez pas voulu mordre aussi énergiquement dans un coq bien gras, rongez donc maintenant de vieilles chaussures! Le coq est loin, prenez! Eh bien, oui, le voici parti, et pourquoi pas? Comme vous ne pouvez mordre, il est allé se chercher des dents qui savent mordre! A quoi bon, pour ce malheureux, espérer être broyé par des dents incapables? Vain espoir! Ce bonheur ne lui a pas été permis, car vous le lui avez refusé! Qu'aurait-il dû faire de plus? Il est venu se faire attraper, il voulait être mangé! Bien sûr, il aurait dû attendre et vous demander de bien vouloir le manger! Mais lorsqu'il s'est rendu compte que par paresse, vous ne vouliez pas serrer, il s'en est allé, désireux d'être la nourriture de bonnes dents, qui sachent imprimer leur marque, capables de retenir leur proie et promptes à mordre. C'est ainsi qu'il les aime. Vous, des dents? Vous, mordre un coq? Supporterais-je que de telles dents déshonorent plus longtemps ma gueule? Ah! Vous savez bâiller et vous écarter, mais vous ne savez ni vous fermer ni serrer. Ouvrez-vous maintenant, autant que vous voulez! Vous pouvez bayer aux corneilles! Vous auriez su vraiment bâiller, le coq ne serait peut-être pas parti, il reviendra bientôt, bâillez bien! Si j'avais deviné que vous ne saviez que bâiller, aucune de vous ne serait demeurée dans ma gueule. Et comment accepter que pas une seule d'entre vous ne l'ait touché? C'était pour ainsi dire un jouet pour vous et non une proie. Je le remercie de ne pas vous avoir trompées gratuitement, il a répliqué à la ruse par la ruse, il vous a rendu la monnaie de la pièce qu'on lui avait donnée. Dites-moi, si le coq revenait, voudriez-vous maintenant le tenir bien serré? Le chapitre a-t-il été bien lu ou faudra-t-il le relire? Une seule leçon payée à nos dépens vaut mieux que deux gratuites. Vous n'avez pas encore appris, mais moi je vous apprendrai à mordre. Non, pas moi, mais le meilleur des professeurs, la faim ! J'ai défendu ma noblesse : à présent comment vous en récompense-t-elle ? Maintenant que vous êtes dans le besoin, quel bien vous donnera-t-elle ?

De nos jours, il est une meilleure manière de parler de la noblesse que de dire : "Voici le père de celui-là, voilà le père de celui-ci." Il fallait respecter la coutume toute-puissante à notre époque, qui redoute plus le préjudice matériel que le déshonneur. Il n'y a qu'une seule honte, car il n'y a pas d'autre honte que de subir le joug de la pauvreté. Le riche est noble, tout pauvre est un vil roturier, l'argent a l'éclat de la vraie noblesse. La mort arrache les pères à leurs biens et à leurs enfants et une urne enferme leurs cendres ; leur fortune, elle, continue à vivre avec les vivants, elle demeure toute-puissante. Qu'on ne parle plus de la noblesse des anciens, n'est-elle pas dans la terre ? Il faut rechercher une naissance utile aux vivants : "Ce père a laissé cent livres à son héritier, celui-ci a doublé le bien de son père, celui-là l'a triplé." Qu'ai-je à faire d'une noblesse qui ne m'empêche pas de jeûner ? La fortune nourrit les vilains, la fortune rejette dans l'ombre les ancêtres, bref un trésor est très utile, même dans la main d'un mauvais riche. Mais que le pauvre soit prodigue ou avare, aucune importance ! Voici donc la sagesse des hommes : ils agissent sans rien respecter, pourvu seulement qu'ils puissent attraper des richesses. On préfère le profit à la justice, on le préfère à l'honneur. Il n'est rien dont on rougisse de manquer, si ce n'est d'argent. Ruse, peine, pièges, parjures, vols, rapines, guerres, combats, tortures, colère, plaintes, menaces, trahison, meurtres, prisons, chaînes, flammes, obéissance, louanges, mensonges, dons, plaisanteries, flatteries, promesses, prières, injustice et justice, jugements, intérêts, bénéfices, soin, faveur — tout ce que tu pourrais dire pour allonger la liste ou la contester — tout nourrit un agréable profit, tout aura moins de poids que les deux règles essentielles : "L'homme est à vendre pour de l'argent, et Dieu aussi."

Les peuples d'abord, puis les clercs, et pas seulement les évêques mais aussi le pape en personne, proclament ce principe. Pierre le pêcheur et l'apôtre de la tribu de Benjamin[1] auraient pu faire de même, mais ils n'étaient pas sages.

Dans les filets qu'il jette, notre céleste pêcheur attrape d'innombrables pièces et peu d'âmes, car il ne se soucie pas de peser les hommes d'après leurs mérites, mais d'après leur fortune. Il place ceux qui lui donnent le plus au meilleur endroit du ciel, il se moque tranquillement des sottises racontées par les apôtres et tond à coups de ciseaux les brebis du très sage Simon. Dans cet amour de la vertu, Rome a été dépassée par Tournai, cité que son évêque Anselme fait prospérer[2]. Le pasteur de Tournai a lui-même écorché plus qu'à vif ses brebis, ses chèvres. Plût à Dieu qu'il fût une seule de mes dents! Il enseignerait à ses sœurs la loi de la morsure! Il tourne autour des églises comme un lion affamé autour des enclos, et il ne laisse derrière lui que ce qu'il ne peut trouver. Si quelqu'un lui offre moins que les présents exigés, qu'il puisse ou non s'acquitter, le malheureux lié par l'obéissance ne célèbre plus le mystère sacré de la messe. Autant de dents, autant pour ainsi dire de pillards dont sa bouche se hérisse. Il ne laisse jamais repousser les toisons qu'il a arrachées, il vole au devant d'elles et s'il le pouvait, il en prendrait plus qu'il n'en trouve. Mais quelle douleur! Il n'en peut emporter plus qu'il n'en découvre! Il pleure de ne pouvoir modifier cette limite imposée à ses rapines, et qui est, il en est sûr, le seul sacrilège de son butin. Je vous propose donc de suivre l'exemple de cet évêque. Quelle est donc la sagesse de l'enfroqué de Clairvaux? Il lie les brins de paille, cherche un nœud dans du jonc, écorche les cailloux — qu'il traie donc les grues! Imitez les excellentes mœurs de cet évêque, qui prend comme Satan et garde comme l'Enfer! »

Tout en reprochant cruellement à ses dents d'avoir bâillé comme des folles, il leur enjoint de ne pas hésiter une autre fois à serrer leur proie. Il aperçoit alors à l'endroit où il se trouvait, une écorce de hêtre qui avait l'apparence et le format d'une lettre. Renard, confiant dans une ruse vouée à l'échec, saisit l'écorce, se hâte de revenir sur ses pas, et dit : « La paix est signée, ami Sprotinus ! Nous pouvons aller partout en toute sécurité (n'aie plus peur), viens ! »

Le coq lui répond : « La paix est peut-être décidée, mais j'hésite un peu. Une nouvelle étrange ne peut pas inspirer immédiatement confiance. Tu ne voudrais sans doute pas parler, si tu ne pensais savoir ce que tu avances, mais, quoi que tu penses, veille à dire la vérité ! Lorsqu'on découvre qu'un personnage en vue est l'auteur d'une ruse, d'une seule, on ne croit plus par la suite en ce qu'il dit et on ne s'en soucie plus. Plus l'on souhaite convaincre de gens par ses propos, plus ceux-ci, quels qu'ils soient, doivent être solides. Tout ce qu'ils entendent s'empare aussitôt des esprits crédules, mais ce sont les discours irréfutables qui convainquent les esprits rebelles. »

« C'est moi qui t'apprends la nouvelle, » répond Renard, « et tu hésites ? C'est moi qui te le dis ! A ton avis, vais-je dire que j'ai raison ? Pour ne pas parler de toi, est-ce que je me tromperais moi-même ? Trembler m'est aussi naturel qu'à toi. On me demandait de jurer parmi ceux qui prêtaient serment, j'ai obtenu avec peine un délai, le temps nécessaire pour que tu m'accompagnes. On nous attend, il faut nous dépêcher et courir, mais je sais que nous pouvons aller sans crainte. Regarde, si tu ne me crois pas » (et il lui présente ce qu'il avait apporté), « la charte est signée, c'est l'annonce de la paix ! Je ne voulais cependant pas te la montrer, avant d'avoir vu si tu voudrais te fier à moi spontanément. Mais puisque tu crois que je ne t'aime plus et que tu me fuis comme tu le fais, poussé par je ne sais quel soupçon, prends et examine avec ce témoignage la loyauté de ton compagnon ! »

Ainsi sollicité, le rusé répondit : « Comme tu le sais, je suis un coq laïc, je ne sais pas lire les chartes, et certains portent de faux sceaux. Toi, tu es tout à fait sincère, mais celui qui t'a confié le décret t'a peut-être trompé, le monde est plein de ruse. »

Le rusé messager, qui croyait tromper l'astucieux Sprotinus, lui répondit durement avec une feinte sollicitude et des menaces : « Tu délires, diable de Sprotinus ! Tu cours de toi-même à la mort ? Veux-tu mourir, insensé ? Allons, reprends tes esprits, malheureux ! Si la cour savait que tu refuses de te fier à la charte, moi-même je pourrais difficilement protéger ta vie ! Ecoute la petite ligne qui suit la proclamation de la paix : "Le théta des condamnés attend ceux qui refusent de croire la charte[3]." L'autorité infrangible de cet édit est toute-puissante. On t'a montré la charte et on te l'a lue à haute voix. Si tu le peux ou si tu l'oses, réfute les décisions des grands. Fie-toi à elles, tu vivras ; refuse-les, tu cours à la mort ! Si tu ne sais pas lire, au moins ne te méfie pas de ce qu'on te dit. Il sera trop tard pour croire quand tu seras devant le juge. Il commet une faute envers le maître, celui qui refuse d'entendre le serviteur : et quoi, quand le maître lui-même ordonne qu'on le croie ? Crois-moi, je te l'ordonne, je suis l'un des barons qui garantissent cette paix : tu seras comte et mon égal ! »

Ce laïc de chanteur anéantit les efforts de Renard et rabat son caquet trompeur, en s'amusant de ce tour habile : « C'en est fini de mes soupçons, Renard, tu as l'air de dire la vérité, tout à fait selon ton habitude. Il me semble apercevoir au loin un vieillard chenu. Je pense qu'il a vu beaucoup d'hivers, plus de cent dix avrils sont suspendus à sa barbe, regarde tous les sabbats qu'il porte avec lui. Un objet courbe, que l'on appelle un cor, pend à son cou, et il est assis sur quelque chose de blanc. De plus, des individus noirs, qui ont toute l'apparence de la bonté, sans doute pleins de bienveillance, vont et viennent à toute allure, ils se hâtent au pas de course. Ils ne nous cherchent peut-être pas, mais ils semblent se précipiter par ici avec zèle et agilité. Vois-tu comme chacun d'eux a chaud et souffle ? Je ne sais quoi de rouge pend hors de la bouche de ces pieux personnages. Comme leur visage montre leur innocence, leur museau leur douceur ! Un souci inné du mal ne pousse pas de telles créatures. La cour ne peut-elle pas les envoyer comme témoins de la paix ? Car ils viennent pour témoigner de la paix, semble-t-il. Qu'est-ce qui te gêne ? Attends ! Interrogeons-les au sujet de la paix, pour savoir s'ils en ont seulement été informés ou s'ils veulent l'imposer. »

Ce propos ne plut pas tellement au goupil, qui pense qu'il ne gagnera pas quatre deniers dans l'affaire. Il éprouve alors en même temps deux sentiments et ne sait auquel obéir : l'espoir lui interdit de fuir, la crainte le lui conseille. « Pourquoi, imbécile de coq, » dit-il, « demander à des étrangers ce que tu sais de façon certaine par le témoignage d'un ami ? Je t'ai révélé ce que je savais du projet de paix, ils viennent peut-être eux aussi te dire la même chose. Ajoute que je t'ai parlé avec, en plus, le témoignage de la charte, pour que ta confiance n'aille trébucher sur aucun soupçon. Et à supposer que le témoignage de la charte ne soit pas véridique (à Dieu ne plaise!), c'est demain la fête annuelle du très grand saint Malo[4]. Écoute ! Une cloche accompagnée d'une de ses sœurs sonne maintenant none, en cette veille de fête. Tu les entends toi-même, que pourrais-je te dire de plus ? » (A ce moment-là deux cloches sonnaient par hasard, mais non pour cette raison.) « Cette fête vénérable rend les routes sûres. Crois-tu maintenant pouvoir m'accompagner en toute sécurité ? Mais Dieu ne t'aime pas à ce point : car mériter de jurer la paix parmi les grands seigneurs ne serait-il pas une grande gloire pour ta famille ? Quant à moi, je vais donc tranquillement m'enfoncer dans ces bois, où la cour a ratifié la déclaration de paix. »

Sprotinus lui répond joyeusement, en voyant l'ennemi succomber à ses petites ruses : « Allons, Renard, attends que ce messager te parle ! Tu ne veux pas que pour une nouvelle aussi importante, je me fie à des bruits sans fondements ? Toi-même, le prendrais-tu bien, si je préférais me fier à un bout de cuivre plutôt qu'à toi ? Attends l'arrivée de ce messager ! »

Son ennemi lui rétorque : « Je préfère retourner dans les fourrés épais, car je n'aime pas du tout demander ce que je sais. En prêtant serment avec les autres, j'inscrirai mon nom parmi ceux des seigneurs les plus importants de la cour, mais toi que ta grossièreté de paysan sans honneur t'étouffe ! »

Le trompeur lui réplique : « La paix est jurée, et tu prétends être le compagnon des grands qui ont signé la paix. De quoi as-tu peur ? Tu crains ce qui n'est pas redoutable pour moi, et tu passes pour un si grand personnage ? Reste ici cinq minutes, malheureux, je partirai avec toi aussitôt après. Nous sommes venus ici ensemble, tu accepterais de repartir seul ? »

Renard effrayé répondit à celui qui le pressait ainsi : « La paix a été jurée, j'en conviens, Sprotinus, mais elle n'est pas encore annoncée au peuple et publiquement connue. »

Le coq dit à son tour : « La paix a été jurée et tu as peur ? Mais "elle n'est pas annoncée au peuple" dis-tu. Ce sont donc ces témoins et toi-même qui devez la divulguer. Le roi deviendra peut-être à cause de cela ton ennemi, si tu t'en vas ! »

Honteusement vaincu par cette ruse grossière, le porteur de la charte répond en demandant d'une voix craintive : « Ah Sprotinus, que présage la chose courbe suspendue au cou de l'homme ? Que vient faire cet objet en temps de paix ? Et dis-moi ce que peuvent bien nous demander le vieux chenu et ses noirs compagnons dont la gueule laisse pendre cette chose rouge. »

Le coq lui répond : « La paix est connue des grands seigneurs dont notre puissante cour suit les avis. Mais la trompette est venue rassembler les foules populaires, que le docte conseil du prince refuse de mander en raison de leur grossièreté. Et le personnage chenu va annoncer au peuple réuni la décision tombée de l'éminente bouche du prince. La foule se réjouit alors d'apprendre la paix, et chacun de son côté envoie au roi des chiens en gracieux présent. Pourquoi doutes-tu, malheureux, quand tu as mon témoignage ? »

N'osant certes pas se fier à l'auteur de ces propos, le porteur du décret lui répond à son tour : « Si ce que tu affirmes, Sprotinus, peut être vrai, soit ! Mais moi je songe à porter mes pas dans ces fourrés, et bien que tu n'en aies guère envie, j'irai moi, que tu le veuilles ou non. Reste, j'irai quand même, malheureux petit coq, j'irai comme un prince illustre, mais toi tu restes pour toujours dans ta paysannerie. Peut-être viennent-ils nous annoncer la paix, qu'en avons-nous à faire ? Nous saurions bien sans témoins que la paix est signée. Maintenant la proclamation de paix sera longtemps retardée, jusqu'à ce que tout le peuple puisse se rassembler en foule. Mais, parce que c'est une habitude très répandue que de battre son voisin, la foule regarde souvent les siens comme des ennemis. Or si quelqu'un déchirait le manteau d'un autre membre de l'assistance avant d'entendre la proclamation de paix, tu n'aurais pas à te plaindre beaucoup. Tu peux donc rester, je m'en vais, et tu mérites la mort pour me retenir avec ton bavardage et tes sornettes. »

Celui qui se jouait de lui lui répond : « Reste donc ! Un hôte de la cour arrive, si tu as quelque chose à me reprocher, il servira de médiateur. Je paierai ma faute de bon gré ou je me justifierai, que veux-tu de plus ? On désarme ainsi la colère des ennemis les plus acharnés. J'ignore quand tu me reverras, quittons-nous bons amis ! » Renard ajouta tout tremblant : « Ce n'est pas la crainte des grands ni le respect de leur juridiction qui m'ont amené ici, et ce lieu n'est pas propre à des débats juridiques. »

Un Sprotinus réprobateur répond alors joyeusement à son ennemi épouvanté : « Tu te sauves donc comme un lâche ! Oui, tu te sauves comme un lâche, comme un misérable goupil de rien du tout, et je te provoque en duel ! C'en est fini de ta noblesse si tu ne te bats pas sur-le-champ, cette noblesse au nom de laquelle tu as rougi d'essuyer les outrages des croquants. Voleur, je t'ai pris sur le fait et tu t'en vas, je te provoque en duel, si tu le peux, écarte de ta tête cet outrage ! »

Renard lui jeta : « Je chercherai peut-être le jour et le lieu où j'aurai l'occasion de me défendre. » Il décampe alors à toute allure, en goupil qui pense qu'il est inutile de demander à ses pattes d'aller plus vite. Dans le dos du fugitif, le coq plein d'entrain lance ces cruelles invectives : « Malheur à moi ! De quel crime affreux la cour vient d'être victime ! Renard dépouille le roi de ses droits et s'en va libre, il serait encore facile de le suivre ! Approchez, je vous en prie, seigneurs du roi ! Accourez vite ! Le voleur saute par là, pendez-le ! Il le mérite, allez, il est là ! Si vous répugnez à le pendre, moi je le pendrai ! L'auteur de mes jours a déjà fait subir à son père le même traitement ! »

L'autre ne regarde pas derrière lui, son seul souci est de courir, sa joie augmente à mesure qu'il s'éloigne. La peur troublait son espoir, l'espoir calmait sa peur, et il empruntait alternativement, selon un partage équitable, des voies impraticables et des chemins.

Déjà une course de quatre jours à travers les vallées boisées et les anfractuosités des rochers avait épuisé le vagabond qui, pendant tout ce temps, dit-on, n'avait pas goûté la moindre nourriture et ne s'était pas reposé un court instant. Mais sous la fatigue accumulée de la course et de la faim, ses pattes épuisées manquèrent à leur tâche. Alors pour la première fois, sa frayeur calmée, il pensa que les chiens étaient repartis et que les détours des chemins l'avaient mis à l'abri. Quand, la peur écartée, il put librement regarder tout à loisir autour de lui, il vit venir un cuisinier dont il avait défendu les agneaux dans la campagne contre les attaques de son oncle. Les bienfaits rapportent souvent sans nuire à personne, et pour une fois l'honnêteté porta secours à Renard : lorsque le cuisinier aperçut Renard, qui après son long jeûne et son voyage, ne tenait presque plus sur ses pattes tremblantes, il lui fit cadeau de pâtés bien gras — entassés, ils remplissaient tout un plat — en récompense du service rendu jadis. On ne sait quand le hasard nous met en présence de l'ennemi, c'est pourquoi l'habile Renard songe bien à l'avance à cette éventualité. Il met de côté huit pâtés, mange les autres ; et demande qu'on lui fasse une tonsure sur la tête. Puis il s'en va, tonsuré et le ventre plein, en emportant les pâtés. S'il rencontre son oncle, il pense l'apaiser en lui offrant cette nourriture. (Ysengrin avait pour habitude, quels que fussent les traitements dont il ait à se plaindre, d'oublier ses griefs à la vue d'un bénéfice.) L'intuition de Renard ne l'avait pas trompé, ce qu'il avait prévu arriva : il tomba sur le vieux loup au beau milieu des bois.

Quelle fut la joie d'Ysengrin qui, tout heureux, aperçut de très loin son ennemi, et dont la bile se remit à bouillir ! Il bondit en hurlant plusieurs « bravo ! », mais bientôt il s'arrête et s'écrie, vaincu par le fumet du plat délicieux : « Où vas-tu, satané Renard ? Quelle bienheureuse erreur t'a mené ici ? (Si tu avais su que j'étais encore vivant... mais tu vas le savoir !) A genoux ! Oui, pour ne pas souffrir d'une mort trop lente, tu vas accepter, au lieu de le subir, un trépas immédiat ! »

Voyant que son oncle ne voulait pas se jeter sur lui aussitôt, Renard comprit qu'il était vaincu et commença ainsi : « Mon oncle, il convient que les frères soient réglés dans leurs paroles comme dans leur silence. Apprends à parler selon la règle ! Je ne suis pas "satané Renard !", mais on m'appelle, conformément à mon état, "frère Renard", cesse de m'appeler "satané" ! Ne vois-tu pas ici les preuves indubitables du vœu que j'ai prononcé ? Je suis frère ; cette nourriture d'abord, puis ma tête le montrent, regarde comme c'est bon ! Voici la nourriture de notre ordre, regarde ! » Et il lui lance les pâtés de loin. Le loup, les empêchant de tomber à terre, les attrape au vol avec le plat et les mâche sans retard. Mais comme une femme frotte l'orge émondé à coups de pilon denté, lui frotte ses dents les unes contre les autres, et mâchés une seule fois, le récipient et la nourriture étaient, dit-on, plus finement moulus que farine de froment. Ysengrin avait englouti les plats, précipités dans sa large gueule, avant même de se rendre compte qu'il y avait goûté.

Étonné et considérant donc comme un remarquable prodige ce qui lui était arrivé, il s'écrie joyeusement : « Rêvons-nous Renard ? Sommes-nous victime d'une hallucination, ou bien ce qui semble une illusion est-il vrai malgré tout ? Je m'en souviens, on m'avait jeté je ne sais quoi de délicieux, tu me l'avais jeté, j'en suis sûr, qui me l'a pris ? » Et tout en parlant il regardait autour de lui ici et là, sans se rendre compte que ce qu'il cherchait gisait garrotté dans l'abîme de son ventre. Il ajouta : « Voyant qu'on me jetait quelque chose, j'ai ouvert la gueule pour le saisir, et mes lèvres l'ont presque attrapé. Cependant la chose a disparu, où aurait-elle volé à ton avis ? Car si je ne dors pas, il est évident que l'on m'a jeté quelque chose. Le parfum que j'ai humé flotte encore dans ma gueule, mais mes pauvres dents n'ont rien eu de bon ! Les misérables n'ont saisi que le vide, hélas, pauvre de moi, je pensais avoir ouvert la gueule suffisamment et plus qu'il ne fallait ! Croirait-on que le sol a englouti ce qui m'était destiné ou que le vent l'a emporté et enlevé, j'en doute, mais c'est perdu pour moi ! Cherche s'il y a là un trou où la chose pourrait être tombée (il cherchait bien sûr lui aussi), viens, cherche ! »

Renard lui répond de loin, en moine indolent craignant de se frotter à la gueule avide du paisible vieillard. « Mon oncle, je ne vois pas clair, car la vapeur de ce mets fumant brouille mon regard ; mais finalement, à quoi bon chercher où rien n'est tombé ? Je me rappelle avoir jeté les mets dans ton gosier. Tu as peut-être mordu violemment dans une nourriture coriace et tu peux t'être cassé les dents en mâchant trop fort. Je suis persuadé que les mets dont tu déplores la perte sont tombés dans le trou de quelque dent creuse et y demeurent cachés. Ta langue se promène et se coule dans les espaces qui séparent tes dents, happant au passage tous les honnêtes scrupules ! »

Le vieillard lui répondit : « Nous supporterions la disparition de ce qui est perdu — après un pet bruyant, le derrière se referme, mais trop tard — pourvu qu'un bénéfice compense à l'avenir les dommages passés : mon frère, je voudrais être où l'on fait ces repas ! Là, rien ne m'effraie, sinon la loi imposée à l'appétit : la coutume est d'absorber très doucement les aliments, les dents ne font rien ; elles restent écartées, la nourriture tombe d'elle-même et sort aussi facilement qu'elle entre doucement, si bien que le ventre reste toujours vide. L'ordre du ventre vide sera le pire de tous. »

« Mon oncle, » répondit le moine, « cesse de te plaindre ! Bien que les aliments qu'ils engloutissent soient sans consistance, on peut toujours engloutir, oui, toujours engloutir ! »

A ces propos, l'autre rétorque : « Ah ! Satané Renard, ils

mangent comme tu le prétends ? On donne à un seul assez de nourriture au moins pour deux ? Ce ne sera pas un mal que de ménager mes dents, pourvu que j'engloutisse encore et encore. »

Le frère ajouta, comme pour reprendre certaines de ses paroles : « Mon oncle, tu délires ! M'appelleras-tu toujours satané Renard ? Tu es presque mon frère, parle comme un frère ! Tu n'as qu'une chose à redouter, ne pouvoir assez engloutir ! Tous mangent à leur faim, mais surtout ceux qui chantent bien, la nourriture d'un seul d'entre eux suffirait à trois personnes. Toi-même, si tu voulais chanter, qui pourrait t'imiter ? Ta belle voix te vaudrait double rétribution. Ne va pas l'étouffer, cela t'empêcherait d'être remarqué, mais quand tu chanteras, pousse jusqu'au ciel le chant de ta gorge retentissante. »

Le vieillard lui répond joyeusement : « Si je me connais bien, mon frère, je n'ai à m'incliner devant personne, tu dis la vérité. Que Dieu m'accorde d'user là-bas de ma voix comme j'en use ici, et je serai un chanteur dont l'excellence passera tous les espoirs. Je ne trouverai pas de frère au gosier plus large, ou dont la bouche profère des sons plus limpides. »

Renard lui dit alors avec entrain : « Je me suis souvent posé une question, mon oncle, dont je vois maintenant la réponse : la règle sacrée te plaît. Il ne te reste donc maintenant qu'à me dire de quel office tu préfères être chargé là-bas. »

A ces mots Ysengrin baisse les yeux et répond ce qu'il pense au fond du cœur : « Mon frère, je réclame le plus modeste des offices (tu sais bien pourquoi le méchant Lucifer occupe le fond de l'abîme[5]) en attendant que mon mérite soit reconnu et m'élève à une meilleure place, je me résignerai de bonne grâce à être cuisinier ou berger. Dis-moi maintenant dans quel couvent aller, et fais-moi tout de suite une tonsure, afin que l'on ne me soupçonne pas de quelque traîtrise et que l'on ne me fuie pas. »

Ayant aussitôt reçu l'ordre d'entrer au couvent du Mont Blandin[6], le vieux loup s'y rend, tondu d'une oreille à l'autre. Le couvent est un endroit où l'on accorde facilement la permission d'entrer, mais difficilement celle de ressortir. En entrant il dit bonjour à tous les frères, qui lui rendent son salut. (Il dit « bonjour » comme tout le monde, car il ne sait pas encore dire « soyez béni » à la manière des frères, c'est là qu'il commence à apprendre cet usage.) Ses vœux sont exposés et agréés, il est admis, et le capuchon recouvre aussitôt Ysengrin déclaré frère.

La nouvelle avait attiré au couvent onze abbés, parmi lesquels brillait un seul Lucifer[7]. Il était l'un d'entre eux par le nom et par le nombre, mais non par le dévouement de sa vie et la piété de ses actes. Quand l'abbé d'Egmont[8] dirige ses bienheureux frères, la justice est toute-puissante, l'argent s'accumule, l'honneur fleurit, les trésors s'entassent et leurs monceaux s'offrent à l'honnête homme. L'argent donné sera rendu, et il l'est pour que l'on puisse donner deux fois plus. « Donne et l'on te donnera »[9] : le sage abbé comprend cette parole, il est persuadé que Dieu ne veut pas tromper ceux qui satisfont à ce principe. Les méchants sont aussi contrariés de connaître le bien qu'ils répugnent à en parler. Mais moi, j'ai vraiment plaisir à connaître le bien et à en parler.

Voici la différence essentielle entre les autres abbés et celui-ci : pour les autres, prendre est légitime, pour celui-ci, garder est un crime. Ceux qui rougissent de prendre imitent la bardane et le grappin[10], à vous faire douter qu'ils soient issus d'une autre origine. Oh ! Quelle sagesse illustre et plus grande encore que sa renommée ! On trouverait difficilement deux êtres comme lui dans le monde entier : les abbés appauvrissent les couvents en gardant l'argent, lui les enrichit en le distribuant de toutes parts. Avec certains, de quoi se plaindraient les propriétés ? Les ornements sacerdotaux eux-mêmes ont payé ! Lui, rachète les biens perdus et leur en ajoute d'autres, encore plus nombreux. En lui, et en eux le seigneur accomplit ses promesses et ses menaces : « Le pauvre s'appauvrira, et celui qui a, aura encore plus[11]. » Eux ne subviennent pas à leurs propres besoins, lui possède assez pour lui-même et beaucoup d'autres. Eux sont avares et manquent de biens, lui est généreux et augmente les siens. Eux perdent ce qu'ils enferment dans leurs coffres, lui amasse quand il donne. Eux sont pauvres de ce qu'ils gardent, lui est riche de ce qu'il donne. Il rejette les richesses des deux mains, mais bien qu'il les repousse, elles retournent vers lui, et il ne peut distribuer tout ce qui lui revient.

Maintenant que je t'ai exposé ses vertus, si tu désires puiser en elles un réconfort, voici une honorable ligne de conduite, c'est celle d'un excellent homme : se faire modéré en paroles, traiter habilement les affaires sérieuses, rendre chaque chose à son propriétaire, apaiser les colères du peuple, modérer les tyrans, ne pas se soucier des menaces ni se laisser prendre aux flatteries, ne pas se laisser fléchir par un gain, ni influencer par la sympathie, beaucoup réfléchir, peu parler, longtemps se taire. Il distingue les gens à leurs mérites et ne les juge pas à leur argent. Il enseigne le bien et met lui-même en pratique les leçons qu'il prodigue. Voici ce que le monde sait de lui, Dieu connaît le reste. Ce que tu as entendu est peu de choses, il y a plus, crois-le.

A un homme orné de telles qualités, Dieu n'a donné qu'un seul compagnon, dont Liesborn désire qu'il ne gagne pas le ciel de sitôt[12]. Ne prends que lui pour ami, car il est digne de toi. Les autres, je les balaye avec les gravats. Si tu le permets, Gautier, mon très cher père, j'en pourrais témoigner, il ne sera pas possible que tu rougisses d'un tel compagnon. Il ajoute en lui quelque chose à tes vertus. Bien que tu aies la meilleure des conduites, il fait cependant quelque chose de plus. A y regarder de trop près, mon père, en parachevant chaque chose, tu montres que tu es abbé par une excessive sévérité. Pourquoi ce front dur? Pourquoi ces paroles terribles? Pourquoi ne me souris-tu pas? Ne me réponds-tu rien de gentil? L'homme généreux doit avoir un visage joyeux et un langage aimable, pour que je ne pense pas qu'il est fâché de m'avoir donné quelque chose. Tu ne suis donc que l'exemple de Caton, tandis que lui est régulièrement tour à tour Tullius et Caton,[13] jouant les deux personnages dignes d'un abbé, doux et sévère, il emprunte indifféremment mais sans faux pas l'une ou l'autre voie. Ceux qu'il choie en partageant leur toit, ceux qu'il comble de cadeaux en étant leur hôte, il les tue par son départ, il les remplit de joie par son retour. Grâce à un talent tout particulier, il fait alterner paroles sévères et propos joyeux, sans rien blâmer par envie ni rien cacher par amitié. Toi aussi, pour que rien ne manque à ta valeur, réjouis ton front, plaisante sans t'égarer! C'est une dette que tu as envers Dieu, c'est une dette que tu as envers moi, acquitte-toi envers nous deux. César réclame son bien autant que Dieu, qu'ils obtiennent tous les deux ce qui leur revient[14]!

Dieu a rendu au monde ces deux exemples de vertus pour qu'ils rappellent celles que les saints ont emportées avec eux. Bien sûr, en les transportant de notre monde dans le sanctuaire de la paix divine, ils les ont empêchées d'endurer ici-bas plus de misères. Mais ces deux hommes semblent pécher contre les vertus elles-mêmes, en les arrachant à la paix que Dieu leur avait accordée pour les rejeter au combat, tourmentées par des guerres plus dures que celles de jadis, et cela d'autant plus que notre temps est plus sauvage que les siècles passés. Or depuis que vivent ces abbés, les vertus reviennent ici-bas, et sous leur protection, elles quitteront ce monde avec eux pour regagner le ciel. Que les autres tremblent devant eux, qu'ils s'enfuient et se cachent derrière les portes du cachot — rougissons du mot et du lieu — et qu'ils jurent qu'ils ont été nommés abbés non seulement à leur insu, mais encore contre leur gré. Vivez longtemps, je vous en prie, vivez illustres pères! Vivez pour me venir en aide ainsi qu'à beaucoup d'autres! Pour que le bagage qui alourdit vos épaules soit suffisamment lourd, prenez-moi en plus, je pèserai peu dans un tel fardeau!

Ysengrin était frère : on lui demande de prendre la place d'un prêtre que l'on venait d'enterrer tout récemment. Ysengrin s'informe : quelle tâche avait coutume de remplir ce prêtre? Menait-il paître les moutons ou bien préparait-il les repas? Quand les frères lui répondirent, en usant d'un symbole, que le prêtre était chargé de protéger les brebis, Ysengrin accepta volontiers[15].

On lui ordonne de dire sans plus tarder « dominus

vobiscum », lui s'écrie joyeux : « Cominus, ovis ! » et il ajoute avec un fort accent allemand « cum ! », ne voulant pas dire « venez ! » en latin. (Le loup avait en effet découvert que les brebis des bords de l'Escaut[16] ne connaissaient souvent que l'allemand. Il les avait conviées en latin à l'assemblée, et convaincues ainsi de ne pas bien connaître cette langue. Et il n'avait pas permis aux coupables, jetées dans de lourdes chaînes, d'aller nulle part, jusqu'à ce qu'elles sachent le latin. C'est pourquoi le bon moine leur ordonne de venir en allemand, car il savait qu'elles entendaient cette langue.) Et quand les moines lui apprennent à dire « amen », comme en grec, il prononce « agneau ». Certains disent qu'il ne sait pas mieux parler, les autres prétendent qu'il a parlé selon son cœur. Un grondement retentit de toutes parts : « Ces paroles annoncent ce que ce moine a derrière la tête. En son for intérieur ; il songe à tondre notre troupeau ; il se prépare à écorcher nos brebis parce qu'il n'apprécie pas leur laine ! Il cache sa perfidie, l'habit ne fait pas le moine. Il porte un capuchon noir, mais il n'est pas de bonne foi comme il le prétend. »

Le moine se rend compte de ces murmures et il déclare habituellement, en insinuant que ses compagnons se trompaient : « Quand j'ai accepté de devenir prêtre — sur la prière de mes chers frères, n'est-ce pas, et non pour l'avoir demandé le premier — vous n'auriez pas souhaité, à mon avis, que je sois prêtre, si vous ne me saviez digne d'un tel rang. Le prêtre est, dit-on, le berger des brebis, j'annonce donc les devoirs sacrés de ma fonction. C'est pourquoi, puisque je dois être prêtre et berger, je salue et j'appelle à l'avance mes troupeaux, pour que les brebis puissent reconnaître sans se tromper la voix de leur pasteur, et le pasteur celle de ses ouailles. Sur mon salut, n'hésitez pas à me confier la garde de brebis ! (Je m'en charge loyalement.) Mettez à l'épreuve la parole que je vous engage, mes frères, mon habileté allégera le lourd fardeau que vous portez. Bien qu'au sortir de ma forêt, je sois un rustre et pour ainsi dire un frère bien paysan, je suis savant en cette matière et je peux vous instruire.

Je parle comme je pense : quoique votre conduite soit

souvent excellente, je n'approuve pas totalement votre règle. Je ne veux pas critiquer le somme que l'on fait l'été après le déjeuner[17], et tout le temps consacré aux chants sacrés. Mais je souhaiterais passer le printemps, l'été, l'automne, l'hiver avec un seul chanteur ou avec des sommes obligatoires. Quant aux repas, nous allons remplacer les nôtres par un meilleur ordinaire. Vous croyez trop en l'excellence des pâtés, car sur le plan du profit, il est tout aussi inutile de verser des pâtés dans un ventre que de l'eau dans une passoire. Et il me semble qu'avec vingt schillings on pourrait difficilement acheter assez de pâtés pour remplir un estomac de brebis. Or avec cette somme, on se procurerait peut-être sept moutons chacun. Pourquoi donc payer si cher une nourriture plus inconsistante que le vent? Farcissez de pâtés huit peaux de brebis : j'aurais tout gobé que je penserais y avoir à peine touché. Car Dieu ne nous a jamais donné de dents pour manger ces pâtés : ouvrez la bouche, ils volent comme le vent dans votre ventre! Or, si l'on donnait cinq brebis par jour à chacun d'entre nous — deux au dîner, autant au déjeuner, et une à none — plus personne alors ne serait dégoûté de son ordre! Mais ne profanez pas nos ventres avec cette nourriture qui n'est que le vent! Nos dents sont solides, pourquoi se nourriraient-elles d'eau et d'air? La chair apprécie la chair, nos dents aiment les os! Et dans le petit coin sablé, prenons de la laine moelleuse à la place du foin, car il ne faut pas priver le mouton de son foin. On dit que nous obéissons à une règle, il ne faut spolier personne. Qu'il en soit ainsi, pour que notre ordre sacré ne commette pas le moindre faux pas.

Bref, je vais maintenant vous indiquer les principales mesures à prendre pour éviter un mauvais usage de nos biens. Si quelqu'un est convaincu d'avoir mis dans son ventre moins que sa part, qu'il ait l'oreille marquée au fer rouge. Quant à notre légère prébende[18], que l'on en fasse deux parts, avec l'approbation de l'aiguille de la balance, bien droite entre les deux plateaux, de manière à ce qu'un gentil frère, vénérable par l'ampleur de son estomac, soutienne sa pauvreté pendant deux jours grâce à elle.

Qui, mes frères, vous aurait donné un tel conseil ? Une fortune changeante enseigne la valeur de la sagesse. Content de traverser les années avec mon pain quotidien, je ne me suis pas appliqué à mettre prudemment beaucoup d'argent de côté. Vous serez les frères d'un pauvre, mais ce détail n'aura pas pour vous d'importance : je paierai de mes conseils la dette dont ma cassette ne peut s'acquitter. »

Le conseil donné par ce glouton de frère les avait tous épouvantés, et l'abbé lui répond ainsi — ou plutôt il se dispose à lui répondre quand les cloches font retentir leur appel. C'est à peine si un jeune garçon a le temps de lire la liste de ceux qui doivent chanter la nuit suivante. Parmi eux, frère Ysengrin, d'un âge très respectable, obtint une place dans la dixième partie de l'office[19]. Il pensait que l'on appelait répons les brebis à tuer, et il aurait préféré en égorger trente-deux plutôt que neuf. Mais il se dit que le nombre des chanteurs pouvait signifier deux choses, et il pense et repense, indécis, l'esprit plein d'hésitation. Il songe que la nuit la coutume doit être de servir aux frères, en temps opportun, autant de plats en un seul repas qu'il avait entendu l'enfant lire de noms — et on avait bien lu en vérité les noms de douze chanteurs — ou bien qu'à chaque fois que l'enfant avait fait signe aux moines de chanter, ce qu'attestait le nombre des chanteurs, il appelait les frères à reprendre leur repas. Usage qui lui paraît de loin le meilleur et tout à fait sacré. Cependant, devenant plus optimiste dans ses espoirs, il ose bientôt croire que ces deux possibilités, qui consolideraient fort la règle, vont se réaliser toutes les deux[20]. Il espère manger plus copieusement et plus souvent que le jour, puisqu'il dort moins. « Quels que soient, » dit-il, « les ordres que l'on me donne, mes frères, je les exécuterai et je chanterai volontiers le dixième et le quinzième répons. Moi, tarder à obéir quand, la nuit aussi, les repas sont si fréquents, et quand des plats d'une telle abondance emplissent mon bienheureux ventre! Qu'il soit la perle des abbés, celui qui le premier a consacré sur terre le poids de ce capuchon monacal! Ah pauvres hommes qu'effraie une telle règle! Libre à l'hésitant d'hésiter, moi, on ne me fera pas revenir en arrière. Je vois bien maintenant pourquoi Dieu m'a conduit ici, je sais maintenant que je suis uni à de bons frères. Je croyais qu'on ne prenait de nourriture que trois fois, et seulement pendant la journée, or vous m'accordez un nombre de repas quatre fois supérieur à celui-là, de nuit comme de jour. »

    Pendant ce temps, l'assemblée s'était levée en riant et s'en allait, car les tintements clairs de la vaisselle lui faisaient signe depuis longtemps. Rappelant ses frères, le moine s'écria et leur dit : « Restez un instant, mes frères, j'ai encore d'excellentes choses à vous dire ! Pour qu'aucune vertu ne manque à notre ordre, je vais vous donner brièvement des règles dignes de rester longtemps en vigueur : je m'étonne que, des matériaux nécessaires à la navigation, vous les détruisiez dans des foyers destinés à cuire vos repas. Sachez que ma race ne s'est jamais souciée de cuisine, mais que, toujours, elle préfère la viande crue à la viande cuite. A l'origine, ce sont des cuisiniers malins qui ont commencé à cuire les viandes, pour dépouiller de leur graisse celles qu'ils apprêtaient. Mais maintenant, le cœur enorgueilli de leurs larcins, c'est à peine s'ils jugent bon de servir leurs restes à leur maître. Le cuisinier retire donc le gras, et le pauvre maître s'étrangle avec une pitance plus sèche qu'un fromage de quinze ans. Le sage sait dire en peu de mots à quoi tend son avis : de moi-même, je n'aime pas celui qui me prend mon bien. Bois, foyer, casseroles, chaudrons, marmites et cuisiniers, que Satan se les mette où je pense ! Quant à l'argent que vous avez coutume de dépenser pour ces ustensiles, et les innombrables inutilités qui traînent en abondance, placez-le à ma manière : encensoirs, calices, cloches, coffrets, reliquaires, chandeliers, crucifix, vêtements de pourpre, tapisseries, livres, convertissons tout en brebis et dévorons-les crues, de peur qu'un cuisinier voleur n'en fasse disparaître les meilleurs morceaux. Avec des brebis, mangeons toujours des brebis, encore des brebis. Je voudrais que tout ce qui est au monde soit brebis. Même pour vous, mes frères, pardonnez-moi, je ne fais pas d'exception sans réserve, je ne fais d'exception que pour moi et pour rien d'autre. Les monstres ignorants de la vérité pensent que je ne les aime pas, ils se trompent. Chaque fois qu'ils me voient approcher, ils sont malheureux. La vérité est que, dur ou tendre, j'aime tout ce qu'ils ont, sauf leur toison, où mes dents n'ont pas l'habitude de trouver leur profit. Les toisons ne me servent à rien : est-il quelque chose qui le montre mieux que ma naissance, puisque la mère qui m'engendra n'avait pas de toison de laine? Ma mère ne m'a pas bercé dans une corbeille à Ypres[21]! A quoi bon rappeler encore mon origine? Ma parole ne suffira-t-elle pas à l'établir? On dit que je suis le vingt-huitième descendant du grand Lovo, à qui une truie unit ses entrailles[22]. Voilà ce qui est écrit dans les livres hébreux, grecs et latins, et le monde entier peut le lire. » Toute l'assemblée éclata de rire pour la seconde fois, et les moines déclarèrent que le frère avait tout dit avec la naïveté d'un rustre qui sort de ses forêts.

Pendant ce temps Renard, libéré de son ennemi mortel, modifie sa route et se dirige vers les terres inaccessibles d'une région écartée. Il entre dans la demeure haïe, où le gros Ysengrin, le quarante-cinquième de sa lignée, avait sa tanière. Il trouve dans le terrier les louveteaux, fils d'Ysengrin. Un peu plus loin la maîtresse de maison, fatiguée, gémissait. « Louveteaux, à votre avis, quel est votre père? Où est-il allé en partant d'ici, je vous le demande? » dit alors leur hôte. « Et quand reviendra-t-il, ou bien quand repartira-t-il à nouveau? Dites-le-moi, je suis sincère, dites-moi la vérité. »

Les louveteaux lui répondent : « Nous ne voulons tromper personne, on dit que nous sommes les enfants d'Ysengrin, et nous le sommes. Notre mère, qui vient de nous mettre au monde, repose à l'écart, car elle est encore faible, comme vous le voyez vous-même. Notre père est parti nous chercher à manger, il reviendra à l'aube et repartira le soir venu. Mais si vous avez quelque chose à dire à notre père, qui que vous soyez, monsieur, cette maison vous est ouverte, asseyez-vous! »

Leur ennemi leur rétorque : « Cette maison m'a été

ouverte, je vous en remercie! Puissé-je être connu de vous le plus tôt possible, comme je le souhaite! Sous quels heureux auspices votre mère vous a mis au monde, pour que votre loyale engeance ne soit pas privée de postérité! Votre père est vieux et on pense qu'il ne pourra vivre longtemps, vous serez ce qu'il a été avant vous. Quand je suis allé les voir, le bélier et le bouc pleuraient sur la faiblesse de ce vieillard qui n'en a plus pour longtemps. Ainsi, je vous en prie, réparez le dommage causé par la disparition de votre père, vous avez sa tête, ayez ses manières! J'exhorterai mes amis à ne pas pleurer la triste vieillesse de votre père : avant sa mort, il a engendré une heureuse progéniture. Le bouc, le bélier et le jars craindront que je ne me trompe, quand je leur dirai que vous allez suivre les principes de votre père. S'ils hésitent à croire au bien-fondé de mes éloges, je vous en supplie, faites en sorte qu'ils ne puissent rien me reprocher. »

Il lève alors la patte et les arrose généreusement des deux orifices en disant : « Voici un déjeuner, n'est-il pas bon? Tétez, mes chers cousins, tétez! Je vous donne cet hydromel que je gardais pour mes petits. Il ne me coûte pas de vous venir en aide, puisque vous êtes les chers rejetons de mon oncle. A la place de l'aide que je ne demanderais pas à votre père, s'il était là, voici la mienne! »

Les louveteaux se mettent à pleurer. Quand leur mère inquiète découvrit la raison de leurs gémissements, elle bondit, bien que malade, et courut à la porte. Mais elle perdit l'espoir de poursuivre son ennemi, en voyant qu'il avait pris trop d'avance. « Pourquoi, mon ami, » dit-elle, « te disposes-tu à fuir ainsi à la dérobée? Tu ne respectes pas les bonnes manières, tu étais mon hôte! Tu t'es sauvé honteusement, en me frustrant des remerciements que tu me devais pour mon hospitalité! C'est ton hôtesse qui te rappelle, parle-moi, reste un instant! Pars, mais avant remercie-moi, et laisse-moi te recommander à Dieu. Reçois de moi nouvelles et baisers d'affection! »

Alors lui, sur le ton de la prière : « Maîtresse, accepte, » dit-il, « que je m'acquitte plus tard. Je verserai des intérêts pour compenser le retard du paiement. Je suis sorti faire pipi et je reviens tout de suite. » (Et il fait semblant de revenir sur ses pas, avec le désir d'attirer par une ruse la louve irritée.) « Je pense, » dit-il, « n'avoir commis aucune faute, pourquoi la porte devrait-elle m'être fermée ? C'est à celui qui se sait coupable de trembler ! »

La louve se hâte de rentrer dans sa demeure et se cache avec adresse derrière la porte, après avoir mis ses petits à l'intérieur de la maison. Si jamais Renard entre et se dirige vers leur couche, elle a l'intention de lui tendre un piège et de s'emparer avant lui de la porte. L'ennemi, tout en soupçonnant la manœuvre, menace d'attaquer : il foule le seuil, se retourne et avance en jetant de la boue et du gravier à la maîtresse des lieux. La douleur ne permet pas celle-ci de cacher sa ruse, elle bondit furieuse. Renard aurait été facile à attraper, s'il avait voulu attendre sa poursuivante, et celle-ci aurait bientôt couru plus vite, mais le château but de leur course n'était guère éloigné.

Un rocher élevé, de forme conique, et dont le sommet est à la portée d'une petite pierre lancée par une fronde, se dresse vers le ciel. D'un côté, la paroi rocheuse : on entend doucement murmurer le bruit de l'eau, qui s'efforce vainement de pénétrer la barrière des rochers. De l'autre côté, c'est la très riante vallée de Tempé au visage fleuri, dont le printemps, par un privilège personnel, s'attribue l'hospitalité. Devant court un sentier qui tourne sans sinuosités. Derrière, la forêt résonne du chant bigarré des oiseaux. Le château est ouvert et l'on peut y accéder par deux entrées, mais personne, plus gros qu'une renarde pleine, ne saurait y pénétrer. Une fois le seuil franchi, un chemin plat conduit d'abord les pas sans encombre sur une longueur de sept coudées. Plus loin, à droite et à gauche, un escalier de trente marches permet le passage de ceux qui veulent entrer. De la taille d'une cheminée et plus ronde qu'une coquille d'œuf, une pièce au sol uni occupe le milieu du château. Au-dedans diverses herbes suaves et aromatiques exhalent leur parfum, et des branches entrelacées forment un lit. C'est là qu'arrivèrent à toute allure le fuyard et sa poursuivante. Renard, léger comme le vent, pénètre dans sa demeure. Mais elle, en le suivant étourdiment, s'engage dans un passage trop étroit et reste coincée : la voilà qui ne peut ni avancer ni reculer d'un pas. Elle ne peut pas plus reculer, là où le passage s'élargit, qu'elle ne peut avancer là où il se rétrécit. Elle est comme un chien coincé et prisonnier d'une porte refermée, comme un coin immobilisé, que le marteau inconstant abandonne avant que le bois ne soit complètement fendu.

L'espoir d'un modeste bénéfice pousse à se jeter dans les pires ennuis, quand l'habileté ne guide pas l'empressement des mauvais desseins. Quand le sot attaque étourdiment son ennemi, il se livre à lui. Ne cherche pas sans retenue ce que tu aimes. Perds ce que tu recherches plutôt que de te perdre toi-même avec l'objet de ta quête. À tous les jeux il est bon d'être sage. Le sot laisse échapper ce qu'il cherche à grand-peine, tandis que le sage obtient sans mal la même chose. L'imbécile et le malin forment un couple mal assorti, car le fourbe conduit l'imprudent vers toutes sortes de maux. Quand l'imbécile, conduit par le malin, tombe dans le piège, la partie qui se joue entre eux est inégale.

Quand Renard vit qu'aucun effort ne pouvait délivrer la louve, et qu'elle restait coincée, il bondit par la porte d'en face, et sans pitié pour la malheureuse, victime de tels désagréments, il lui lance au nez quolibets et insultes. Il saute autour d'elle, toute son attitude manifeste sa joie, si bien que la douleur de la louve prise au piège s'en trouve encore accrue.

[Et sans se soucier des liens que l'hymen de son oncle avait noués, le perfide adultère saute sur la dame rivée au sol. « Un autre le ferait, » dit-il, « si je ne le faisais pas ; et il vaut mieux que ce soit moi qu'un étranger qui te prendrait à la dérobée. Si tu ne préfères pas un étranger à l'amour d'un parent, je suis le plus proche de toi par le degré de parenté et par la loyauté. Que mon obéissance fasse éclater mon attachement! Je refuse que l'on ait l'audace de tromper mon oncle avec mon assentiment. Mais toi, maîtresse, entre donc! Pourquoi restes-tu plantée là comme si tu y étais ligotée? Viens goûter les manières de ton bon hôte. » La louve qui veut jouer lui répond : « Renard, tu joues on ne peut plus habilement le rôle que la renommée t'attribue. Si ta vigueur était égale à ton adresse, tu serais le fidèle esclave des dames. Moi-même, j'étais à peine contrainte à entrer chez toi, si la porte avait été plus large ! » L'écriture rapporte que la louve se réjouit de ces badineries et que le débauché trompa son oncle[23].]

Voilà comment Renard s'amusa et montra sa joie, mais le pauvre moine, lui, s'amusa d'un triste destin.

Le dixième lecteur s'était tu, et le sous-prieur, sévère, fait signe de chanter au frère venu des forêts. L'ignorant rompt le silence sacré : « J'ignore ce que tu veux dire avec tes signes, tu n'as qu'à me parler ! » Un moine bientôt, puis deux, puis trois, lui font chut, pour qu'il se taise, mais lui cependant ne se tait pas. « Je comprends, mes frères, pourquoi vous faites chut, arrêtez ! On nous appelle pour déjeuner, c'est ce que signifient vos chut ! Cette règle serait bonne si elle était observée en son temps. Voilà déjà longtemps qu'on aurait dû siffler dix fois ! Si je ne suis pas fou, on devrait maintenant nous servir notre avant-dernier dîner. La clepsydre retarde. On nous appelle pour notre premier repas alors que la nuit est presque achevée : la règle est bien mal observée. Je suis en colère, je me lève, tant pis ! Soyez bien bénis ! (Conseillé par Dieu, personne ne peut arriver trop tard[24].) Celui qui a créé boisson et nourriture les bénira, et puisse-t-il accroître ses deux présents d'une main généreuse ! »

Ces paroles du frère causèrent un grand désordre : de tous côtés, alors on lui fait chut, du nez et de la bouche. L'église, retentissante d'innombrables chut, renvoyait ce bruit au loin, comme si trois mille oiseaux de nuit se répondaient. On appelle alors Ysengrin comme on appellerait un meunier dont l'oreille ne peut saisir les paroles prononcées à cause du fracas de la meule. Le chœur siffle et l'écho lui répond en sifflant sur toute la surface de l'église, jusqu'au mur qui en fait le tour. Leurs plaintes sont comme celles du vent, quand il se déchaîne sur un champ de roseaux aux cris stridents. Maintenant le loup craint d'avoir été trahi par une ruse du goupil ; il croit que trois cents Gérard soufflent dans l'église, et que leur souffle va emporter le couvent. Il redoute de ne pouvoir résister debout à tous ces souffles, car il se souvient qu'un seul, jadis, l'avait d'un souffle étendu mort. Les lampes s'éteignent, subitement atteintes par le vent. C'est la panique, certains voient là un geste du ciel. On entonne à toute allure le Te Deum, une énorme cloche se met aussitôt à bourdonner, et une seconde, plus puissante, retentit comme le tonnerre[25]. Ces signes terrifient le vieux loup. Puisqu'une seule petite cloche avait coutume de tinter pour annoncer les repas, il se figure que si deux grandes produisent ce bruit de tonnerre, c'est — sauf un hasard — qu'un petit repas demande une petite cloche, et qu'un repas plus copieux en exige deux grosses.

Alors les frères se précipitent ici et là, au milieu des chandeliers et des hauts bancs, en brandissant des livres, des vases sacrés et des croix. (Parmi les plus jeunes, sept se cachent derrière les tapisseries, douze se dissimulent derrière les rideaux et huit dans les coffres.) Ils se sauvent sous les bancs derrière l'autel, se dispersent sous les pupitres. L'un imprime ses lèvres sur son capuchon, l'autre sur sa main, un autre ne peut rester maître du rire qui va lui fendre le ventre, et quinze, puis vingt-sept d'entre eux éclatent de rire.

L'abbé[26], qui sentait son estomac lui remonter dans la gorge, assistait à la scène. C'était lui aussi un loup, qui ne savait boire que du falerne de cinq ans d'âge, qui donnait peu aux autres et dévorait beaucoup lui-même. Il portait un embonpoint aussi lourd que six meules, et il devait être un jour une grande ressource pour les vers. Trois souffles de son haleine eussent amolli et rendu gras des biscuits écossais[27] (tant il était maigre lui-même!), comme si on les avait jetés dans un chaudron gras : tel était l'effet de l'abondante graisse de l'abbé. Comme ils étaient légers et parfumés, les rots de cet abbé, presque ivre et rassasié le matin de la nourriture de la veille! Une seule nuit de sommeil ne lui suffisait pas pour cuver son vin, même au matin du solstice d'hiver. Qui aurait su cacher dans son vaste ventre tant de biens, et quel frère aurait su ainsi poivrer des œufs pour les siens ? Sage comme un bouc, la voix claire comme un héron, il tient des propos qui sonnent gras comme s'ils sortaient du gosier d'un lépreux. Ponctuant de crachats des mots estropiés, il parle mi-sifflant, mi-grondant : « Ami Ysengrin, chante, je t'ordonne de chanter ! » Enfin, je pense que c'est là ce qu'il aurait dit, s'il avait pu. En entendant sa voix stridente, les moines s'apaisèrent : « Viens chanter, frère, c'est ton tour ! »

L'habitant des bois, qui ne savait pas encore ce que c'était que chanter, répondit à ses frères d'une voix irritée : « C'est pour cela et pour rien d'autre que vous avez soufflé avec une telle violence ? Hélas ! Personne ne pouvait-il me dire "chante !" ? Je vois maintenant qu'on nous supprime le déjeuner promis, mais on m'ordonne de courir chanter, quoi qu'il en soit ! Si chanter, c'est au moins boire, nous supporterons la suppression du déjeuner. Si c'est autre chose, je vais boire. La faim chante faux, la soif est une cruelle brûlure, mais un froc bien rempli emporte l'âme au ciel. »

L'abbé, bienveillant, ordonna de le conduire à la cave. Ysengrin s'arrêta devant la porte, et permit à son guide de se retirer. L'échanson pénètre seul dans le cellier, retire leurs bondes aux tonneaux pour que chacun livre son contenu, et il les goûte tous. Mais il ne prend pas soin de refermer tous ceux auxquels il a goûté, tant il est avide de goûter. Et il se dit : « Selon le conseil de l'Ecriture, goûte tout, voilà ce qui est écrit, et garde le bon ! Le pauvre avare se prive toujours des biens qu'il a en abondance. Pour qui garder ce vin ? Fais en sorte pour une fois de le boire toi-même ! »

Le retard du buveur parut long aux frères qui continuaient de chanter. Celui qui avait guidé Ysengrin part avec ordre de le ramener. Il le trouve, nageant dans le vin jusqu'au cou, et il lui dit : « Frère, tu prends un bon bain ! Crois-moi, voici une tête qui sera coffrée demain[28], mais avant, il faudra que nous te savonnions le dos dehors ! Tu t'es montré trop généreux échanson la première nuit, un autre devra te remplacer dans ta charge. Une coupe plus petite ne peut-elle donc apaiser ta soif? Mieux vaut peu mais souvent que trop en une seule fois! »

L'ivrogne lui répond : « Pourquoi devrais-je entrer dans ton coffre, fol enfroqué, à moins que peut-être il n'y ait une brebis dedans? Pourquoi jugerais-je bon d'entrer dans ce coffre sinon pour des brebis? Cet endroit est plus spacieux que quatre coffres, ne suis-je pas dans un lieu capable de contenir et ma tête et mon dos? Pourquoi me couper en deux? Je veux rester entier! Comme les frères sont prompts à s'irriter de mon attachement à la règle, comme ils s'affectent vite de ma présence, parce que je suis régulier! J'ignore si tu viens me chasser sur un ordre ou soudoyé, pour atténuer par ton intervention votre faute à tous. Celui qui commande et achète un crime est aussi responsable que celui qui l'exécute. Une tête criminelle rend la main impure. Rapporte à ceux que j'ai déçus que je vis comme eux. Je ne suis pas aussi naïf que vous le pensez. La règle exige, si je ne me trompe, et toute infraction est une faute, que la liqueur de Bacchus nous monte jusqu'au milieu du gosier[29]. Cette loi est observée par toutes sortes de capuchons et de frocs : les frères boivent beaucoup et l'abbé boit à lui seul plus que trois frères. Déplaît-il à l'abbé que je rivalise de bonnes mœurs avec lui? Quel tort fais-je à ce fou en suivant son exemple? Je ne me plains pas qu'il soit membre de mon ordre, pourquoi condamne-t-il chez moi ce qu'il fait lui-même? Il n'y a rien de pire : une foule de scélérats loue chez elle et réprimande chez moi son propre exemple! Personne ne doit mépriser qui partage sa condition, et nous appartenons au même ordre. De même que notre abbé glouton et ivrogne est à la tête de nos frères par l'excellence de son titre, de même il est leur supérieur dans l'ordre de la bedaine. Mais l'abbé ne supporte pas que je l'imite. Puisqu'on m'interdit de suivre, je m'efforcerai donc de marcher en tête. Je dépasserai par mon mérite et l'abbé et les frères, s'il est possible que celui qui dévore le plus soit le plus saint. Tu me dis que j'aurais pu user du vin avec plus de mesure. Tu ignores ce qui restera quand je serai rassasié. Tu vas trop vite : quand, ma soif apaisée, je partirai, accuse-moi si tu vois subsister quelque chose.

Tu supporterais mal que l'on ait perdu du vin, tu en vois plein devant toi, et tu deviens fou ? Je pourrais manger et boire avec mes frères, tu n'as qu'à nous donner à manger chaque jour autant de brebis que nous l'avions décidé. Mais tant que je pourrai lécher la moindre goutte au moindre trou, c'est ici que je vivrai nuit et jour. »

Le messager revint et raconte tout à l'abbé et aux frères : on en aurait difficilement trouvé un seul pour approuver ce qui s'était passé. Ils jurent unanimement de chasser le malheureux frère, s'arment de tout ce qu'ils peuvent trouver, et pour éviter tout retard, ils prennent ce qui leur tombe d'abord sous la main. L'un saisit une tête de cheval, l'autre, dit-on, attrape un pot plein de foin, dans lequel l'abbé avait coutume de se moucher ; il y avait une demi-cloche, dite du jeudi[30] : un troisième réclame cette moitié de cloche fêlée. Un autre se munit du tiers d'une vieille charrette. Quant à l'abbé, il brandit un gros moulin à moutarde. Confiants en ces armes et en d'autres, ils forcent la porte derrière laquelle notre frère, bien tranquille, buvait toujours. Alors que le moine pensait n'avoir mérité que des remerciements, la foule hostile l'accable de menaces : « Ici, insensé, dehors ! Insatiable Satan, viens vite avec nous, sinon tu ne vas pas peu boire ! »

Quand Ysengrin voit et entend leur fureur guerrière, son vœu n'est pas de rester longtemps moine en ce couvent. Le mur, épais et solidement construit, lui déplaît : il en maudit et les pierres et le maçon. Puis il s'avance, simulant l'audace, pour que l'on ne pense pas qu'il a peur. De près il remarque les armes des frères : « Imbéciles de frères », dit-il, « où allez-vous porter ces étendards ? Quel peuple d'idiots jugerait bon de les suivre ? Car ce ne sont pas les étendards réguliers et ils ne leur ressemblent pas, vous auriez mieux fait de les laisser cachés chez vous. Sans moi, vous avez été incapables de prendre une décision sensée. Pourquoi ne serais-je pas aujourd'hui aussi sage qu'hier ? Que vos malheureux étendards retournent chez eux, je vais vous expliquer mon idée. Choisissons dans l'assemblée de notre ordre de nombreux évêques, dont la vie soit louée de tous et qui prouvent de quel amour ils protègent les brebis, et combien ils redoutent Dieu par pure piété. Les biens du peuple, les biens du clergé, les biens des couvents, qu'ils décident de tout dépenser très librement, par la violence, la prière, les procès, la magnificence, la ruse, les menaces et tous les moyens condamnés par notre ordre, la tradition et la mesure. Les évêques choisis dans le clergé séculier appliquent en partie cette règle et continuent en partie à observer celle qu'ils ont apprise. Ils ne gobent pas tout, mais boivent, la gueule modérément ouverte, et laissent de leur proie plus qu'ils n'en prennent. C'est pourquoi il faut qu'une part avisée du clergé choisisse de saints moines, dont la règle est de ne rien laisser, qui volent d'abord, puis grattent le plat, puis le lèchent. En vérité, toute la règle des vertus est entre leurs mains[31].

Quant à moi, j'espère être nommé évêque au nom de ces mêmes mœurs : je proclame mon zèle, je dévore, je pille, j'ouvre une gueule béante. Par une seule action méritoire, en vidant tous les tonneaux et en répandant leur vin, j'ai fait plus que je n'aurais fait en d'innombrables jours. La rumeur publique court vite et loin, chaque fois qu'un sujet important la déchaîne. C'est pourquoi j'ai voulu accomplir une action d'éclat, dans le désir de faire rapidement connaître ma voracité, afin que, si un évêque était par hasard chassé pour avoir pris avec modération, je sois, moi qui suis compétent, appelé à le remplacer. Si vous avez encore quelque sagesse, vous louerez ma conduite, et vous reconnaîtrez que j'ai pris pour mes frères comme pour moi-même d'honnêtes décisions. Mais si un préjudice avantageux éveille en vous une vaine colère, voyez là le résultat pardonnable de ma bonne volonté. Dorénavant, je ne perdrai que ce que je pourrai perdre, bien qu'il soit défendu de se repentir d'une bonne action. On peut dire que vous êtes pires que la foule des laïcs, si vous me faites payer ma première faute, celle qui ne compte pas. Car le vilain, pourtant pire que le diable, pardonne la faute unique, soyez des juges cléments, je vous en supplie. Mais, quelle que soit votre décision, je ne veux pas être chassé, que l'on me mette au moins là où je ne saurais rien désirer, confiez-moi la direction de l'infirmerie, même si elle ne s'accorde pas avec mes projets[32]. En effet, quand j'aurai cessé mes rapines et qu'un serviteur me donnera à manger dans un petit plat, alors je perdrai tout espoir d'obtenir la charge épiscopale, qui était pour moi une proie certaine et que méritait ma voracité. »

Alors un rouquin[33] du mauvais camp, plus perfide qu'un Anglais coué, s'écrie joyeusement en réponse à ses conseils : « Dehors, frère ! Le moment souhaité est tout proche ! L'heure bienheureuse que tu espères est arrivée ! L'heure bienheureuse est arrivée où tu vas être consacré évêque[34]. Voici venu ce jour de fête pour nous et pour toi, voici réunis tous tes frères pleins d'amour qui vont avec ces étendards te conduire au sacrement. » Parmi tous les frères, on en appelle aussitôt un, digne d'oindre l'évêque, et il arrive prestement. Le sacristain apporte une petite boîte à encens pleine de puces, dont il emplit les oreilles de notre digne frère. « J'asperge cette tête, » dit-il, « de semence d'huile d'olive consacrée, car l'huile m'a manqué pour oindre ces tempes sacrées. Mais la semence est plus sainte, la vie réside en elle, la force passe au cerveau par un saut sanctificateur. Qu'on apporte la tiare, pour que la bénédiction ne tombe pas de sa tête ! »

Un frère arrive, portant le pot de terre plein de foin, qu'il vide de son contenu avant de frapper l'évêque au front avec l'objet rond et recourbé. « Prends, » dit-il, « mon bon père ! Car c'est l'évêque d'Artois[35] qui t'envoie cette tiare. » (Le ventre creux du pot émet alors un gros bourdonnement et celui qui frappait le loup déclare :) « J'ai posé cette mitre en d'heureuses circonstances, puisque voici déjà un présage que nous donne l'évêque : vous n'en pouvez douter, le bandeau a résonné en touchant son chef sacré. » Il frappe de nouveau l'évêque à la tête : au premier coup le pot avait résonné, au second coup il se casse et se brise en trente-deux morceaux, dont une quinzaine restent incrustés comme un seul tesson dans le crâne du prélat. Le bourreau malicieux dit alors d'une voix moqueuse : « Regardez ici, mes frères, comme cette mitre est bien mise ! Jamais aucune mitre n'a été mieux mise sans ruban ! Maintenant qu'on aille chercher le pallium, la tiare est bien attachée. » Celui qui portait la charrette s'écrie : « Voici le pallium, je crois. » Et il entoure d'un triple et quadruple collier le cou de son évêque.

Le pieux abbé avait là prudemment abrité son dos sous une meule : « Accepte mes présents avec reconnaissance, » dit-il, « ce que je te donne est un gâteau (crois-moi, c'est le nom qu'emploie le langage populaire)[36]. Prends, je te fais ce cadeau de bon cœur ! » Sans perdre un instant, celui qui portait la demi-cloche s'élance, et le consacre évêque mieux que tous les autres. Par dix fois, sous dix coups, notre prêtre tombe à terre. A chaque fois il se relève, mais la onzième fois il reste étendu. Alors le sauvage qui venait de le consacrer poursuivit les plaisanteries que lui inspirait sa méchanceté, en se moquant de lui d'une voix enjouée : « Comme tu as l'air malade, à moins que ce ne soit une feinte ! Tu as besoin d'être nommé chef de l'infirmerie. Voici donc une cloche pour appeler à table les frères malades, suspends-la au milieu de notre maison. »

A peine le malheureux prêtre voudrait-il reprendre haleine, que le cruel qui porte la tête de cheval s'approche de lui et lui donne ce conseil : « Si tu es sage, Ysengrin, garde-toi de te fier à ces menteurs, ils ne t'ont pas bien conseillé. Tes mérites et ta gloire sont tels que tu peux et que tu dois être évêque, mais tu ne sembles pas encore connaître ta fonction. Cependant l'aspect de ta narine droite montre que tu sais jouer de la gigue[37], remplis ton office : je te donne cette gigue, elle est aussi commune qu'un poireau et aussi cagneuse que maître Blitero, prends, regarde[38] ! Quand un ami réalise pour vous un souhait très désiré, son modeste présent mérite une grande reconnaissance. On te donne cette gigue pour rien, prends ! » Et il ne prononça pas un seul mot qui ne fût accompagné d'un coup.

Notre évêque, très attentif à ces propos mais insouciant des coups, traverse leurs rangs et se sauve aussi vite qu'un coq sur des charbons ardents. Comme un méchant cuisinier rappelait Ysengrin, qui ne voulait pas l'attendre, il saisit, dit-on, une broche rougie au feu. « Frère, frère », dit-il « pense à attendre un instant ! Où veux-tu aller ? Tu oublies ton archet ! Prends ! Que ferais-tu sans archet ? Et tout en parlant, il lui pique le cou et les épaules avec le fer incandescent. Tu ne sais pas encore bien jouer de la gigue, » ajouta-t-il, « puisque tu prends les cordes sans leur archet. Dès que tu voudras jouer, ne rougirais-tu pas devant tout le monde de ne pas avoir ton archet ? »

Leurs dons stimulent son zèle : il erre terrifié dans des lieux familiers comme s'il se trouvait en terre étrangère. Et il ne retrouva pas ses esprits avant d'arriver à l'endroit où son épouse était coincée, prisonnière jusqu'au milieu du corps. Il dégagea la malheureuse : ils se racontent les crimes de Renard, et jurent, chacun à son tour, de les lui faire expier par une mort affreuse. Tant d'offenses, cependant, furent, dit-on, rachetées par un jambon. (Renard sait en effet où et comment il fut partagé.)

Le goupil rougit d'entendre dire qu'il avait pu si souvent se laisser attraper, tantôt par le coq, tantôt par un tour du loup. L'ours s'en était aperçu et il fit brusquement taire le sanglier, dont la voix était prête à s'élever et qui allait lire la suite.

Bruno avait terminé et un murmure d'approbation répondit de tous côtés au poème. Le roi ordonne alors allègrement de passer à table et de s'amuser.

Pendant ce temps, dans la campagne, le pauvre Ysengrin s'était pauvrement amusé et avait avalé des plats plutôt indigestes. Il est presque écorché jusqu'à la moelle des os quand il quitte le palais et rentre chez lui. Mais il aperçoit Corvigarus, le cheval, un gros hongre vigoureux, qui mangeait immobile sur la rive d'un marais. Il s'était peu auparavant arrêté dans l'eau du marais pour dîner, et l'eau montait jusqu'au milieu de sa robe. Une cigogne qui pêchait près de là vit que, si le cheval lui écrasait les pattes, elles ne pèseraient pas lourd sous son sabot. Elle ne pouvait pas grand-chose, mais voulait qu'on le croie, car avec d'habiles menaces, la force simulée repousse la force véritable. « Frère Corvigarus, » dit-elle, « nous sommes ici sur une herbe épaisse, et nos yeux ne peuvent surveiller nos pieds. Il y a un gouffre invisible, que chacun fasse donc attention à ses pieds, vois comme je prends garde aux miens. Je crains de te marcher sur les talons, et que tu ne te casses quelque membre, fais attention à toi ! Si quelqu'un souhaite perdre pied, qu'il sache que ces bas-fonds sont conformes à ses vœux ! Tu t'es donc approché sous mes yeux de cet endroit mortel, je t'en félicite, j'espère qu'il est encore temps pour toi de t'éloigner, en toute sécurité. Si tu m'avais suivie, je t'assure qu'aucune bonne fortune n'aurait pu te rendre sain et sauf à ton champ. Pense à fuir tant que tu peux bondir et t'en aller d'ici indemne, en m'ôtant toute responsabilité ! (Car mes serres sont celles de Satan[39] !) Si je t'arrache les hanches ou les épaules sans y prendre garde, qu'en retires-tu, sinon des dommages et que me fais-tu, sinon de la peine ? Je regretterai de n'avoir pu te garder sain et sauf, comme je le voudrais, plutôt que de t'avoir privé de tes membres en te laissant approcher. » Elle frappe alors violemment de ses ailes les roseaux humides, et arrose la robe du cheval d'une abondante pluie. L'animal est pris de peur, et la cigogne n'a à craindre de lui rien de pire que ce qu'il redoute pour lui-même. Un bond rapide l'emporte bientôt sur la terre ferme, il pète, se roule à terre, mange, court çà et là, et manifeste furieusement sa joie de mille manières.

Quand le loup l'aperçoit, il oublie ses blessures et pense qu'il tient là une bonne affaire, plus précieuse que sa propre peau. Il commence à tout pardonner à la fortune, et bénit le moment où il est entré à la cour et celui où il en est sorti. Il ne voudrait pas, pour huit peaux comme celle qu'il a perdue, avoir quitté plus tard ou plus tôt le palais du roi. C'eût été une pareille malchance de ne pas trouver le cheval, déjà rentré, comme de passer avant son arrivée. Corvigarus ne pense pas qu'il lui faille s'effrayer de ce qu'il voit, car il était de force à affronter son adversaire seul à seul. Mais il allait vaincre le loup par la ruse, lui qui avait plié devant l'habileté de la cigogne. Car si rusé que l'on soit, on ne connaît jamais tous les tours qui existent. Il lui dit alors, comme s'il compatissait : « Seigneur Ysengrin, qu'y a-t-il ? N'appartenais-tu pas à l'ordre encapuchonné ? Quel fou de brigand t'a arraché ton capuchon ? Et il te l'a enlevé très profondément ! »

« Corvigarus ! » dit-il, « toi qui m'es cher depuis bien des jours ! Tu me regardes comme si j'étais blessé et tu t'affliges. Si tu ne m'aimais pas, mes malheurs ne t'émouvraient point. Mais un grand honneur a compensé ces maux, qui ne sont pas le fait d'une embuscade et de la violence des brigands. Mon sort a été meilleur que tu ne penses. Le sage retire souvent d'un modeste présent, les plus grands profits, et grâce à un modeste présent, un grand bien nous est échu à l'un comme à l'autre.

Je me suis rendu au palais du roi, en tant que messager chargé de régler les nobles affaires de notre couvent. Le roi était malade à ce moment-là et avait besoin de ma peau. Sur sa demande, je l'ai aussitôt ôtée et je la lui ai donnée. Ce ne fut pas difficile, je l'aurais donnée sans en recevoir l'ordre, et toute la cour me la réclamait en même temps que notre grand roi ! La vérité est que je savais que tu m'attendais ici, prêt à me donner la tienne de ton plein gré, comme tu me l'avais souvent proposé. Mais l'occasion de me la donner t'avait manqué, et tu t'en affligeais. Aujourd'hui le moment est venu de réaliser ton désir : enlève ta peau. Quand la mienne aura repoussé, je te rendrai celle que tu préféreras. Que ce choix soit la récompense de ton présent ! Et avec ta chair, car même alors tu resteras suffisamment gras et gros, offre-moi un petit dîner. Je ne le réclame pas pour moi, c'est toi qui profiteras de cette diminution de poids pour courir plus vite, car maintenant tu as peine à remuer les membres. Je ne voudrais pas t'enlever les côtes ou les os, je réclame seulement un petit morceau de peau près de tes grosses fesses. L'herbe te fait de la chair, laisse-moi manger à ma faim, un petit bouquet d'herbes te rendra le morceau enlevé. Tu me donneras ce que je réclame, je n'en doute pas, et un long discours est importun quand on est avide de donner. Je ne dis pas non plus que j'aurais choisi le premier venu pour un tel honneur, et je ne parle pas des remerciements que le roi, qui m'a payé le prix de ma peau, a par écrit réservés à celui qui me donnerait la sienne, tandis qu'une mort sans condition attend celui qui me la refuserait. »

Ce menteur de Corvigarus répondit : « Tu me demandes ma peau et de la nourriture. Ces choses-là, des amis n'ont pas à les réclamer longtemps. Il n'est pas nécessaire de tirer avec une corde celui qui vient de son propre mouvement, je déplore seulement d'être indigne d'un si grand honneur. Mais il ne faut rien faire sans réfléchir prudemment : ici tu peux t'attendre à voir de tous côtés surgir une meute, et je n'oserais pas me rendre en toute confiance dans les bois sous ta conduite, pour que tu y puisses manger à l'abri de l'ennemi. On t'a pris ton capuchon et la tonsure a beaucoup repoussé, aucun signe extérieur ne montre que tu as été frère. Baisse-toi pour que je te coupe les poils, je vais rafraîchir ta tonsure, afin que tu puisses m'emmener et me conduire dans les bois en toute sécurité. J'ignore si tu le sais, je tonds les frères en particulier, mais j'ai honte d'accomplir publiquement cette tâche de pauvre[40]. Je porte mes rasoirs attachés sur mes talons. »

Le loup lui répond : « Fredaines! Ne me mens pas! A chaque fois que ses rasoirs commencent à s'émousser, le bon barbier les affûte en les frottant sur du cuir. Tu n'as aucune courroie sur toi, montre-la, si tu en as une! » Corvigarus exhibe son sexe et déclare : « Vois! Cette courroie a aiguisé mes rasoirs, et ils coupent bien, regarde! », et il lui montre ses sabots ferrés. Quand l'hôte aperçoit les spirales de fer sur les talons de Corvigarus, la honte l'empêche de tout répéter encore une fois. Il décide de tromper le cheval par une ruse facile : « Corvigarus, crois-tu les loups si ignorants? Tu t'es fait coudre avec une alène des semelles en fer dur, car tu veux comme moi faire un pèlerinage lointain. Ce que tu prétends être une courroie est en réalité ton bâton pour la route, mais aucun de tes tours ne peut me tromper. Tu me montres quelque chose de dur et une courroie est quelque chose de mou. Je vois que c'est le bâton de ton vœu, le fer est parti, j'aperçois un trou vide, il avait été ferré ; accomplis ton vœu, malheureux ! Ma tonsure est assez rasée, allons avec assurance là où tu voudras, je serai un guide fidèle. »

Le cheval réplique : « Je ne plaisante pas, tu as en face de toi une courroie et, si tu le veux, un barbier et des rasoirs pour ton crâne. Et comme mon cuir est plus épais que celui des frères, je passe pour être d'autant plus habile qu'eux à remplir cet office. »

Comme le vieux loup n'avait tiré aucun profit de ces paroles, il camoufle ses propos sous un autre stratagème : « Malheureux Corvigarus, tu prétends que ce sont des rasoirs, Satan quatre et quinze fois excommunié ? Seize prêtres ont voué ta tête aux lampes et aux aubes de l'enfer, avec celle des sacrilèges[41] ! Tu as arraché tous leurs anneaux à nos portes, je vais t'accuser de ce crime, voici la preuve de ton vol ! »

Le barbier lui répond : « Epargne le coupable, seigneur abbé ! Pourquoi te hérisses-tu de colère ? Tu es moine, que ta main regarde à lever le fouet ! Celui qui peut être malheureux tourmente peu les malheureux, celui qui veut qu'on l'épargne épargne lui-même les coupables. Tous, nous avons déjà fait ou nous pouvons faire un faux pas. Que chacun, quand il accuse, pense à lui-même ! J'ai péché, je m'en repens, je ne nie pas être coupable et je ne me justifie pas, arrache-moi le fruit de mon vol ! Viens ici, près de moi, j'ai vieilli et j'approche de la tombe : je crains de mourir excommunié et déshonoré. Je t'abandonne mes pieds. » Il lève le talon, regarde de côté et suppute à l'avance le moment où il pourra frapper.

Ysengrin pense qu'avec le pied pris, le cheval sera facile à attraper. Il s'approche aussitôt en se disant tout joyeux : « Trois pieds soutiennent mal un plancher carré, et un char n'est pas d'aplomb sur trois roues. »

Quand Ysengrin a pris la position idéale pour le coup, Corvigarus avance le pied et le frappe. Si c'était possible, il le frapperait partout : mais le coup qu'il lui porte au milieu du crâne atteint Ysengrin entre les oreilles, le renverse et l'envoie au loin, comme une meule catapultée sur de hautes murailles. Ses oreilles, sa bouche, ses yeux refusent d'accomplir leur office. Le sabot revient vers le cheval, mais le fer reste sur le front d'Ysengrin. Les clous pénètrent dans l'os, le fer demeure accroché, et il ne pourrait traverser la peau qui le recouvre, à moins qu'on ne le projette de quelque manière dans les airs. Il avait imprimé sa forme dans l'os défoncé, et comme la peau arrachée s'était refermée sur le fer, l'œil percevait à peine l'endroit de la blessure.

Corvigarus, voyant que le fer avait heureusement frappé le moine, plaisante joyeusement d'une voix douce : « Tu n'as qu'un seul anneau, mon frère, offre-le aux moines. Examine toutes les portes pour voir s'il vous appartient. S'il a été ôté à l'une d'elles, reviens dans ma prairie, je mettrai ses compagnons à l'endroit où celui-ci est maintenant fixé. Lève-toi, qu'attends-tu ? » (Le loup gisait en effet immobile.) « L'anneau est sur ta tête, tâte, il est accroché là. Tu trouveras sur ton front ce que tu cherches dans l'herbe. Prends garde à ce qu'il ne tombe pas quand tu marcheras, il est encore accroché. Pardonne-moi, je n'ai pu le fixer plus solidement, va, porte notre salut à tes frères ! »

Finalement le malheureux, remuant peu à peu les membres, tente de se traîner en poussant de fréquents gémissements. « Allons, cher compagnon, à Rome maintenant ! Fais lire au pape le sceau qui est fixé sur ton front, et dis-lui que c'est Corvigarus l'ermite, celui qui se nourrit d'herbes, qui te l'a donné quand tu te rendais à Rome. Tu seras en sécurité, les évêques et le pape me respectent, par égard pour mon nom et ma règle de vie : je m'appelle Corvigarus, aucun pape ne porte ce nom. Quel pape mange de l'herbe ? Or l'herbe est ma nourriture. Le pape est plus puissant que moi, mais grâce à l'autorité de son siège sacré. Moi, c'est par ma vie et mon nom que j'ai mérité d'être le premier. Cela, nos sceaux le montrent, puisque ceux du pape sont en plomb, ceux des évêques en cire et les miens en fer[42]. De même que le plomb est moins dur que le fer et la cire moins dure que le plomb, de même l'évêque est moins que le pape et le pape moins que moi. Donc dès que le pape aura regardé le sceau de Corvigarus, rends-le aussitôt à ton couvent ! »

Livre VI

Ce récit achevé, la cour se dispersa, heureuse de la guérison du monarque, et chacun retourna à ses affaires. Renard vint à passer à l'endroit où se trouvait Ysengrin, peu joyeux d'avoir perdu sa peau et le crâne fracassé. Si les mouches, par pure charité, étaient prêtes à rendre au malade de trop fréquentes visites[1], lui les priait de s'en aller à coups de mâchoires. On entendait de loin ses dents s'entrechoquer, comme si l'on frappait sans cesse deux peignes à carder l'un contre l'autre. En entendant ces chocs, Renard crie d'une voix forte : « Quel compagnon coupe ici les arbres du roi ? Qui es-tu, maître bûcheron, qui abats ainsi les chênes du roi, sans m'en avoir auparavant demandé l'autorisation ? Penses-tu, insensé, que la forêt soit dépourvue de gardien, alors qu'elle a été confiée à ma protection ? »

Ysengrin continuait à claquer des dents, tout hérissé, mais Renard ajouta : « Qui coupe encore le bois réservé à mon seigneur ? Qui que tu sois, tu finiras bien par laisser là ta hache, si tu ne t'arrêtes pas et si je suis vraiment le garde forestier du roi, comme je le pense[2] ! Puisque les vilains ont le droit de défricher leurs saussaies pourquoi ne peuvent-ils laisser tranquille la forêt royale ? Prends garde à ne pas casser dorénavant la moindre branche, si tu as envie que ta hache rentre avec toi saine et sauve ! »

Il gronde ainsi de colère, jusqu'au moment où il s'arrête près d'Ysengrin : « Toi, ici, mon doux oncle ? » dit-il, « je pensais que quelqu'un était venu couper du bois. Pardonne-moi, j'ai prononcé sans le savoir des paroles blessantes ! » Ysengrin était encore incapable de se relever, mais il se disposait à accomplir par la ruse ce qu'il ne pouvait faire par la force. « Viens ici, mon parent ! Tu gardes la forêt au nom du roi, mais tu es de mon sang, ne crains rien, viens ! Je te pardonne la perte de ma peau, il te fallait servir le souverain, c'est au roi et non à toi que je garderais rancune. Je coupe ici du bois, ôte sa hache au bûcheron, de peur que le roi, irrité, n'aille confier ta charge à un autre ! »

« Je ne puis m'approcher de toi, mon doux oncle, tant je suis malheureux, que tu aies perdu ta pelisse. Pourquoi es-tu parti sans ta peau, quand tu avais l'appui de tant d'amis ? En effet, tous mes amis n'étaient-ils pas les tiens ? C'est ce sale Joseph qui t'a fait cela, fais-lui payer sans pitié. Maintenant il se rengorge de fierté, à cause de ses douze rejetons. Si tu as encore quelque force, viens avec moi. Qu'il se livre avec les siens pour prix de ta peau. N'aie pas peur des ténèbres, tu as la lune sur la tête, elle marchera devant nous et nous ouvrira le bon chemin. Avec trois jours de plus, ce serait maintenant la pleine lune, à moins que trois jours ne se soient écoulés depuis le moment où elle a été pleine. »

A ces mots, le loup sent ses forces ressusciter, il se lève, pardonne au goupil, lui répond gentiment, et lui découvre dans l'ordre des faits, toute la ruse de Corvigarus. Il arrive bientôt à la bergerie de Joseph qui ne craignait rien. (A la cour du roi, le goupil avait informé le bélier du tour qu'il pouvait jouer au loup.)

« Mon oncle, pas de menaces ! Commence par les flatter un peu ! Celui qui simule la paix frappe plus sûrement du glaive. Pour éviter une fuite soudaine, salue le père et les fils ! »

« La paix soit sur vous, mes frères ! Voici ce bon hôte dont vous avez tant de fois souhaité la venue, le voici, approchez et réjouissez-vous ! »

« Qui vient maintenant proclamer la paix ? Cette paix, puisse en être privé celui qui aurait dû fermer l'enclos, et qui ne l'a pas fait ! Je ne pense pas avoir besoin d'une proclamation de paix : j'habite la campagne, devrais-je payer l'impôt des forêts ? Que le héraut de ce traité s'en aille d'ici ! »

« Voici des propos, mon frère, qui semblent m'être subrepticement adressés ! »

« A toi seigneur, je ne dirai rien que d'honnête ! Mais un étranger pas très bien intentionné aurait pu sauter en cachette dans nos enclos ! »

« L'ami, qu'en penses-tu ? Aurait-il été possible qu'un hôte plus étranger et plus hostile que moi pénètre chez toi ? »

« Oui, mon cher père, si tu ne souhaites pas te conduire envers moi plus mal que ton père ne se conduisit jadis envers le mien. »

« Je ne serai ni meilleur, ni pire. Si tu supportes aimablement mon attitude, quelle qu'elle soit, tu sauras bien supporter la plaisanterie. Tu vas me payer maintenant pour tous les arpents que je t'ai mesurés : il me faut ces douze-là pour les intérêts, et c'est toi que je réclame pour le capital. Ouvre ta bourse et rends-moi donc toutes mes oboles ! »

« Je préférerais être la nourriture d'un vilain plutôt que la tienne ? Puisse-t-il m'arriver rien de plus affligeant, ni à moi, ni à mes agneaux ! J'osais à peine penser que Dieu consentirait à m'accorder une telle faveur ! Si seulement tu pouvais me manger tout entier ! Mais l'approche de l'aurore fait rougir le ciel. Ici tu devras affronter à l'aube hommes et chiens, et si nous gagnons les bois, c'est ta propre famille qui te fera tort. Il faut recourir à une nouvelle tactique ; car je souhaite que tu ne perdes rien de ma personne. Fais ce que je te dis, si tu es sage : assieds-toi à terre et adosse-toi à la porte, enfonce bien tes pattes dans un trou et fiche-les dans le sol, tends ensuite vers moi tout l'abîme de ton gosier. Vois comme tu peux ouvrir largement la gueule ! La rumeur publique raconte partout que tu vaux bien Bernard, pour ce qui est d'ouvrir la gueule[3] ! Nous allons voir maintenant si tu sais bien le faire. D'un grand bond, je passerai tout entier dans ton ventre, jamais la Fortune ne t'a accordé une telle bouchée ! Je n'ai qu'une peur : faire le tour de plusieurs estomacs ! Si tu sais ouvrir la gueule, je t'en conjure, ouvre-la une seule fois ! Si tu l'ouvres bien pour m'accueillir au fond de ton ventre, nous tirerons tous deux profit du conseil que je te donne. Car je n'aurai plus alors à m'inquiéter : là je rangerai tes restes, et je remplirai toutes les chambres de ton ventre. »

Le loup enfonce ses pattes dans des trous, s'adosse à la porte et ouvre une gueule plus large qu'un four. Si le bélier s'était précipité dans sa gueule en prenant son élan droit devant lui, il serait entré dans son gosier jusqu'au milieu du ventre. Il charge donc l'ennemi toutes cornes hautes : deux cornes transpercèrent la lèvre supérieure, deux le creux des narines, deux le front, deux le palais. Le vieux loup perd l'usage de ses sens en même temps que sa place.

Joseph alors de se plaindre : « Seigneur Ysengrin, je t'avais demandé de te tenir solidement sur tes pattes, et tu t'effondres aussi vite ? Tu tombes, tu chancelles, reste donc bien campé sur tes pattes ! Le repas est servi, mange tranquillement, vois, c'est l'aube ! Autrefois, un hors-d'œuvre de six brebis te mettait en appétit et tu avais encore plus de la moitié du ventre vide. Aujourd'hui, à peine as-tu goûté à une seule, que te voilà parti épuisé, en laissant plus de la moitié de ma personne. Maintenant, tu te sauves au moment du premier service. Je ne sais pas si la nourriture te dégoûte ou si tu es rassasié. Voici le goût qu'a la viande de bélier à l'aurore, tu reviendras ce soir, je te ferai connaître le goût qu'elle a aussi à cette heure-là. J'agirai en sorte que l'on écrive dans le monde entier que je sais supporter très aimablement la plaisanterie. Que tu sois rassasié ou dégoûté d'une nourriture insipide, je ne veux pas que tu m'épargnes, je te donne suffisamment et plus, car je serai plus rustre qu'une aile de vieux bousier, si je voulais me montrer pingre pour un si modeste repas. Dis à ton oncle, Renard, de manger copieusement. »

Le goupil était là, en effet, et participait à la fête tant désirée. « Merci, mon frère ! Il est repu, laissons-le dormir. Il n'entend rien, il dort ! »

Sur ces mots, Joseph s'en alla, accompagné de ses agneaux. Quand il en fut enfin capable, le loup rentra aussi chez lui en rampant. Et tant que le malheureux n'eut pas vu repousser sa force et sa peau, il ne s'aventura pas en dehors de sa maison.

Quand le goupil apprend par la voix publique le rétablissement du loup, il est aussi joyeux qu'une chouette noire un jour de grand soleil. Le rusé tend alors un piège capable de réaliser ses souhaits, et comme il se défie de sa force, il entreprend d'agir par la ruse. Pensant qu'il lui serait difficile d'obtenir le pardon de ses anciens crimes, il imagine un partage destiné à nuire au loup. Il ne doute pas que le lion préfère son profit à la justice, et ne suive aisément le mouvement de sa colère. Il sait aussi que le loup est incapable, entre deux maux, de choisir le plus facile à éviter. Souvent le sage endure le mal pour éviter le pire, tandis que les imbéciles, par peur de vains dangers, se précipitent dans de vrais périls.

Affamé, le lion maraudait. Renard le rusé, son hôte, se porte à sa rencontre, se prosterne à terre et lui adresse cette prière : « Sire, majesté, votre vassal Ysengrin insiste pour que vous veniez déjeuner chez lui sans tarder, il vous attend. » Le lion accepte aisément, ils s'en vont, approchent de la demeure d'Ysengrin et trouvent la porte close.

« Mon oncle, n'ai-je pas au moins pour une fois exaucé tes vœux ? Me sera-t-il permis, aujourd'hui au moins, d'avoir mérité tes remerciements ? C'est grâce à moi que cette gloire t'est acquise, mais peut-être as-tu du mal à te réjouir de l'honneur qui t'est fait, tu es toujours si peu sage ! Bondis de joie, pleure, voici ce que tu as souvent réclamé ! Sors pour accueillir avec joie le roi qui arrive ! Voici le roi, il est ton hôte, ton hôte ! Sais-tu maintenant l'affection que je te porte ? Le roi est ton hôte ! Sers donc vite le repas que tu te vantais hier d'offrir au roi, s'il était ton hôte, sa majesté désire faire vite. »

A ces mots, le vieux loup demeure stupéfait, et il sort à toute allure de chez lui, pour voir si c'est Renard qui a prononcé ces paroles ou bien Satan. A la vue du roi, il se met à trembler sans rien dire, déplorant que sa peau arrachée ait repoussé, car il craint de devoir donner une seconde fois le cuir de son dos.

« Mon oncle, le roi vient déjeuner sur ton invitation. Il le fait à ta demande et non pour réclamer tes présents, et toi, tu renies tes promesses? Viens dans les prés avec nous, le roi ne t'a rien promis, mais c'est lui qui t'offrira à manger. J'ai trouvé une génisse : je désirais l'emmener, mais la force m'a manqué, et sa réserve, vois-tu, a empêché le roi d'agir[4]. Tu tiens le milieu entre nous, tu es fort et tu n'es pas réservé. Courons! La prairie est proche du bois; tu raviras la proie, le roi la protégera, moi, je vous l'indiquerai, et sa majesté consentira à ce que nous la partagions. » Le roi ne répond rien aux paroles du goupil, ne voulant pas fabriquer le pont avant d'avoir les chèvres. Mais son intention est tout autre : si la fortune leur livre la génisse, le goupil et le lion ne se demandent pas à qui elle appartiendra!

Ysengrin accepte, ils s'en vont; on trouve la génisse que l'on emmène dans le bois, en la saisissant par les replis de sa peau. Quand ils furent à l'endroit que le roi avait choisi pour le repas, il apparut avec évidence que la sagesse était précieuse. On ordonne à la génisse de tomber à terre — d'un coup de dents et non avec des mots — et elle tombe, sans oser dire en mourant : « Je ne veux pas mourir. » Le roi avait à peine demandé qui partagerait la bête, que ce fou d'Ysengrin déclare : « Je vais la partager. » — Le fou est aussi pressé d'agir qu'il est incapable de le faire habilement, tandis que le sage attend de pouvoir agir sagement.

— « Fais donc les parts qu'il faut, seigneur Ysengrin! »

— « Mon partage sera excellent, roi tout-puissant, ne choisirez-vous pas? » Il saute donc sur la génisse, il la dépèce et fait trois parts de ses membres. Le lion regarde d'un œil noir les parts égales.

— « Ysengrin, à ton avis, cette génisse a-t-elle été joliment partagée? »

— « Sire, elle a été bien et honnêtement partagée, voyez vous-même! »

— « Je m'en vais me rendre compte en peu de mots si elle a été habilement partagée. Si le partage a été bien fait, je ne te parle pas en l'air. A qui revient cette part-ci, la première des trois? »

— « A vous, mon très grand roi. »
— « Et la seconde ? »
— « Sire, je la prends pour moi. » (Le souverain gardait encore son calme, sans exalter sa bile, mais avec peine.)
— « A qui, mon ami, veux-tu que la troisième part revienne ? »
— « A Renard, le goupil. »
La fureur du lion se déchaîne alors tout entière et le roi ne commande pas plus longtemps aux mouvements de son âme. Il arrache au loup sa peau des épaules jusqu'à la queue.
— « Alors quoi, parrain ? le partage était bon ? »
Epouvanté, le loup bondit presqu'en arrière, et s'assoit à l'écart comme une vieille vendeuse de coings. J'ignore s'il oublia sa part, ou si la colère la lui fit juger indigne — si jamais il se souvint de la prendre — mais il la laissa là.
— « Mon oncle, la gloire dont la cour a coutume d'honorer ses compagnons resplendit aujourd'hui d'un éclat manifeste. Tu as d'abord été servi par l'ours, puis à l'instant par le roi, malgré la parcimonie de tes faveurs. Je te félicite de ta fortune, et je te l'envie ! Si vous souffrez que je vous dise la vérité, sire, il a honte d'avoir bénéficié de vos services. Devant les nobles, il ne pouvait pas ôter sans serviteur ses dépouilles de son front blanc. Mais en ce lieu, la fortune n'a conduit que nous trois, et bien que roi, vous êtes ici comme notre frère. Ici, s'il avait su que ses vêtements devaient vous plaire, il les aurait ôtés lui-même, sans attendre votre ordre. »
— « Ton prieur, Renard, voulait me mettre une robe que je n'avais pas intérêt à revêtir. Je m'en suis aperçu malgré tout. S'il en tire quelque profit, qu'il le mette dans sa bourse ! Il m'ordonne d'être l'égal de qui il décide, moi aussi je rends mon jugement, pourquoi pas ? Ici, je ne suis qu'un individu, pourquoi parler de roi ? Un individu est un individu. »
— « Devait-il vous favoriser, docte roi, vous un étranger, au détriment de son parent et de lui-même ? Bref, je ne sais de quel tort vous vous plaignez à grands cris. En fait,

vous pouvez le remercier de ce qui éveille votre colère. Fier de son heureuse fortune, il croit avoir mérité que le roi revête deux fois ses vêtements. Je dirai cependant la vérité : sans votre clémence pour les coupables, il aurait dû expier sa témérité. »

— « Ysengrin partage selon son appétit et choisit selon son bon plaisir. Toi au moins, peux-tu faire le partage ? »

— « Je ne sais pas partager, personne ne se soucie de mes arrangements et j'ai l'habitude de garder pour moi seul tout ce que je trouve. Dans la mesure où je suis concerné, prenez la génisse pour vous seul, je ne veux pas encourir la disgrâce de mon oncle. »

— « Chenapan, je suis roi, je suis né pour punir les voleurs, et tu me suggères de demander pour moi ce qui de droit appartenir à autrui ? Je remplacerais les biens perdus, plutôt que l'on dise de moi que je prends injustement et par la force les biens d'autrui ! Partage, cette proie nous est commune, et je ne réclame rien du tout, sinon ce que tu diras m'appartenir à juste titre. »

— « Mon oncle a commis une faute et estime venu le moment de s'acquitter. Vous m'ordonnez donc de procéder au partage ? Faites ce que vous voulez. Tant que vous ne lui aurez pas pardonné sa mauvaise répartition, je ne partagerai rien du tout. »

— « Je lui accorde la totale rémission de sa faute, je lui fais en même temps grâce de sa peine, et je t'accorde son pardon. Partage comme tu en as envie. »

Alors Renard fit lui aussi trois tas égaux, mais qui n'étaient pas aussi fins les uns que les autres : composée de morceaux gras, dodus, et presque sans os, la première part est de bien meilleure qualité que les deux autres. La seconde part n'est pas aussi grasse, bien qu'elle comprenne beaucoup de viande, et la troisième est pleine d'os avec peu de chair. Il ajoute finalement trois pattes aux lots constitués et met la quatrième à l'écart, loin des parts.

— « Je me demande quelles sont tes intentions, mais tu partages bien ; j'ignore quel propriétaire tu veux attribuer à chaque part. Vas-tu changer quelque chose ? Veux-tu enlever ou bien ajouter quelque chose à une part ? Ou bien seront-elles comme nous les voyons ici ? »

— « Je ne changerai rien du tout, la génisse est partagée une fois pour toutes, choisissez celle des trois parts que vous préférez. »

— « C'est toi qui choisis pour tout, décide à qui chaque part revient ! Mon dessein est de ratifier tous tes propos. »

— « Celle-ci est pour vous. (Il faut en effet que le plus grand goûte au plus délicat.) Elle est pleine de morceaux gras et charnus, c'est elle que je choisis. Nous donnerons la suivante à la reine : il faut prendre soin d'elle, puisqu'elle garde le lit au palais, affaiblie par de récentes couches. Vous avez des petits que la croissance rend voraces et qui ouvrent une large gueule à la vue des repas que vous prenez avec leur mère. S'ils n'ont pas au moins quelque chose à ronger, ni votre part, ni celle de ma suzeraine, ne sont en sécurité. Ils n'ont qu'à exercer leurs dents indomptées sur ces os, et que des mets coriaces dressent leur gueule avide ! »

— « Et qui aura cette patte qui est seule là-bas dans son coin ? »

— « Moi, ou bien ajoutons-la à votre part ! Voici comment j'ai partagé, j'ai pensé que c'était ainsi qu'il fallait attribuer chaque chose. Que ceux qui ont une meilleure idée distribuent mieux ces morceaux ! »

— « La patte doit à bon droit te revenir, prends-la ! Tu sembles dévoué à tes maîtres comme un honnête serviteur. Qui t'a appris à faire de tels partages ? Dis-le-moi, au nom de l'alliance conclue entre nous ! »

— « Celui qui m'a appris la sagesse en cette circonstance et en d'autres, et qui a encore beaucoup à m'apprendre, c'est mon oncle ! »

— « Et pourquoi, n'a-t-il pas employé cette science pour lui-même, quand il partageait ? »

— « Il n'a pas osé à cause des gens de Beauvais[5] ! »

— « Il avait donc mal compris ce qu'il enseignait. Celui qui te donne des leçons et qui en donne aux autres, aurait-il lui-même besoin d'un professeur ? »

— « Pauvre sire, ignorez-vous que la plaie de notre siècle c'est l'indolence ? Souvent, qui est efficace pour les autres ne l'est pas pour lui-même.

Mon oncle, à quoi bon mes remarques continuelles ? Plus je te donne de conseils, plus tu te conduis comme un imbécile impénitent ! En cherchant sottement à prendre les biens d'autrui, on perd les siens, sa propre personne et ce qu'on réclame. Ignores-tu ce que disent les maximes populaires ? Il vaut mieux laisser pourrir les fruits du seigneur que les manger, celui qui tient un vase plein doit le porter horizontalement. Mon oncle, que cet aveu reste entre nous trois : tu as été trop pingre pour la part du roi. Tu aurais dû lécher, quand tu te disposais à mordre ! Le crapaud persévérant pèse et repèse la terre[6]. La cour néglige ceux qui lèchent, mais si on mord, elle mord à son tour, et les grands réclament avec un lourd intérêt ce que la morsure leur a ôté. Sage, tu serais reparti sain et sauf, avec l'amitié du roi, mais comme beaucoup, tu souffres du pire des maux : l'avidité et la sagesse ne peuvent cohabiter, la plus débridée l'emportera sur la plus faible.

Tu garderais les biens d'autrui, toi qui as l'habitude d'épuiser les tiens ? Comment protéger autrui quand on refuse de se protéger soi-même ? Le ventre qui vend le lopin de terre est réduit à la famine, un ventre affamé vend le bien et le mal pour de la nourriture. C'est pourquoi tu réclamais une part pour toi comme pour le roi, et le roi irrité te les a aussitôt enlevées l'une et l'autre. Tu ne peux mettre de frein à ton estomac que s'il est plein, tant qu'il reste quelque chose, tu penses n'avoir touché à rien. Il valait mieux prendre peu que de tout perdre. "Où il y a beaucoup" dit-on, "il est bon de ne prendre que le nécessaire." L'œil est utile à celui que son oreille trahit. Dieu apporte un maigre soutien, cependant il l'apporte toujours. L'église est immense, pourtant le prêtre dit sa messe dans le chœur. L'œil est très avide, mais mieux vaut le peu qui tient sur le plat de la main.

Une brebis tondue vaut mieux qu'une brebis écorchée, laquelle peut encore servir, tandis qu'une brebis perdue est perdue tout entière.

Il te fallait mourir ou accepter la loi du roi. Car il te tient avec tes biens sous un joug tyrannique. Sous le pouvoir royal la justice ne dépend pas de toi, mais elle appartient au roi, tout comme ta reconnaissance, s'il te laisse posséder quelque chose. Si tu as en commun avec lui un bien, qu'il accepte de partager avec toi, donne-lui le meilleur, pour qu'il ne s'acharne pas contre toi et contre tes propriétés.

Ce n'est jamais une infortune pour un malheureux que d'être conscient de sa condition : nous ne sommes pas les compagnons des rois, nous sommes la foule des paysans. Les rois vivent dans le luxe et la foule des paysans travaille. Que possèdent les rois? Le ciel, les fleuves, la terre, la mer. Le vilain naît pour le pain bis et la piquette[7], le roi, lui, pour le pain de Cérès et le poivre, pour les viandes et le bon vin. Le paysan fait sortir du sillon la pourpre pour les rois, tandis qu'un sarrau de chanvre lui laboure le corps.

Ceux qui dilapident follement leurs biens, cherchent à s'emparer de ceux d'autrui, mais qui garde les biens acquis peut prendre quand bon lui semble. La cour, pour qui tout est créé, a un appétit féroce, tandis qu'une frugalité de famine étouffe les foyers pauvres. La voracité du misérable, qui vide tout de suite le buffet, montre combien il est dangereux de perdre la mesure. Impose une règle à ta gueule, pour ne pas devenir pauvre en abusant de tes biens, mendier misérablement, ou expier de misérables vols. »

Après ce discours il se tait, et examinant son cher oncle d'un œil effronté, il lui scrute tous les membres. Mais au goût de Renard, il n'y avait dans tout le corps d'Ysengrin qu'une seule partie élégante, celle qui n'avait plus de peau. Il décide alors de gratifier son oncle d'une meilleure parure, dans la peur qu'il ne puisse, avec quatre pattes, trop bien courir. Il songe de nouveau à cette triste situation, et se dit que peu de gens doivent tirer profit des quatre pattes que chaque loup reçoit en naissant. Il préférerait donc que personne ne perde une ou deux pattes plutôt que son doux oncle, qui pourrait convenablement en perdre trois. Il aura, pense-t-il, les pires audaces avec toutes ces pattes, qu'il ne peut traîner sans la plus extrême fatigue. « Il ne fera plus de mal à personne et, à supposer que ce soit possible, il ferait même du bien, si quelque tour le faisait aller au moins sur trois pattes. »

Alors, avec sa loyauté habituelle, il murmure à l'oreille du vieux loup : « Mon oncle, voilà une voie qui ne nous a pas réussi, nous ne pouvons rien faire avec le roi : il est trop puissant ; fier de sa force, il a trop d'ambition et aucune bonté. Tu ne protèges tes biens du roi ni par la force, ni par la ruse, il te faut chercher fortune sur une autre route.

Le vieux Baudoin, celui que l'on appelle "Bonne Foi", devait une peau à ton père. On l'avait poliment invité à la rendre, et comme il avait à plusieurs reprises refusé, les juges avaient fini par fixer un jour pour le procès. Sur ces entrefaites, le débiteur et le créancier moururent, et la petite cause dont personne ne s'occupait fut abandonnée pour une plus importante. Carcophas hérita des biens paternels ; aussi aurait-il bien fait d'acquitter de la même façon les dettes de son père. Mais il ne se soucie ni de demander pardon, ni de payer sa dette, allons le trouver ! Tu peux le convaincre aisément par une ruse : il n'a pas appris à plaider en français, il a préféré au sol français le sol danubien. C'est un pauvre teuton, grossier comme un évêque d'osier[8], dont le gosier bavarois balbutie des paroles stridentes. Charge-moi de défendre ta cause en français, lui n'a pas d'avocat pour sa défense. Contraint au premier cri à rendre la peau, il s'en dépouillera. Il n'est pas sur ses gardes, fais confiance à ton guide, va le trouver ! Pourquoi hésites-tu ? » (Ysengrin en effet hésitait.) « Je t'en supplie, considère une seule fois combien mon attachement pour toi est dénué d'artifices et de ruse. Si cette aventure est contraire à tes vœux, que le gril courbe de ta gueule m'engloutisse ! »

Le loup, qui croit vrai ce qu'il juge avantageux, tombe dans le piège en entendant cette clause du contrat. « J'ignore, Renard, à qui je pourrais te comparer. Tu es mon ami et en même temps mon ennemi, mais à chaque fois que je suis tes conseils, l'affaire tourne à mon préjudice ! J'accepte cependant, comme si tu m'étais toujours fidèle, car, si je ne me trompe, la voix publique m'a appris qu'il me devait une peau et jusqu'à présent je me suis laissé tromper. »

« Mon oncle, cette rumeur est fondée et s'accorde avec mes propos, tu sais bien que je te dis la pure vérité ! C'est par là, nous avons tort de traîner et de nous attarder, suis-moi, je marcherai devant. Et reste à la limite du bois et des champs pour qu'il ne nous arrive rien de fâcheux ! (La campagne est hérissée d'ennemis !) J'attirerai l'âne dans la forêt par quelque ruse. »

Le goupil ne tarde pas à trouver l'âne, il commence par lui expliquer le plan de son stratagème et l'âne ne se fait pas prier pour le suivre. Ils trouvèrent le vieux loup à la lisière de la forêt, et Carcophas lui dit bonjour à trois reprises d'une voix rauque.

« Frère, quel bonjour hypocrite ! Si tu avais voulu me saluer, mon bien serait déjà retourné chez moi, tu me l'aurais renvoyé ! Maintenant, rends-le-moi aussi volontiers que je te le demande gentiment, et fais en sorte que je ne te le réclame pas deux fois ! Aujourd'hui, je n'accepterai de te le réclamer qu'une fois ! »

« Je ne me souviens pas de t'avoir rien pris, seigneur Ysengrin, je paie mes dettes, j'agirai selon les prescriptions de la loi ! »

On appelle le goupil pour délibérer, ils reviennent sur leurs pas, s'arrêtent, le loup ordonne au goupil de répéter ses paroles, mais l'âne le devance en quelques mots au moment où il va tenir son discours de commande : « Je ne pensais pas du tout venir ici pour des débats juridiques, c'est pourquoi je suis venu sans réfléchir. Si j'ai besoin d'un avocat, je réclame donc le droit de me défendre et la parole. »

« Pourquoi, mon frère, demander le droit de te défendre et la parole ? Mon oncle cherche à récupérer une dette établie, rends-lui la peau que tu lui dois depuis si longtemps et dont tu vois qu'il a besoin, il te l'ordonne. » Renard résuma alors l'enchaînement des faits depuis l'origine de l'affaire et ajouta : « Voici comment, depuis si longtemps, tu gardes ce que tu dois à autrui. Ton poids en brebis représente le préjudice qu'il a subi (il l'évalue d'après le préjudice annuel), et auquel il renonce par amitié pour toi[9]. Souviens-toi d'acquitter une juste dette avec d'autant plus de gaieté et de célérité que tu es plus sage et plus riche que ton père. Il est malséant que des enfants bien nés n'aient pas la probité paternelle et une origine noble est source de déshonneur quand on est malhonnête. Mon oncle, le plus pauvre de toute son antique lignée, change cette année deux fois de manteau. Voici quarante-quatre lustres que cette défroque est implantée sur tes épaules, et tu ne la juges pas encore assez vieillie. Débarrasse-t'en! Tu en tireras un double bénéfice : tu paies ta dette, et tu te fais une parure du nouveau manteau qui pousse à la place de l'ancien. Aussi longtemps qu'il l'a pu tolérer, mon oncle a, tu le sais, aimablement supporté cette situation, mais maintenant il a besoin pour lui-même de son bien. Qui rend le bien prêté mérite d'être une seconde fois débiteur. Rends-lui sa peau, sans chercher à t'excuser ni traîner. Tu es plus riche que ton père et tu peux mieux que lui, semble-t-il, t'acquitter de cette dette. En tout cas, si ton père était français, ta mère était espagnole, plus riche et de meilleure naissance que lui. Mais tu as hérité de leur noblesse à tous deux, de leur fortune, sans compter les biens que tu as acquis par ton habileté. »

Après que le goupil eut tenu ce discours en burgonde, l'âne réclame derechef le droit de se défendre et la parole. Ysengrin derechef les lui refuse : « Chenapan, et ta dette ? Voici ta défense, rends-moi mon bien! Qui te fournirait une meilleure défense ? Penses-tu, je te le demande, remplacer mon bien autrement qu'en t'acquittant envers moi ? »

« Mon oncle, une bagatelle est parfois très utile. Approche et dresse l'oreille, je vais te dire deux mots. » (Le loup dresse l'oreille.) « Nous l'avons bien attrapé, tu ne peux rien perdre, ta plainte est juste. Qu'il se défende et parle par ma bouche, il n'en sera pas plus clair pour cela. Sans doute est-il très rusé : si on lui refusait la parole, il protesterait très haut et clamerait qu'on lui fait violence. Si tu ne t'effraies pas, il te rendra ce qu'il te doit, mais il te le fera peut-être payer, et le procès te coûtera plus cher que ton bénéfice. Lorsqu'il est prisonnier du filet de l'oiseleur et qu'il ne peut s'enfuir, le vilain oiseau se démène des griffes et des ailes. »

« Allez! J'accepte, mais que les conditions que tu as posées restent valables! » Ils vont délibérer et reviennent.

« Mon oncle, tu es sage, et Carcophas ne me semble avoir que des intentions raisonnables. Il t'aime bien aussi, si ce qu'il affirme est vrai. Car voici ce qu'il dit : tout ce qu'il a de plus précieux, si tu lui demandais ou lui ordonnais de te le remettre, il te le donnerait de lui-même, et si tu ne voulais pas le lui réclamer en personne, quelque pauvre messager que tu lui aies envoyé, il se serait mis joyeusement à ta disposition.

Mais on raconte qu'il te doit une peau, et tu n'offres pas le témoignage légal de plusieurs témoins. Il pense donc, vu ta probité, que ta requête n'est pas sans fondement, mais il ne se souvient pas de rien posséder qui fût ta propriété, ni de t'avoir soustrait autant de brebis que tu le prétends, ni même une seule — même s'il devait s'acquitter de quelque manière du reste de sa dette.

Tant de retard pour recouvrer cette dette plaide en faveur de la méfiance, puisque c'est aujourd'hui la première fois que l'on parle de cette affaire. De toi-même, pense-t-il, tu n'aurais jamais longtemps différé de faire respecter tes droits (tu prends si souvent le bien des autres!). Il réclame donc, ou bien des témoins auxquels il puisse se fier, ou bien que tu prêtes au préalable serment sur des reliques. Lui-même, avec des témoins choisis dans sa parenté, démentira l'accusation, ou bien subira la loi, si tout appui lui fait défaut. Mais maintenant il ne doit rien, ni ne veut jamais rien devoir : telle est sa mauvaise habitude, aujourd'hui comme demain et demain comme hier. Il redoute de ne jamais pouvoir s'acquitter tout à fait envers toi, s'il accepte une seule fois de payer le tribut ordonné. De la même façon, le paysan demeure toujours, bien qu'il s'acquitte, le débiteur du roi, et les trois Gaules[10] ne rassasient jamais le fisc du pape. »

— « Viens ici, Renard! » (Renard vient.) « Que me conseilles-tu de faire? »

— « S'il voulait payer, il serait plus raisonnable. Cependant ses revendications sont justes. »
— « Tu veux que je prête serment? »
— « Pourquoi pas, mon oncle? Jure hardiment, il est déshonorant de perdre ce qui t'appartient. Carcophas sait bien qu'il ne peut s'échapper, il cherche à s'esquiver[11], il lui coûte de s'acquitter. Il n'a aucune aide. Si on lui permettait de s'en aller à ce prix, il accepterait volontiers de couper la peau en deux. Ceux qu'il aura choisis[12] partiront aussitôt, car tu n'auras rien su faire que de juste. Finalement quel tort te causera un tout petit faux serment? Il y a tant de frères qui n'arrêtent pas de prier pour toi en chœur! »
— « Ce serait de la folie de préférer une partie au tout! Qui m'apportera des reliques? Je voudrais que justice soit rendue! »
— « Mon oncle, les reliques sont tout près, allons-y! »
On arrive au piège. « Mon oncle, arrête-toi! Réfléchis au serment que tu vas prononcer! Celui qui prononce ici un faux serment reste prisonnier, et le saint ne laisse pas partir impunément les coupables. Si tu es persuadé que tu réclames le paiement d'une juste dette, prête serment! »

Quels que soient ses désirs, le loup pense qu'ils sont justes et des mâchoires de fer attrapent la patte qu'il pose sur le piège.

« Mon oncle, voilà qui est assez juré, va-t'en! Respectueux de ton serment, Carcophas est disposé à s'acquitter. Bien plus, il demande à le faire sans payer d'amende. Persuadé que tu préférerais renoncer à ta part plutôt que de jurer, il s'est dit qu'il lui fallait exiger un serment. Cependant, tu es convaincu d'avoir prêté un faux serment et tu perds ce qui t'était dû, si tu bouges les reliques sacrées. Garde-toi de les faire bouger! Essaie de retirer un doigt sans faire bouger les reliques! »

Frappé de stupeur par le malheur, le loup reste immobile et silencieux.

« Mon cher oncle, qu'y a-t-il? On dirait presque que tu es prisonnier, tu as fait bouger les reliques! — Ou bien tu es victime d'une faute plus grave : tu aurais dû offrir un denier avant de prêter serment, pour te concilier les saints, et tu ne l'as pas donné ! Pour cette raison, c'est toi-même que le saint réclame en gage ! Je vais m'en aller pour qu'il ne me prenne pas moi aussi, reste ici ! On ne pourra pas te racheter, car à un denier, le saint préfère le gage qu'il tient : c'est ta patte, ou bien plus que ta patte, qui sera le gage de ce denier. Je consacrerais aux saints en toute propriété ma gorge et mon cuir, s'ils voulaient bien prêter leur gage, mais vois-tu, ils refusent !

En vérité, mon oncle, les voleurs ont l'habitude de mettre la main partout, et les brigands sont aujourd'hui les saints de notre docte siècle. Les évêques volent, les doyens sont les complices de leurs larcins, car s'ils volaient eux-mêmes, ils seraient vite la proie des premiers. Tu étais un voleur et les saints ont reconnu en toi leur camarade, maintenant ils veulent garder le compagnon qu'ils ont enlevé. Les saints consacrent sur-le-champ tout ce qu'ils touchent, c'est pourquoi ta patte commence à être sacrée. Plût à Dieu que tu eusses pénétré tout entier dans le reliquaire ! Maintenant, de toute ta personne, seule une patte sera sacrée ! Et plût à Dieu que tous ceux que tu fais vivre fussent attrapés par ces mêmes saints, qui te tiennent prisonnier ! »

Alors deux de nos héros s'en vont. Le troisième reste cloué là où il ne voudrait pas. Quand le loup voit qu'il a été vilainement trompé, dégoûté de traîner là, il rachète le pire par le mal et abandonne une patte déchirée de sa propre gueule.

Livre VII

Enfin la Fortune, décidée à mettre un terme à ses maux, précipita le pauvre vieillard dans la gueule de la mort : à peine était-il tiré du piège, qu'elle le fit tomber dans l'impitoyable gosier de Salaura.

Le pauvre était arrivé dans un bois où la vorace Salaura[1] venait d'envoyer dans son ventre antique plus de glands, ma foi, que n'en auraient avalé quinze de ses pareilles. Rusée, sa seule expérience la rendait plus habile que neuf abbés et évêques. La féroce petite-fille de Reingrimus[2] — elle l'était, au sixième degré — avait survécu six siècles pour être la vengeresse qu'attendait le vieil aïeul. Le pauvre Ysengrin croit alors, une fois de plus, pouvoir tromper la truie grâce à ses talents :

« Que la paix soit avec toi, que la paix soit avec toi, ma très chère marraine ! Comme il y a longtemps que me tourmente l'amour que je te porte ! »

Quand elle vit arriver le vieux loup avec une patte en moins, elle le regarda de haut et se moqua de lui : « Comment vas-tu, mon frère ? Tu avais naguère l'habitude de porter avec toi deux chandeliers[3] (comme il convient bien sûr à un prêtre et à un abbé). L'un d'eux a en partie disparu. Dans quelle église l'as-tu mis ? Tu n'as pas perdu là beaucoup de poids ! »

Ysengrin, tout en lui faisant le récit de ses malheurs, lui dit pour ne pas l'effrayer, que les infortunes et la vieillesse lui ont ôté sa vigueur. « Maintenant, marraine, je ne pense qu'à la paix, car je vois qu'il me reste peu de temps à vivre.

Me voici donc au bord du trépas : je te demande de tes nouvelles, et je souhaite échanger avec ma marraine des baisers légitimes. Je t'embrasse, donne-moi à ton tour le baiser de paix[4] ! »

Et déjà, peu à peu, il s'avançait vers elle, comme pour l'embrasser loyalement. « Arrête-toi, pas un pas de plus, arrête-toi là, mon frère ! Tu connais peut-être la règle de ton ordre, mais tu ne connais pas encore la nôtre. Toi, un moine, tu prendrais, si je l'acceptais, des baisers à une nonne, qui redoute la messe qui l'unirait à un époux ! Ajoute que la cloche n'a pas encore sonné pour annoncer prime, le jour vient juste de se lever. » (Le jour en effet venait juste de se lever.) « D'habitude, c'est la messe qui précède le baiser de paix, et non le baiser qui précède la messe. Célébrons donc d'abord la messe, qui doit être dite avant ! »

— « Je boite, je ne peux célébrer la messe[5], et nous n'avons pas d'autre prêtre. Qui pourrait la célébrer ? »

— « Qui pourrait la célébrer, sinon la mère supérieure des abbesses de l'ordre porcin, moi ? Je suis, dit-on, l'abbesse dont dépendent trois cents religieuses. Cependant aucune d'elles n'a une voix qui égale la mienne. Ma renommée est parvenue jusqu'aux abbesses danoises[6], et toi qui habites près d'ici, tu ne connais pas l'abbesse Salaura ? Je vais chanter une messe des bois que toi-même tu admireras ! (Patience, attends que l'heure soit venue !) »

— « Je connais ta règle, marraine, maintenant écoute la mienne ! (On doit rendre avec le sourire les gâteaux prêtés.) La cloche qui m'annonce l'heure est de chair et non de bronze, je ne suis pas alerté par le signal d'une clochette, mais par celui de ma large gueule, ce n'est pas Phoebus mais mon ventre qui me sert d'horloge. Que l'occasion se présente, et je chante ce que j'ai appris, quand il l'ordonne ! Si je voulais toujours régler mon emploi du temps sur le ciel, comment saurais-je que l'heure est venue quand il y a des nuages ? Le jour et la nuit sont maintenant suspendus à une balance bien équilibrée, dormir longtemps purge trop les entrailles. Veux-tu que je célèbre mon ministère sous un soleil aussi haut maintenant qu'au moment de la Saint Jean ? Cette nuit à trois heures, quand les vieux coqs ont chanté les premiers, je me suis cru en été. Tes grelots iraient ainsi à l'encontre du temps ? Moi, j'ai tous mes signaux à l'intérieur, aucun à l'extérieur. Mon ventre fait sonner en moi une cloche si furieuse que je mangerais même au milieu de la nuit, si la honte ne m'en empêchait. Et jamais cloche ne fut plus ponctuelle, même fondue par un pape souabe[7].

Commence comme tu as appris à le faire, chante une messe des champs ou une des bois, je m'en moque, si l'heure te convient. Si tu me donnes un baiser de paix, je m'efforcerai qu'il ne détonne pas avec mon attitude. Sinon, je déclare mon heure arrivée. Le pape se soucie peu que tu attendes la messe à jeun ou le ventre plein ; moi, je suis à jeun[8], mon baiser est pur de toute souillure. Ma chère marraine, ma sœur (car outre la messe, je connais bien tout le rituel), il te faut donc pour une fois recevoir notre baiser de paix, et l'accepter aussi volontiers que tu le refuses violemment. Mais à quoi bon connaître les mots qui précèdent ce baiser, si on le donne mal et avec gaucherie ? Si l'on peut vanter sans crime la valeur de quelqu'un, j'ai appris à bien donner le baiser de paix. Telle est mon affection et ma science du baiser (je le montrerai avant midi), que j'embrasserai ma marraine et ses petites-filles en prenant plus de grosses bouchées que de petites. Tu t'apercevras en même temps que je tiens encore bien sur trois chandeliers, ne te plains pas de la perte du quatrième ! »

— « Puisque tu sais le moment arrivé, mon frère, chantons ! Mais seule, je ne puis entonner un chant puissant. Approche, mords-moi l'oreille et tiens-la bien ! Quand ta gueule retentira de l'entrechoquement de tes dents, j'appellerai aussi mes confrères d'une voix forte : un groin épais cache leurs dents, et tu pourras leur donner les baisers sacrés d'une lèvre tranquille, quand l'heure sera venue de le faire. Pour moi, je crains de répondre à tes baisers par des morsures, car mes lèvres minces ont peine à retenir mes dents ! »

« Qu'ils viennent, tes frères au groin bien gras ! Un

museau gras est suivi d'un flanc dodu! » se dit-il en silence à lui-même. Il attrape bientôt l'oreille de Salaura et il lui fait très mal. La truie entonne un chant perçant. Elle chantait son solo d'une voix trop aiguë, d'un ton faux et trop élevé de six quintes. Espérerait-il tous les Allobroges en récompense de son chant, Satan lui-même ne saurait pousser des cris si perçants[9]!

— « J'apprécie ton introït, marraine, mais tu chantes trop haut, tu vas manquer de voix au milieu de ton chant, relâche ta lyre! »

— « Nos voix[10] résonnent d'autant plus joyeusement, mon frère, que tu es notre hôte! Tu es si rarement parmi nous! C'est pourquoi le son de mon chant est aujourd'hui plus clair. Tu vantes mon introït, mais le son du graduel sera d'une autre qualité! Attends que toute notre compagnie soit réunie, reste! Et, pour le cas où tu me le demanderais, nous n'accompagnons pas des Anglais, dont la musique, a, dit-on, neuf intervalles et se compose de quatre tons. Je ne sais quel rustre a établi cette règle. Chez nous, la vieille musique est maintenant tombée en désuétude[11]. Notre musique compte onze tons, et quand nous déployons les accords de nos quinze intervalles, voici la manière dont se règle notre chant : Becca chante une quinte plus bas que moi, puis Sonoche, en dessous, baisse la voix d'une quarte. Quant à Baltero, un verrat bien gras, mon arrière-petit-fils et le bâtard d'un Anglais, quelle partie chante-t-il, selon toi, vilain? Chaque fois qu'une église à consacrer réclame un "Dieu Tout-Puissant", ou qu'un jour de fête exige un splendide "Alleluia", il entonne gravement la quinte en dessous de Sonoche, et double d'une voix de basse les intervalles de Becca. Quand nous chantons ainsi en chœur selon différents intervalles, notre admirable assemblée fait retentir alternativement sa lyre suave, tandis que le reste de la foule, conformément à l'ordre romain, élève et baisse confusément la voix selon des intervalles capricieux. Allons, serre-moi l'oreille plus fort maintenant, si tu es un peu sensé, le bonheur que tu recherches est tout proche, il est là! »

Comme le loup s'échinait à serrer, elle poussa une

seconde clameur, qui parvint aux oreilles de Becca, le chef de la troupe ennemie.

« Grr, seigneurs ! Grr, ma chère sœur ! » Elle n'eut rien à ajouter, soixante-six porcs étaient déjà soulevés de colère. De tous côtés, ils grincent des dents : « grr, grr, grr ! » Ces grognements les aident tant dans leur course que l'on croirait qu'ils ont des ailes et non des pattes. La clameur et le tourbillon ne seraient pas pires, si Gog et Magog se précipitaient pour fouler à leurs pieds le monde tremblant[12]. Cono le porcelet, noble rejeton de Salaura, vole en avant avec ses vingt et un frères. Suivent les deux tantes maternelles de Cono, Sonoche, confiante dans ses cinq enfants, et Becca, qui se fie aux dix siens. Burgissa venait par derrière, elle comptait sur sept rejetons, elle qui était, dit-on, Cono, ta tante paternelle. Baltero arrive le dernier à toute allure et il exhorte dans leur course folle ses six enfants, ses quatre frères et ses huit brus.

Quand le malheureux loup les vit baver de rage, la gueule béante, exhaler des menaces, faire trembler la terre par leur grondement et plier les ornes sous leur élan, il sentit son sang se glacer dans ses veines. Et il ne demeura pas là sans éprouver quelque crainte. Imaginant que le baiser qu'ils allaient lui donner ressemblait à celui qu'il était venu leur prodiguer, il lâcha un peu l'oreille de Salaura.

La méchante truie éclata de rire : « Pourquoi, insensé, abandonnes-tu ton office ? Reste, serre encore un peu ! Voici un baiser qui est presque donné, mais si tu ne me serres pas l'oreille et que je ne chante plus, peut-être ma bande va-t-elle repartir bredouille ! »

— « Ta bande a assez chanté, ils ont vraiment trop bien appris à hurler matines ! »

— « C'est ainsi, crois-tu, que chantent nos compagnons ? Tu te trompes, mon frère, leur chœur n'a pas encore proféré le moindre son. Tu découvriras leur chant quand l'heure sera venue de chanter. A ce que je vois, tu vas rarement à l'église. Avant la messe, on se confesse en silence, et bien que nous habitions la campagne, nous respectons cet usage. Ils murmurent maintenant leurs péchés à voix basse, ils chanteront tout à l'heure à en faire trembler le bois. »

A peine la truie féroce avait-elle vraiment fini de parler, que Cono frappe le pauvre vieux à l'arrière-train, et lui arrache un énorme morceau de la fesse gauche. Le loup jura que c'était là un méchant baiser :

— « Que Rome et Reims maudissent celui qui a jugé bon de donner si vite le premier baiser ! Je pensais qu'il fallait nous embrasser selon l'ordre rituel, mais cette troupe de rustres ne sait pas suivre la règle. N'étais-je pas un maître digne de respect par ma vie et mon grand âge ? Seule Salaura est plus âgée que moi. Donc, s'il vous plaisait d'observer l'ordre légitime, c'est de ma bouche qu'aurait dû être donné le premier baiser de paix. »

— « Si je te refusais un second baiser de paix, Ysengrin, c'est que je voudrais que le premier tourne plus mal que tu ne me le souhaites ! Et pour qu'on ne dise pas de moi que je t'ai donné le premier par envie ou par colère, en voici un autre, témoignage et gage de notre alliance. Ne crains rien ! Je ne te donne pas le second à l'endroit du premier, chacun de tes membres aura son baiser. J'ignorais, jusqu'à ce que l'on me parle soudain de baiser de paix, que nous devions célébrer une messe en ton honneur[13]. Allons, écoute maintenant l'épître sacrée ! »

Et à deux reprises, elle lui enleva presque autant de chair que Cono lui en avait ôté auparavant. Les Bretons affirment qu'on lui arracha à la fesse droite autant de cuir qu'un tanneur en vend à Reims pour trois deniers[14].

— « La lecture est finie, maintenant chantez tous bien fort, que personne ne se taise ! Ecoute le chant que tu voulais entendre, mon frère bien-aimé ! Voici comment ils chantent quand on consacre une vieille église, ce sont les bons Souabes qui nous ont enseigné ce graduel. »

Aussitôt tout l'escadron se précipite sur le moine. Mais, comme la troupe était nombreuse, et que tous cherchent à arracher leur morceau, le loup se retrouve alors au milieu d'un large cercle. Bien qu'ils se soient serrés autour de lui flanc contre flanc, ils n'ont pas le champ libre pour frapper vraiment. Le dernier groin n'arrache que des poils, tandis que les plus vigoureux emportent de minuscules bouchées.

Le moine commence à se fâcher, et bien que ses blessures soient légères, il refuse de les recevoir d'un cœur joyeux. En voyant le frère victime de ces brutalités, Baltero à l'écart du cercle, se met à crier et à plaisanter : « Que faites-vous, imbéciles ? Vous n'avez aucun bon sens, d'où venez-vous ? Croyez-vous que ce jeu puisse me plaire ? Est-ce ainsi que vous chantez d'habitude pour vos hôtes bien-aimés ? Ce sont vos ennemis et non moi qu'il faut traiter ainsi ! Chantez ainsi le graduel pour celui qui en a composé la musique ! Il faut que le musicien profite comme moi de son chant ! Vous jouez comme des fous, vous jouez mal, et ce jeu est la preuve irréfutable que vous êtes de méchants vilains. Vous croyez bien recevoir vos amis, en réalité vous les recevez comme un troupeau de rustres ! Quels remerciements pouvez-vous attendre de ce jeu ? On abandonne la partie quand elle est gagnée de toute évidence. Ah, affreuse engeance, fuyez ! Si ce jeu ne cesse pas sur-le-champ, je vais perdre patience.

Je suis venu ici, ma très loyale marraine, sous ta conduite, et j'ai souvent été bon pour toi, tu t'en souviens. Chasse ces juifs[15]. La plaisanterie commence à mal tourner, qu'elle ne tourne pas plus mal encore, ordonne-leur de s'en aller ! Je refuse que cette plaisanterie se prolonge, j'ai peur pour moi, ils peuvent me blesser avant même de s'en rendre compte, je t'en supplie, empêche-les de continuer ! Quand ils commencent quelque chose, ils ne savent plus s'arrêter, ces sales monstres nés sans doute de la crotte de Satan ! Sépare-nous tout de suite, cours vite te mettre entre nous, ce jeu va peut-être causer quelque blessure ! »

Dès le premier mot, l'habile Salaura avait compris à quoi tendaient les moqueries de Baltero, son arrière-petit-fils. « Endure ces tourments cruels d'un cœur tranquille, mon ami, les châtiments charnels font la béatitude des âmes fermes. Le sacristain sonne les cloches fort et longtemps, quand il espère en tirer son profit à pleines mains. Pour sauver ton âme, livre ton corps aux tourments, la bienveillante colère de Dieu frappe les élus.

Et ce n'est pas la folie qui pousse mes compagnons à se déchaîner, c'est l'amour qui leur a inspiré cette attitude, afin que tu sois châtié ici-bas. Si tu as commis quelque faute, tu devrais te réjouir de l'expier de ton vivant, car après leur mort de longs fouets tourmentent les pécheurs.

Finalement, tu es venu ici sans savoir que tu allais mourir, tu étais au courant de tout, sauf de cela. Il te faut apprendre à mourir, tu n'échapperas pas à la mort. Mais je ne veux pas que tu la subisses, je veux qu'on te l'enseigne. A toi maintenant d'être l'élève toi qui as souvent été le professeur. Tu as tenu la férule pour les autres, elle est pour toi maintenant. »

Le vieux loup était embarrassé : il se demandait qui se lamentait à l'écart de manière aussi sinistre, et il cherchait dans sa tête et du regard. Il aperçoit alors, derrière le dos de Becca, Baltero qui se retourne vers lui et lui lance ironiquement : « Frère, où es-tu à ton avis ? Tu n'espérais pas trouver ici beaucoup de partisans, mais tu en as plus que tu ne le pensais. (Ne crains rien!) Ne suis-je pas là maintenant pour t'assister, moi le plus loyal des compagnons, ainsi que Becca, la truie fidèle, qui t'aime beaucoup. Il y a cinq minutes, tu étais occupé et tu ne pouvais songer à toi-même. Tu avais besoin de quelqu'un pour parler à ta place. C'est pour cette raison que j'ai pris la parole, comme si j'étais toi, et Becca faisait en secret la même chose auprès de tous ceux qui sont ici.

Or si tu veux savoir pourquoi ces gens te bousculent, c'est qu'ils se disputent l'honneur d'être le premier ton hôte. L'homme injuste ne sait pas se souvenir du pain qu'il a mangé, nous, nous rougissons d'oublier l'aide reçue. Souvent tu as contraint nos parents, en déchirant leur manteau, à se précipiter dans les profondeurs de ton ventre. Beaucoup d'entre nous préféreraient donc déchirer ton vêtement, plutôt que de te permettre une seule fois d'aller où tu veux, si tu le veux. Choisis si tu préfères rester avec nous contre ton gré ou de toi-même. Tu es le seul dont je déplore la présence trop rare parmi nous. »

Tandis que le vieux loup prêtait l'oreille à ce discours la rusée Becca se jette dans ses jambes, et lui arrache la patte gauche. « Je me réjouis et je voudrais que vous partagiez ma joie, compagnons! Notre ami ne partira pas aujourd'hui. Cette patte est le gage que je lui ai réclamé pour qu'il reste. Il m'a donné celle-ci et il m'en aurait donné encore davantage de son plein gré. » (La truie ne mentait qu'à demi : il lui avait vraiment donné cette patte de son plein gré, mais il ne demeurait pas là volontairement.)

Ysengrin tombe à terre sur le nez, comme pour prier. Salaura s'approche et lui demande doucement : « Je t'en supplie, prie pour moi aussi, seigneur abbé, je me montrerai digne de tes prières, je t'en prie, souviens-toi de ta vieille marraine ! Voici au moins un signe qui te fera penser à nous, attrape ! » (Elle transperce le flanc de l'ennemi, et lui arrache le foie en plusieurs morceaux.) « Sonoche, ma sœur, vois ce qu'a fait ce traître criminel ! Il avait avalé le livre contenant l'offre de paix[16], et il me dit qu'il apporte la paix ! On a trouvé le livre, concluez tous la paix ! »

Le vieux loup sent qu'il n'échappera pas à la mort. « Vous êtes fous furieux, arrêtez, pourceaux imbéciles ! Je suis blessé à mort, vous le savez ; il me faut mourir comme Mahomet[17] ! Dédommagez-moi de ce trépas infamant en exauçant une seule de mes prières : reculez, le temps pour moi de prédire l'avenir, j'ai renoncé à fuir, je vous en prie, reculez un peu ! »

On recule, il prophétise, et la Fortune applaudit à ses prophéties. Non qu'elle veuille du bien au vieux loup, mais elle souhaite nuire aux autres.

« Je me meurs, et ne saurais vivre plus longtemps ! Cette nuit sera connue pour avoir été celle de mes funérailles ! Un malheureux ne doit jamais prier pour l'ajournement d'une belle mort, car une fin honorable rachète tous les jours d'une vie misérable. Jamais je n'ai vécu huit jours d'affilée sous de bons auspices, et aujourd'hui le pire destin s'est abattu sur ma tête.

Mais une vengeance éclatante adoucit un trépas infamant. Je vais mourir dans la honte, je dois donc être honorablement vengé. Qu'Agemundus[18] se charge de cette tâche, il est le maître de la porte infâme, c'est lui qui vengera ma mort. Sans doute ce démon n'a-t-il pas une énorme puissance, mais il accomplit honnêtement tout ce qui est en son pouvoir. Qu'il couvre toute la race de Salaura de ce déshonneur d'un nouveau genre, et que mon vengeur sévisse contre sa famille jusqu'à la dernière génération! Jusqu'à présent il fermait la porte d'une pression du pouce. Qu'il retire dorénavant son pouce et ouvre le chemin. Et pour que les vents honteux ne manquent jamais de l'élan nécessaire à leur sortie, que les portes restent largement ouvertes jour et nuit! Que cette maladie trouble leur sommeil, leurs veilles, leurs repas, et qu'ils ne mangent plus la moindre faine sans souffrir de ce fléau. Aucun obstacle ne résistera donc aux mauvais souffles, et le bruit de la vilaine brise ne sera pas un léger sifflement! Cela pour que les hommes fassent attention, et pour que celui qu'aura offensé une bouffée toute proche, frappe et maudisse l'engeance déloyale!

Et qu'un déshonneur non moindre frappe une partie de l'humanité, à l'exception des dames qui se signalent par leurs bonnes mœurs. Si une servante prend quelque chose de cette race impie, qu'une paresse continuelle s'abatte sur elle : la nuit d'hiver paraîtra courte à la malheureuse, si bien qu'à l'aurore, après avoir reçu trente fois l'ordre de se lever, elle refusera toujours de le faire. Souvent, une fois, puis deux fois, elle se recouche, les épaules couvertes, puis elle descend du lit, incapable de secouer sa torpeur, si le genou de sa maîtresse ne la secouait une troisième fois. Un ongle énergique lui laboure alors les bras, les côtes, les épaules, les jambes, les cuisses, les tempes et le cou!

Le moment de traire venu, elle s'assiéra toujours ou trop près ou trop loin, si bien que le lait prendra divers chemins. Une partie s'égouttera sur sa chemise ou sur le sol, une partie s'écoulera dans le vase à traire : elle attribuera sa maladresse à sa position et changera de place.

Que mon démon ferme alors la porte d'une manière trompeuse, en l'ouvrant un peu après l'avoir fermée, et en la fermant après l'avoir presque ouverte ; de manière à ce qu'un vent pousse la porte, chaque fois que la servante bougera son siège, avec un bruit d'éruption long et horrifique. Que le beurre se fasse rare sur son lait, qu'il brûle au moindre contact avec le feu. Une fois la vache traite, que sa somnolence habituelle s'empare plusieurs fois de la servante, jusqu'à ce que la génisse renverse d'un coup de pied le seau plein. Que ni le seau à lait ni le pot ne gardent leur contenu, que le lait tourne dans les récipients, qu'un dépôt liquide emplisse les tamis!

La servante retournera dormir sans attendre la nuit et se couchera en oubliant tous ses devoirs. Alors, que tous les ustensiles et toute la vaisselle de la maison se promènent ici et là, que tout soit jeté par terre au hasard : le tabouret aura les pieds en l'air, la chaise sera renversée, personne n'avancera ni ne reculera sans se faire mal aux genoux : la cruche, la marmite, le chaudron, la cuiller, le plat, la bassine, le fait-tout, et diverses vieilles hardes se promèneront, répandues au petit bonheur. Les choses intactes le matin seront le soir ébréchées, ce que Titan aura laissé entier en se couchant, il le trouvera fêlé à son lever. Voilà les consolations que ce démon accordera à ma mort, il ne lui a pas été donné de pouvoir davantage. »

Le vieux loup avait achevé son discours : la Fortune lui avait vraiment permis de prophétiser grâce à l'aide de ce démon qui a un bec d'épervier, une crinière de cheval, une queue de chat, des cornes de bœuf, une barbe de chèvre ; de la laine couvre ses reins, mais il a le dos plein de plumes comme un jars. Devant, il a les pattes d'un coq, derrière celles d'un chien. C'est lui qui accable la descendance maudite de Salaura, et toutes les femmes qui ont quelque chose de cette engeance.

« Ecoute ce que j'ordonne, seigneur et prophète Ysengrin : jamais aucune religieuse n'a porté mon nom, ni aucun devin le tien. Changeons de nom tous les deux : admettons que, pour moi, tu sois Jonas, et que pour toi je sois la Baleine. Assez prophétisé, je te le dis comme à un ami : tu vas passer dans ma boîte à offrandes. Entre donc dans ma boutique heureux et content, je te fais remise de tout le montant de ta dépense ! Chez moi, tu ne craindras pas de manquer de bois pour chasser le froid de l'hiver, et transporté sous ma conduite, tu n'iras pas à Ninive : je ne te rejetterai pas dans une région suspecte, mais tu te reposeras jusqu'au moment de t'en aller, en toute sécurité et de ton propre mouvement. Reçois ce gage de mon amitié!

Aucun saint n'obtiendrait une gloire aussi rapide, si un excès de vertu permettait qu'il éclatât. Les corps sacrés émergent d'abord de leurs tombes, ils s'illustrent par des miracles, puis on les tire de terre, finalement l'écriture célèbre leurs restes confiés à des reliquaires. Mais il ne convient pas de rendre les mêmes honneurs à ceux qui n'ont pas les mêmes mérites : ceux-ci sont enchâssés longtemps après leur mort, toi tu le seras de ton vivant, et ce n'est pas une plume qui fait la gloire de tes mérites! Nous savons en effet que tu es déjà saint, déjà digne d'entrer dans un reliquaire, déjà digne d'être entouré des plus hauts honneurs! Si tu savais comme la raison qui dicte mon attitude est bonne, tu réclamerais mon assentiment, si je te le refusais.

L'Ecriture dit en effet qu'"il faut aimer son ennemi et que tout être qui aime son ennemi est digne d'être aimé de Dieu[19]". Je suis ce précepte; si tu me demandes envers quel ennemi, quel est celui qui me nuit vraiment plus que mon ventre? Il me fait avancer à coups de fouet, souvent avec des menaces, avec des coups, mais je l'aime pour ne pas être damnée. Il pille en effet tout le bénéfice de mon labeur. Tout ce que j'acquiers par la force, par le vol, justement, il le dévore, et plus le morceau est délicieux, plus je le lui offre joyeusement, afin que mon cœur soit plein d'un amour sacré. Or l'amour est d'autant plus sacré que l'on porte à son ennemi un sentiment plus parfait, et toi mis à part, personne ne m'est plus cher que mon ennemi. J'ai donc décidé d'unir ce qui m'est cher à ce qui m'est cher. Je voudrais que tu te rendes compte de l'amour que je te porte : tu vas pénétrer, mon bien-aimé, dans mon ennemi bien-aimé, comme souvent tu as introduit ma chère famille dans ton ennemi. Et pour que l'amour sacré se répande partout, tu entreras en nous tous. Je ne mérite pas de jouir seule d'une telle chance de salut. Bien caché, tu recevras donc en même temps plusieurs reliquaires dignes de toi, et cette épitaphe célébrera tes vertus :

« Un seul tombeau de marbre suffisait d'habitude pour le corps d'un seul évêque. Mais chacun devra être désigné selon ses mérites. Ysengrin gît dans soixante-six urnes. Le grand nombre de sépulcres est le signe de la foule de ses vertus. Il mourut le neuvième jour des ides de juin, à compter des premiers jours du printemps, aux environs de Cluny et de la Saint Jean[20]. »

La truie cruelle dévora alors le foie qu'elle venait d'arracher. Une foule féroce se précipita sur ce qui restait du corps d'Ysengrin, et ils déchirèrent le malheureux, dont les misérables morceaux furent, dit-on, mangés avant même d'être morts.

Sonoche lui arrache le diaphragme avec le cœur, persuadée qu'elle tient un signe que la paix a été scellée. « Becca, qu'est-ce que j'ai là ? C'est Dieu qui nous l'a accordé, nous jouissons maintenant d'une paix bien scellée, regarde donc ! En même temps que le traité de paix, cet individu avait englouti aussi le sceau ! »

Cono détacha le gosier creux de l'articulation de la mâchoire : « Il avait même avalé, mes amis, la trompette de la paix, pour que rien ne manque à sa perfidie. Je sonne la paix, toi, ma tante, tu la scelles, ma mère a le traité, une paix totale règne maintenant. »

C'est ainsi que périt le pauvre Ysengrin. C'est moi qui ai écrit le récit de cet événement, crois-moi, lecteur ! Si je te disais combien sa disparition fut totale, tu aurais peine à me croire. Car je peux difficilement t'en faire un récit crédible. Les pourceaux laissèrent derrière eux moins que la miette la plus minuscule, comme si l'on avait coupé une puce en huit.

— « Toi dont les ans ont blanchi les joues, mais dont l'habileté a blanchi l'esprit davantage encore, nous te suivons tous, parle, Salaura ma sœur : on dit qu'il a jadis été abbé et évêque, bien qu'il ait refusé d'avoir le cœur bon. Quels frais ferons-nous pour lui rendre les derniers honneurs ? Les offrandes et les prières ne servent à rien à l'âme d'un méchant, car son âme est damnée ; mais les convenances et l'ordre sacré auquel il a appartenu réclament des funérailles en grande pompe ! »

— « Becca, ma sœur, crois-moi, bien qu'il soit mon ennemi, s'il avait accompli une seule bonne action, je ne prendrais pas la responsabilité de le priver des honneurs d'une sépulture ! Mais il est clair que jamais il ne s'est repenti de ses crimes. Le respect dû à son ordre doit donc disparaître, quand celui qui a mené une vie criminelle repose dans la tombe ! Judas mérita-t-il par hasard des honneurs funèbres, parce qu'il était membre du collège des apôtres ? Plus le scélérat occupe une place élevée, plus il mérite de descendre bas[21], tandis que l'homme de bien s'élève d'un rang humble à un rang élevé. David anoblit son front du bandeau royal, et Saül périt quand Dieu l'abandonna. Cet autre renégat — qu'il ait été évêque ou abbé, je m'en moque — sera maintenant aussi méprisable, qu'il a été jadis un haut personnage. L'argent qui convient à ses funérailles est celui pour lequel un pape intrigant a vendu les chrétiens au roi de Sicile[22] ! Oh ! Quelle honte au ciel, quelle douleur sur terre, quel rire en enfer ! Un seul imbécile de moine [23] a fait s'écrouler deux royaumes ! Hélas, pauvre de moi ! Je connais une bien funeste nouvelle, et pour vous l'annoncer, je lâche la bride à ma langue ! »

— « Ma chère sœur, dis-nous ce que tu viens d'évoquer, ne nous en cache rien, quoi que ce puisse être ! Ne crains pas de proclamer la vérité ! »

— « Ma chère sœur, le Nord et le Sud, l'Est et l'Ouest connaissent la nouvelle et la déplorent, et toi, tu n'es pas au courant de l'effroyable malheur ? Comment cette calamité qui n'a pu rester inconnue de nulle région du monde, a-t-elle donc pu vous échapper, si vous habitez bien cette terre ? »

— « Nous avons appris que la colère accumulée par le peuple chrétien avait éclaté contre les païens en pays lointain. Ce bruit est bien parvenu à nos oreilles, et nous croyons que le voyage de ces hommes se poursuit heureusement. Sur le conseil et sur l'ordre du pape, ils ont confié leurs biens et leurs personnes aux hasards des événements et au bon plaisir de Dieu. Pourquoi dis-tu donc qu'il les a vendus ? Dis plutôt que notre bon pape a délivré les chrétiens de tout péché ! »

— « Ma chère sœur, tu cries trop fort ! Rappelle-toi ton sexe ! Qu'une femme soit triste ou gaie, les cris lui siéent mal ! J'ai abordé un sujet que je me repens d'avoir abordé, mais lorsqu'une chose est commencée, il est impossible de revenir en arrière. Une tragédie pitoyable s'est abattue sur notre esprit frappé de stupeur, une tragédie que Virgile, le poète, pourrait difficilement surpasser. Si nul besoin de parler ne me tenaillait, et si ma plume était taillée pour mon sujet, il ne conviendrait pas qu'une femelle oublie sa condition, car je ne veux pas rompre les liens de ma nature. Que la femme soit modeste ! Même pour dire d'excellentes choses, un langage excessif ne sied pas à ce sexe !

Me voici donc devant un dilemme : je ne dois absolument pas taire ce que j'ai à dire, et je ne suis pas l'orateur qui convient pour ce genre de discours. Je vais donc recourir à l'usage qui est celui de notre sexe. La femme peut pleurer, elle en a le droit inné. Je sauvegarderai mon sujet par mes larmes, mon sexe par la tenue de mon discours et le chant funèbre d'un léger chalumeau retentira, désolé. C'est ainsi qu'une épouse respectueuse pleure discrètement les exploits de son défunt mari et rapporte, toute en larmes, ses actes de courage. »

Comme Salaura se disposait à pleurer abondamment la mort de son bien-aimé, Renard lui dit d'une voix qui pouvait passer pour affligée : « Dame Salaura, découvre-moi la raison de tes sanglots. J'ignore pourquoi, mais tu sembles en larmes. Mon oncle a-t-il succombé quelque part à une mort violente ? Si c'est là la raison de tes pleurs, dis-le-moi, je pleurerai avec toi. Parle, Cono, ta mère se tait. » (Et de fait la truie se taisait, car elle se demandait par quel bout elle entamerait son discours.) « Dis-moi, Cono, je t'en supplie, pourquoi ma dame est-elle affligée ? Est-il arrivé à mon oncle quelque chose qui ne soit pas heureux ? Je sais qu'il n'y a rien que vous supportiez plus mal, à moins que je ne me trompe en pensant que vous vous rappelez son mérite ! »

Telles étaient les questions de Renard. On aurait cru qu'il ne savait rien, mais il avait tout vu, caché près de là.

— « Tu n'as donc pas été à la messe aujourd'hui, frère Renard? Tu aurais dû te rappeler qu'aujourd'hui était un jour de fête! Pour quelle raison, malheureux, arrives-tu si tard? Aujourd'hui plusieurs messes ont été dites pour ton oncle. Il a cessé d'être méchant, il a renoncé à ses mauvaises mœurs, sache qu'il ne fera plus rien dorénavant, et qu'il ne souffre pas. »

— « Il est donc mort[24]? C'est vrai? Hélas, mon doux oncle, tu es mort? Hélas, tu es sans moi dans la tombe, mon cher oncle? Réunissez-moi à mon oncle! Malheureux, ouvrez son tombeau! Je mourrai avec mon oncle, je vais me jeter tout vivant dans la fosse! »

— « Frère, sa tombe est toute proche, viens, nous allons t'envoyer à l'intérieur, car lui nous a offert une bien maigre pitance. »

— « Je tiendrai d'avance pour faux tout ce que dira Salaura, si elle se dispose à raconter je ne sais quels mensonges. Et demain, j'entrerai tout vivant dans le tombeau de mon oncle. Mais un excès de loyauté n'est pas louable. »

— « Mon frère, si tu l'aimais autant que tu le prétends, meurs maintenant, pour que l'on t'enterre avec ton doux oncle! Un délai fait souvent avorter un heureux dessein. La vertu doit être libre, elle doit se découvrir sans retard, la vertu doit n'avoir qu'une crainte, celle de voir échouer ses projets. Affronte la mort tant que ton amour est grand et exalté! »

— « On ne dira pas que je me suis jeté dans la mort par égarement, mais par amour. La précipitation prouve la sottise. Chez les esprits mauvais, un projet vertueux languit, mais moi, j'aurai demain le même état d'esprit qu'aujourd'hui. La véritable loyauté s'échauffe avec le temps, tandis qu'un esprit furieux s'attiédit avec la même légèreté qu'il s'échauffe. »

Le goupil et toute la compagnie de Salaura se turent; une voix amère entonna alors un chant triste : « Combien de temps la patience divine tolérera-t-elle les criminels? Il est facile de le demander en péchant, mais difficile de le savoir. Il faut donc prévenir la rigueur du juge par un grand effroi, car la crainte est le meilleur remède contre les péchés. Si la grâce divine ne détruit pas encore les embûches qui prolifèrent, elle nous offre au moins ainsi le moyen de l'attirer à nous. Vivons aujourd'hui dans la fange, mais craignons le châtiment infernal ! Que le malheureux frémisse de la permission qui lui est accordée de persister dans le vice ! Que celui qui n'a pas peur ne s'attache pas à ses mauvaises actions, car il est mauvais de refuser la peur, mais il est pire d'aimer le mal. Qui tombe malgré soi semble digne de pitié, mais personne ne souhaite voir debout ceux qui trébuchent volontairement.

Il se livre bientôt un pitoyable duel : d'un côté le criminel pèche, de l'autre Dieu supporte ses crimes, jusqu'à ce que le jour du jugement précipite dans les châtiments ceux dont la perversité a dépassé les bornes que la clémence du juge s'était fixées. Ce différend a souvent opposé le monde et Dieu, et quand Dieu est pour ainsi dire vaincu, c'est la pire des victoires ! Pourquoi rappeler les miasmes de Sodome et Gomorre, la faute d'Adam, le crime du meurtrier d'Abel ? Pourquoi rappeler Noé flottant sur les eaux, les sentiments des géants[25], les plaies d'Egypte et le voyage de Pharaon ? Les sacrilèges de Dathan, Abiram et Koré[26], la colonne qui affronta dans le désert toutes sortes de morts ? Le crime du veau d'or, et la manne mal désirée ? Les ruses de Balaam et les pièges de Balac, des Amalécites, de Jéricho, d'Ismaël et des Assyriens, les Philistins et la bande d'Antiochus ? Pourquoi rappeler le temps où sévissaient en Chaldée la fournaise et la fosse aux lions, pourquoi parler de celui que les bêtes craignirent moins que les hommes ? Pourquoi parler des désastres dont la rivière Kison et la ville d'Endor furent les témoins, tandis que les peuples succombaient ici aux épidémies et là à la faim ? A quoi bon mentionner les sanglots de Canath, les idoles des mauvais rois, le destin du triste Elie et la mort du prophète coupé en deux ? Pourquoi rappeler le sort d'Hélias, celui qui périt entre l'autel et le temple, et tous ceux qui tombèrent au temps des deux prophètes ? Bref, pourquoi évoquer les monstruosités de ce monde mauvais, que je passe sous silence pour que mon discours ne s'égare pas sans espoir de fin ?

Une décision vengeresse mit finalement un terme à ces combats, le Tout-Puissant ne voulut plus supporter les perversités du monde. Il envoie sous une enveloppe humaine un juge pour brûler la paille et choisir le bon grain. Il envoie Emmanuel pour voir si les Juifs le serviront. Sinon, ils seront précipités dans les ténèbres qu'ils ont méritées ! Mais eux, après l'avoir encouragé, le mènent à la croix. Sa fureur contre un peuple blasphémateur se répand donc dans le monde entier. Depuis, il punit ses ennemis d'une main cruelle et il ne les soutient plus. Telle est la lourde colère qui opprime les misérables. Jamais l'attente de la venue du Christ n'a été vaine, jamais son exil, ses ténèbres, sa mort n'ont été sans espoir de salut. Les coupables sont châtiés et ne peuvent venir à bout d'un Dieu irrité dont ils ont vaincu la patience. Après avoir été excessivement clément, il persiste dans son impitoyable vengeance, et lui qui avait longtemps tout enduré frappe maintenant sans fin. Je ne m'étonne donc pas de la perte des Hébreux[27] et de celle des païens, condamnés pour leur opiniâtre présomption. Je ne m'étonne pas non plus de la venue de démons sur terre, tout comme auparavant : l'éternelle colère divine se venge sur les coupables après leur mort. Mais ceux qui ont embrassé la foi, reçu le baptême, je déplore qu'ils soient entraînés dans l'antique damnation. Les premières semailles de la croix ont donné une abondante moisson, la vigne aux rameaux foisonnants a porté ses grappes[28]. Mais peu à peu l'esprit sacré commença à devenir rare dans le monde dépravé, le crime se saisissait du sacré. Satan libéré fit irruption dans le monde corrompu et on se jeta sans honte dans tous les crimes. De nouveau le créateur condamna le monde souillé. Cependant sa grande bonté suivit son cours : son glaive ne moissonna pas brutalement la mauvaise ivraie, il fit longuement retentir d'horribles menaces. Les misérables furent prévenus, ils n'ont pas le droit de se justifier.

La triple machine du monde[29] lança un avertissement : les éléments et les saisons échangèrent leurs lois, et peu d'endroits conservèrent leur emplacement primitif. L'hiver passa en été, et l'été en hiver. L'humide Ilas[30] fit retentir le tonnerre et jeta des éclairs, l'hivernal Vulcain brûla les temples et les maisons, le Cancer et le lion engendrèrent l'hiver. Le Saxon trouva dans ses champs des grêlons gros comme des boucliers et il en demeura stupéfait. Il trembla devant ces grêlons lui qui se jetterait courageusement au-devant des épées ! Mais une nouvelle crainte ébranla les cœurs courageux : la mer se durcit et se transforma en terre, la terre se liquéfia et prit l'aspect des flots marins, la plaine se rendit chez les poissons et le sable de la mer auprès des sillons. Un grand nombre de gens échappèrent à l'inondation en usant comme de bateaux de baraques qui flottaient sur les eaux[31].

Je vous rapporte ici un prodige dont toute la Frise fut le témoin, et que confirment le pays et ses habitants. La mer avait anéanti un terrain et transporté la maison et son propriétaire sur les terres d'un étranger. Une décision publique finit par régler le litige ; le propriétaire, dont personne ne voyait plus la terre, renonça à ses droits, et celui qui réclamait d'en haut la surface du sol et ce qui la recouvrait, celui-là en demeura le libre propriétaire par un jugement du peuple. La Frise n'a pas rendu là un jugement équitable : qui possède le sol doit posséder légalement tout ce qui y pousse[32].

Le vent furieux arracha aux églises d'énormes poutres, des solives, qu'il emporta au loin dans les champs. Les gens du peuple s'enfuirent de leurs maisons sans éteindre la cendre du foyer. On avait peine à ramper en sécurité avec l'aide de deux compagnons, les hommes robustes ne pouvaient que difficilement retenir leurs corps plaqués au sol. La terre tremblante frémit sous le puissant ouragan. Dans la nuit d'hiver, on aperçut une flamme, plus rayonnante que le visage de Phœbus, qui embrasait la partie nord du ciel. On vit, de nuit, d'innombrables soleils s'entrechoquer et se livrer bataille, et un rouge de sang colorer les flots d'une teinte effroyable. Deux fois le terrible Titan se cacha, sans que sa planète-sœur, des nuages ou l'ombre de la terre expliquent sa disparition. Tous les éléments prédirent les désastres imminents, mais un tel effroi ne toucha pas les cœurs endurcis[33]. »

L'abbesse avait entamé cette déploration en versant des larmes, et ses pleurs avaient détrempé le sol sur une distance de huit milles. Ses cris étaient parvenus jusqu'à la onzième sphère[34], au point qu'un sourd n'aurait pu endurer son discours.

Le goupil sermonna Salaura qui s'apprêtait à poursuivre ses lamentations sur la triste fin du monde : « Imbécile Salaura, tais-toi ! Je devine ce que tu penses : perfide truie, tu désires condamner l'évêque du Latium pour crime et trahison, tu veux dire que le roi de Sicile a craint de voir les chrétiens en route pour Jérusalem traverser son royaume... »

— « Le pape donc, séduit par l'or et l'argent du roi de Sicile, a persuadé les peuples d'emprunter la route d'Argos, et un seul imbécile de moine a fait s'écrouler deux royaumes, en les précipitant dans les maux, dans les pièges des Grecs [35] et la faim. Outre ceux que perdit la rage des flots, la pestilence de l'air, la perfidie des Argiens et la faim, le sommeil et la pluie anéantirent deux milliers d'hommes dans une vallée encaissée, cernée de hautes montagnes[36]. »

— « Canaille, tu ignores pourquoi notre bon pape a agi ainsi ! Ecoute, je te dis ce que tu sais : la populace a l'habitude de couper les sous en deux, et une foule de rustres divise la sainte croix[37]... Voilà un énorme crime, voilà la pire erreur du monde, le pape souffre de voir périr des hommes plongés dans une telle méprise ! Celui qui divise les sous pour en faire des oboles, que le glaive de Satan le coupe quotidiennement en mille morceaux ! Le bon pasteur en est conscient et souffre que ses sottes brebis tombent dans des chemins détournés et se laissent entraîner dans des carrefours obscurs. Notre fidèle pape veut sauver toutes les âmes, car tout homme lui a été confié par le ciel. C'est pourquoi il a pris l'argent du roi de Sicile, et convoite celui des rois de France, d'Angleterre, de Danemark, et celui de toute la terre. Il s'efforce en effet de sauver toutes les âmes humaines, et veut anéantir l'horrible vice par tous les moyens possibles. Il ne peut pas détruire tout à fait le péché, comme il le voudrait, mais il interdit, chaque fois qu'il le peut, de diviser l'emblème salutaire, et il a réduit les occasions de fractionner le signe céleste, bien qu'il n'ait pas le pouvoir de les supprimer radicalement. C'est dans cette intention qu'il s'emparerait des immenses richesses du monde entier. Pour lui-même, il ne désire ni or ni argent, mais il veut faire le salut du troupeau qui lui a été confié. Tous les trésors qu'il envoie dans ses coffres, il les conserve, il ne les divise pas pour en faire des oboles, il garde tout intact. Pourquoi accuses-tu donc un bon évêque d'une affreuse trahison ? Tu ne sais rien de ce que tu crois bien connaître ! Mon cher oncle, tu es mort ! S'il plaisait à Dieu de te ressusciter, tu ne supporterais pas d'être contredit par ce pourceau insensé, tu te ferais spontanément le vengeur d'un pape innocent, et celle-ci expierait la sottise de sa langue ! »

Notes

Livre I

1. D'après les superstitions du Moyen Age, il peut s'agir d'une chauve-souris, d'un corbeau, d'un coucou ou encore d'un hibou.
2. Maître Obizo, médecin de Louis VI le Gros (1108-1137), professeur du cloître Saint-Victor à Paris.
3. Muse. Dans la mesure où l'appétit d'Ysengrin est toute son inspiration, son ventre peut être appelé sa Camène. Mais l'image est déjà présente aux vers 28 et 29 : la Muse aurait écrit, peut-être en vers selon le goût du temps, ses préceptes médicaux sur les dents du loup.
4. Allusion au prophète Jonas.
5. Métaphore de la boisson pour les coups mais aussi allusion à une réalité historique, puisque la Bohême n'était pas parmi les producteurs de vin les plus célèbres au Moyen Age. On peut penser aux difficultés qu'éprouvaient les rois de Bohême pour se faire obéir de leurs sujets turbulents. On sait en effet que de 1092, date de la mort de Vrastislav II, à 1125, année qui marqua l'avènement de Sobeslav 1er, de violentes querelles intestines agitèrent la Bohême, au point que l'assassinat devint une pratique courante.

Le *Reinhart Fuchs* évoque cette tendance à l'agitation politique à propos des déboires de l'éléphant (vers 2098 sq) : celui-ci, ami de Reinhart, reçut en fief le royaume de Bohême, mais faillit être tué par ses sujets.

6. Les Brabançons passaient pour être des pillards et des voleurs.
7. Depuis la conquête normande, les Anglais s'étaient fait une réputation de peuple docile, capable d'endurer toutes les avanies sans protester.
8. Allusion à ceux qui font entrer chez eux leurs hôtes en les tirant par leur vêtement (Cicéron, *Ad Atticum*, XIII 33).
9. Types de barbares hostiles. Les Scythes habitent le bord de la mer Noire, les Saxons l'Allemagne Orientale, et les Suèves sont originaires de la région du Bas Danube.

10. Arras était la capitale des Flandres et une ville très prospère grâce au commerce des laines et des soies.

11. Les saules sont rares en Grèce. Quant aux nonnes danoises, elles étaient fort peu nombreuses. Les premiers couvents de femmes furent fondés au Danemark dans la première moitié du XIIe siècle, mais leur développement dut être si lent que pour le poète, une nonne danoise est encore vers 1150 un être aussi rare qu'un loup blanc.

12. Cette course sinueuse est l'une des caractéristiques du goupil les plus citées dans les bestiaires.

13. Le synode est une assemblée des curés et des autres ecclésiastiques d'un diocèse, qui se fait par le mandement de l'évêque. Dans l'*Ysengrimus* sa fonction est avant tout celle d'un tribunal ecclésiastique.

14. Allusions à la *règle de saint Benoît*, chap. 34 et 43.

15. Allusions à la *règle de saint Benoît*, chap. 33. Cf. *Actes des Apôtres*, IV 32.

16. Evangile selon saint Matthieu, VI 34.

17. C'est-à-dire dans l'autre monde. Le riche s'est pardonné à lui-même au nom de la charité divine. En vertu de cette longue alliance, lorsqu'il est mort, Dieu lui rend la pareille.

18. Il s'agit de la part d'Ysengrin et de celle de Renard.

19. *Règle de saint Benoît*, chap. 39 et 40.

20. Pendant la période pascale, chaque dimanche, prêtre et fidèles faisaient le tour de l'église et chantaient un cantique célébrant la victoire du Christ sur la mort. Toutefois la scène se passe en février. E. Voigt voit là une allusion à la paresse du prêtre, qui fait chanter toute l'année le même hymne aux fidèles. Quoi qu'il en soit, un tel manquement à la liturgie ne peut que souligner la fantaisie carnavalesque du texte.

21. Le prêtre chante l'hymne et les fidèles reprennent le refrain, *Kyrie Eleison*, en l'estropiant.

22. On ignore pour quelle faute. Voir J. Mann, p. 115-117.

23. La monnaie la plus précieuse que connaisse le poète est la livre d'or ou d'argent — *pondo* —, puis sa moitié — *marca* —, vient ensuite le schilling d'argent — *solidus* —, qui vaut douze pfennigs, un pfennig valant deux deniers.

24. La tonsure est au Moyen Age le signe le plus évident de l'état de clerc. L'agrégation au clergé peut même s'accomplir par l'acte simple de la tonsure.

25. Renard accumule les impossibilités : il est déjà impossible d'avoir deux jours de sabbat la même semaine, mais encore plus impossible de les nommer Rhin et Elbe.

26. « Tu autem domine miserere nobis » était la formule de conclusion dont l'abbé usait pour marquer la fin d'une lecture.

27. L'archevêché de Reims, déjà cité au vers 467, apparaît souvent dans l'*Ysengrimus*. Il est vrai que depuis 936, l'archevêque de Reims a définitivement supplanté celui de Sens comme prélat consécrateur du roi de France, et que les sacres donnent une grande importance à la ville. De plus, l'archevêque était un grand seigneur dont le pouvoir

temporel n'était pas moindre que le rayonnement spirituel. Enfin, la ville de Gand, où Nivard semble avoir vécu, appartenait au diocèse de Tournai, qui relevait lui-même de l'archevêché de Reims.

28. J. Mann suggère que la scène pourrait se dérouler près de l'église paroissiale de Sainte Marie, consacrée, comme son nom l'indique, à la Vierge. Cette église s'élevait tout près du couvent de Saint Pierre, où Ysengrin s'est fait moine (voir J. Mann, p. 88).

29. Les moines feront des parchemins de la peau des moutons, et les frères convers, qui ne sont pas astreints aux mêmes règles d'abstinence, mangeront leur chair.

30. Parodie du jugement de Dieu.

31. Le bon calice de l'abbé fait allusion à la coutume qui voulait que, les jours de fête, l'abbé préside au service du vin.

32. En lisant ces mots « nisi quod scriptura fatetur », J. Grimm supposa que Nivard avait eu sous les yeux des poèmes latins dont il se serait inspiré. E. Voigt, qui tente de démontrer que Nivard a écrit d'après une tradition orale, a vu dans ces mots une exagération humoristique. Il s'agit en fait d'un équivalent de la formule française, qui revient très souvent dans le *Roman de Renart* « Einsi con l'escripture dit ». Le poète revendique plaisamment pour son œuvre le crédit et la garantie d'un ouvrage antérieur, mais cette source est sans doute imaginaire.

Livre II

1. Aldrada est-elle l'épouse du curé, sa cuisinière ou une simple paysanne ? Au XIIe siècle certains prêtres étaient encore mariés. Toutefois le poète ne dit rien à ce propos : Aldrada est seulement désignée par les termes neutres de *rustica*, ou *anus* (paysanne ou vieille femme).

2. Noms traditionnels du jars et de la poule.

3. Le texte semble suggérer que les têtes d'Ysengrin pousseraient plus tard, après sa naissance, comme des dents !

4. *Synochus* désigne une fièvre continuelle, violente, qui ne laisse aucun répit au malade, à la différence des fièvres quarte et quinte (IV 363) dont les accès reviennent à intervalles réguliers.

5. Jeu de mots sur *bulla* : bulle et en même temps ornement de vêtement, comme une boucle de ceinture.

6. On pensait qu'un serpent était capable de se reconstituer, s'il n'était pas coupé en plus de deux tronçons.

7. Aldrada invoque ici des saints de toute nature. Il y en a neuf. Quatre — Excelsis, Osanna, Alleluia, Celebrant — sont des mots empruntés à la liturgie et déformés. On chantait en effet à la messe l'hymne « *Sanctus, Sanctus, Sanctus, Dominus Deus Sabaoth — Pleni sunt coeli*

et terra gloria tua, hosanna in excelsis... » Il n'en a pas fallu davantage pour que la vieille femme fasse d'Osanna un saint, et d'Excelsis son épouse, et cela d'autant plus facilement que beaucoup de noms féminins se terminaient alors par « is ». L'origine de la filiation divine d'Osanna semble plus obscure et E. Voigt suggère une explication astucieuse : lors de l'entrée du Christ à Jérusalem, la foule criait « Hosanna! ». Aldrada a donc imaginé qu'Hosanna était un nom donné au fils de Dieu, comme Jésus ou Emmanuel.

Quant à Pierre, s'il était assurément marié, jamais son épouse ne s'appela Alleluia. Aldrada a témérairement rapproché du refrain d'un hymne les saints célébrés par cet hymne. Pierre est le premier des apôtres et Michel le premier des archanges. Son combat contre le dragon se déroule dans le ciel — *Apocalypse* XII 7 — et il est couramment représenté avec des ailes.

Reste Célébrant qui doit aussi sa canonisation à une mauvaise compréhension d'un texte sacré : « *Per quem majestatem tuam laudant angeli, adorant dominationes, tremunt potestates, celi celorumque virtutes ac beata seraphim socia exultatione concelebrant...* » La voix de l'officiant devait s'arrêter après ce mot, et cela a peut-être suffi pour que Celebrant devînt aux yeux d'Aldrada un saint. Mais pourquoi le fondateur de la papauté? L. Willems explique cette dernière fantaisie par l'hostilité de Nivard au pape et y voit une contestation des droits pontificaux. Belles prérogatives que celles fondées sur le témoignage d'un saint aussi curieux que Celebrant! (L. Willems, *Etude sur l'Ysengrimus*, p. 120).

Les cinq autres personnages cités sont des saintes appartenant à l'écriture ou à la légende. Aldrada confond Anna, la mère de Marie, avec une autre Anna, fille du roi Phanuel (Luc, II 36). Sainte Helpuara nous est inconnue (ce nom a peut-être été forgé de toutes pièces selon une étymologie fantaisiste). On connaît par contre quatre saintes du nom de Notburgis. Il s'agit ici de Notburge de Cologne, nièce ou fille de sainte Plectrude, femme de Pépin d'Héristal. Elle vécut au couvent de Sainte Marie du Capitole, fondé par sa tante à Cologne. Elle aurait supplié Dieu de la faire mourir pour lui épargner un mariage odieux. Ses reliques furent transportées dans la Chartreuse de Cologne.

Brigida est la sainte nationale des Irlandais. Née vers 452, elle fut baptisée par un disciple de saint Patrice et fut abbesse du couvent de Kildare jusqu'à sa mort en 524. Son culte était populaire au Pays de Galles, aux Pays-Bas et le long du Rhin. Une église lui est consacrée à Cologne. Elle est la protectrice des vaches et des basses-cours. D'où sans doute sa haine pour les congénères d'Ysengrin.

8. Sainte Pharaildis est fille, sœur et nièce de saintes. Elle fut inhumée à l'abbaye bénédictine de Gand en 754. Elle est patronne de la ville; son attribut est une oie, qu'elle tient dans ses bras. Peut-être est-ce là un rébus héraldique désignant la ville de Gand qui rappelle l'allemand *Gans*, oie. Mais sainte Pharaildis est ici assimilée à Salomé, la danseuse, elle-même confondue avec sa mère Hérodias (Matthieu, XIV 1-12).

De plus Pharaildis nous est présentée comme la fille d'Hérode et non plus comme sa belle-fille. Situation qui renoue avec le drame traditionnel, où l'héroïne est éprise d'un homme que son père rejette. Mais comment expliquer cette étrange idylle entre Salomé et Jean-Baptiste ? Il en faut chercher l'origine dans l'assimilation de Salomé à sainte Pharaildis, qui est avec Jean-Baptiste patronne de Gand.

9. Le voyage nocturne d'Hérodias rappelle les chevauchées des sorcières.

De fait, Hérodias est suivie par les femmes (« le tiers de l'humanité » : faut-il supposer que les hommes et les enfants constituent les deux autres tiers ?).

E. Voigt rappelle qu'il était de tradition de diviser la nuit en sept parties : *crepusculum, vesperum, conticinium, intempestiva, gallicinium, matutinum, diluculum*. Or seul le cœur de la nuit est propice au voyage magique : Pharaildis rassemble ses compagnes durant la troisième partie de la nuit, elle se repose, au cours de la quatrième, et renvoie les femmes chez elles au chant du coq. C'est l'annonce du matin, qui disperse les esprits errants. Le premier avertissement est donné par un coq blanc, le second par un coq rouge. Au troisième chant, celui du coq noir, tous les esprits doivent avoir disparu.

L'attribution de fonctions magiques à Hérodias relève d'une tradition répandue au Moyen Age. Après la mort de Jean-Baptiste, croyait-on, la femme d'Hérode fut condamnée à errer chaque nuit dans les bois. Cette légende remonterait au culte païen de Holda, identifiée par les Romains à Diane et à Vénus. Holda portait encore d'autres noms : Hérodiade, Bensozie ou Pharaïlde.

10. Autres formules altérées du latin liturgique : Pater Noster, Credo in Deum, Da Pacem, Miserere Nobis, Orate Fratres, Pax Vobis, Deo Gratias.

11. A la fin de l'introït, le diacre dit : « *Flectamus genua* », après quoi le prêtre et le peuple s'agenouillent.

12. Le latin joue sur les homonymes *anus* (vieille)-*anus* (derrière).

13. Les devoirs de l'évêque sont autant juridiques que religieux. Sur la double fonction d'Ysengrin abbé et évêque, voir J. Mann, p. 10sq.

14. Allusion à la bénédiction que l'évêque adressait aux fidèles à la fin de la messe, et qui constitua longtemps une prérogative épiscopale.

15. D'après E. Voigt, ce Bénédicité désigne le Cantique des trois enfants dans la fournaise (*Daniel*, III 3-34), que l'on chantait au moment où l'officiant quittait l'autel.

16. Le chant de communion est attesté depuis le IVe siècle. Quant à ce repas, il désigne, en même temps que l'Eucharistie, la volée de coups reçue par Ysengrin.

17. Cf. IV 25. Saint Géréon était le commandant d'une cohorte romaine. Il fut décapité à Cologne en 304, avec 318 compagnons, pour avoir refusé de sacrifier aux dieux païens et il est avec sainte Ursule le patron de Cologne. Ses reliques furent extraites du sol en 1121 et transférées dans l'église consacrée « *Ad aureos martyres* ». Son culte se répandit ensuite dans toute la Belgique. D'après la légende, celui qui

prononçait un faux serment sur cette colonne se trouvait immobilisé. En 1794 les Français voulurent transporter la colonne à Paris. Elle se brisa au cours du voyage et disparut.

18. Jeu de mots sur la double signification de *sapere* : avoir le palais fin ou l'esprit sage.

19. Colvarianus est celui qui est *calvus aure* ou « chauve des oreilles ». Le nom Belin serait issu de *hyalus*, verre. Mais il est possible que le mot soit une création de Nivard, formé sur le néerlandais *belle* « cloche ».

20. Le poète pense sans doute à la partie insulaire de la Zélande, riche en troupeaux. Plus loin, l'allusion à la Frise se double d'un jeu sur la Phrygie, pays riche et patrie d'une autre *maxima mater*, Cybèle.

21. Avant de devenir un attribut diabolique, les cornes étaient le symbole de la puissance. Ysengrin voit en elles le signe de l'orgueil des béliers. En leur coupant les cornes, il leur apprendra l'humilité : c'est ce rôle qui lui aurait valu auprès des anciens la bonne réputation dont il se vante.

22. Allusion au thème bien connu de la Roue de Fortune.

23. Souvenir de l'Apocalypse, VI 12 sq.

24. Annonce de la mort d'Ysengrin au livre VII.

25. Cf. Matthieu, XXI 19.

26. Cf. I 48.

Livre III

1. Cette paix forcée n'est pas sans évoquer la « trêve de Dieu », qui interdisait de se battre certains jours sous peine d'excommunication. Cf. J. Mann, p. 101-104.

2. Les médecins distinguaient quatre sortes de fièvres, selon que le mal parvenait à son paroxysme le troisième, le septième, le quatorzième ou le vingt et unième jour de la maladie. Le diagnostic du loup est donc cohérent.

3. Dans la Rome ancienne le tribun pouvait s'opposer au préteur grâce à son droit d'*intercessio*. Mais dans la hiérarchie du *cursus honorum* le préteur avait le pas sur le tribun. Cependant il est peu probable que Nivard se soit souvenu de telles subtilités. Ces termes désignent sans doute des fonctions judiciaires précises. C'est pourquoi J. Mann traduit par « juré » et « juge ».

On trouve en particulier dans la châtellenie de Gand des officiers de justice et de police appelés *tribuni*. Ces officiers subalternes sont soumis à l'autorité des baillis ou *praetores*.

4. La taupe fait partie des vertébrés, mais son apparence adipeuse est sans doute à l'origine de cette croyance populaire, dont on ne trouve aucune trace dans les bestiaires.

LIVRE III

5. Les comètes étaient considérées comme de mauvais présages, annonçant la mort des princes et la ruine des royaumes.
6. L'université de Salerne était au Moyen Age la plus fameuse des écoles de médecine.
7. Ces trois langues sont celles parlées par le roi : Rufus a en effet appris le hongrois auprès de son père, le grec auprès de sa mère qui, suève, habitait la région danubienne proche des Balkans — cf. III 34-35 — et ce sont ses précepteurs qui lui ont enseigné le latin.
8. La volonté de Nivard de situer l'action en terre germanique apparaît ici nettement. La langue romane (*Galla vox*) dont il est question est sans doute l'italien lui-même.

Le texte cache probablement une allusion satirique, aujourd'hui difficile à déceler, ou bien à quelque commerce avec l'Italie ou bien à quelque voyage effectué au-delà des Alpes par un grand personnage, peut-être pour voir le pape.

9. Baguette du professeur d'éloquence.
10. L'ours fait mine de prendre au sérieux le compliment du bélier. Mais si Joseph apprécie des propos aussi fades, c'est qu'il a reçu un enseignement partial et favorable aux loups.
11. Le lion est à la diète.
12. *Fila trahere libito*: filer à son gré ou agir à sa guise.
13. Le serf pouvait en effet obtenir sa liberté en payant une certaine somme à son seigneur. « Quand il s'agissait d'une somme considérable, le seigneur accordait parfois à ses hommes un délai de payement de plusieurs années, pendant lequel ceux-ci, quoique n'étant pas pleinement affranchis, jouissaient néanmoins de certains avantages de la liberté. » A. Luchaire, *Manuel des Inst. fr.*, Paris, 1892, p. 323.
14. Allusion à la fable du pèlerinage : IV 3 sq, 13 sq.
15. L'aisance avec laquelle les Normands conquirent l'Angleterre attira aux Anglais une réputation de lâcheté : est *caudatus* (pourvu d'une queue) celui qui montre sa queue en fuyant, le lâche, le couard. Une fois l'expression « Anglois coués » devenue courante, l'idée se répandit que les Anglais avaient vraiment une queue.
16. Cf. *Catonis Distica moralia*, III 3 : « *Productus testis, salvo tamen ante pudore/ Quantumcumque potes celato crimen amici.* »
17. Si l'âne est originaire d'Etampes, c'est qu'on y décida la seconde croisade en février 1147.

« Entre Pâques et Reims » est un élément de fatrasie comme les aime le poète. Il révèle toutefois la pédanterie de Carcophas. Pâques est la plus grande fête de l'année liturgique, et Reims l'un des premiers évêchés d'Europe. Si l'on parle de l'âne entre Pâques et Reims, c'est donc qu'on le place dans son domaine au premier rang.

18. Pour comprendre cette étymologie fantaisiste, il faut se rappeler que Petrus a un équivalent, Cephas (cf. V 101). Le nom Carcophas se compose donc d'un C (cf. « prononçant gutturalement »), du mot « *ars* » et du nom « Cephas ». L'âne souhaite ainsi montrer que son nom réunit les plus hautes instances de la foi et du savoir. Voir une autre étymologie du nom de l'âne, moins flatteuse : IV 9-10.

19. Cet âne-professeur évoque la figure de l'*asinus ad lyram*, élément du monde à l'envers qui symbolise l'homme incapable de parvenir à la connaissance. Mais cet intellectuel, féru d'étymologie et de rhétorique, semble surtout enseigner la grammaire, des trois arts du trivium, le premier et le moins glorieux.

On peut supposer que Nivard, très conservateur, se moque ici des maîtres laïcs (Carcophas n'est pas moine), enseignant en milieu urbain, et constituant, comme Abélard, une nouvelle sorte d'intellectuels.

20. Cf. v. 93-274.

21. Bavon est un saint flamand issu d'une famille noble, qui mena dans sa jeunesse une vie mondaine avant de se faire moine au couvent de Saint Pierre de Gand, à la mort de sa femme. Il mourut ermite vers 653. Fêté le 1er octobre, il est le patron de Gand.

22. Saint Martin, qui un jour de l'hiver 337, partagea son manteau avec un pauvre.

23. *Quiris plebigena* : roturier à qui ses mérites ont acquis la dignité de chevalier.

24. Symbole même du plat royal.

25. Le bâtard devait être économe, puisqu'il n'héritait pas des biens paternels. Il ne pouvait donc être large, comme l'exigeait la morale courtoise.

Le recours systématique aux proverbes et sentences donne au discours de Renard le bien-fondé irréfutable des axiomes de la sagesse populaire.

26. Cf. III 124 sq.

27. Saint anglo-saxon du VIIe siècle très honoré en Angleterre. Il était le frère de saint Adulphus de Maestricht, ce qui laisse supposer que son culte était peut-être répandu aux Pays-Bas. Dans le cas contraire, cette invocation d'un saint presque inconnu serait un élément comique.

28. Linge blanc que le prêtre met sur ses épaules pour dire la messe et dont il croise les pans sur sa poitrine.

29. Nom donné par plaisanterie (allusion sans doute à Abel le berger) au mouton, dont la toison est comparée à la *cappa*, vêtement liturgique réservé aux acolytes.

30. *Règle de saint Benoît*, IV 22, 32, 40, 51.

31. La mitre peut désigner aussi bien la coiffure de l'évêque qu'une coiffe féminine.

32. Le bouc et l'âne n'ont que des paroles aimables à la bouche.

33. Tunique écarlate ou tunicelle que l'évêque porte sous sa chasuble.

34. Le loup n'est pas digne d'être combattu avec les armes traditionnelles du combat chevaleresque : ce n'est qu'un vilain.

Livre IV

1. Etymologie qui semble, plus que la première (III 689), en accord avec les aptitudes réelles de l'âne. Du verbe *carcare* : porter une charge. Quant à la terminaison, elle pourrait être tirée du mot *elephas* (éléphant), en raison de la couleur grise et de la grosseur exceptionnelle de l'âne.
2. Allusion à l'épisode des oies du Capitole, qui sauvèrent Rome en signalant une attaque des Gaulois.
3. Cf. II 179 sq.
4. *Job*, XX 4-5.
5. On croyait que la tête d'un loup suspendue à la porte d'une maison la protégeait des maléfices.
6. Mot à mot : « dans le compartiment arrière ». La théorie médiévale distinguait trois parties dans le cerveau : le siège de l'imagination, celui de la raison et celui de la mémoire, placé en dernière position.
7. Le jars est bien évidemment le dernier à souhaiter la présence du loup.
8. Un prêtre ou un évêque bénissait les croix portées par les pèlerins et les remettait depuis l'autel au conducteur du pèlerinage.
9. Expression à double sens : l'allusion aux coups éventuels évoque aussi la tournure déjà utilisée au vers 101 du livre I.
10. Paul, *Epître à Titus*, I 15.
11. On a proposé deux explications à ce « vieux loup d'Anjou ». E. Voigt voit ici une allusion à la mauvaise réputation dont auraient souffert les ermites angevins (Intr., p. XCVI). L. Willems croit, lui, reconnaître une allusion à Foulque d'Anjou, roi de Jérusalem et beau-père de Thierry d'Alsace.
12. Né en 615, saint Bertin prit l'habit monastique à l'abbaye de Luxeuil qu'il quitta avec deux compagnons pour fonder un monastère dans le nord de la France. Mais la communauté devenant trop nombreuse, les trois moines s'embarquèrent dans un esquif sans rames ni voiles et voguèrent au hasard laissant à Dieu le soin de fixer l'emplacement de la nouvelle colonie. Ce sera l'île de Sithiu, où ils édifièrent le futur monastère de Saint Bertin, près de Saint-Omer.
13. Evêque d'Arras, mort vers 540. La création de l'abbaye de Saint Vaast, vers 650, a constitué une étape importante dans le développement de la ville. La légende raconte que saint Vaast aurait ressuscité une oie dévorée par un loup.
14. Plaisanterie proche de la fatrasie.
15. Le choucas et le coucou pondent souvent leurs œufs chez d'autres oiseaux, le choucas affectionnant le nid du vautour et le coucou celui de la corneille. Ces croyances folkloriques se retrouvent dans de nombreuses fables et proverbes.
16. Titre donné à certains évêques, à celui de Jérusalem en particulier.

17. Derniers psaumes de la journée monastique.

18. Autre fantaisie fatrasique. Reims était à cette époque le siège d'une grande école. L'allusion à l'Escaut rappelle la région où l'œuvre fut écrite.

19. Le bâton et la besace sont les deux attributs du pèlerin. Le bâton est taillé de manière à former un nœud en son milieu et une crosse à son extrémité. La sacoche était souvent de cuir et on la portait sur l'épaule gauche.

20. Les matines étaient un office de nuit chanté avant le lever du jour. Elles précédaient les laudes, qui célébraient l'aurore.

21. La visite du loup n'est qu'un cauchemar qui disparaîtra avec le jour.

22. Il est difficile de savoir si ce titre désigne l'archiprêtre qui surveille une partie du diocèse, ou le doyen du chapitre cathédral. Ces deux dignitaires étant l'un et l'autre des agents de l'évêque plus particulièrement chargés de la juridiction du diocèse. S'il est archiprêtre, Ysengrin est à la fois le chef du diocèse et celui de la circonscription dont dépendent Renard et ses amis. S'il est évêque et chef des chanoines, il réunit entre ses mains les deux pouvoirs diocésains qui auraient pu s'opposer en d'autres circonstances.

23. L'énumération qui va suivre permet de reconstituer un arbre généalogique qui classe les assaillants en quatre générations et deux familles, liées par Turgius qui a épousé la fille de Sualmo. Dans cette parodie du style épique, les noms des loups sont comiques, car ils procèdent tous d'étymologies fantaisistes et transparentes, qui montrent que les défauts majeurs d'Ysengrin sont en fait des tares familiales.

Ces noms ont pour la plupart une double formation, latine et germanique. Si l'on ne veut pas gommer le décalage qu'il y a entre le néerlandais, et le latin, il faut renoncer à expliciter tout à fait les noms des parents d'Ysengrin.

Gripo est celui qui saisit, empoigne (du néerlandais *gripen*). E. Voigt rapproche Larveldus de l'allemand *Leerdasfeld* : « celui qui a la peau vide ». Grimo est une forme abrégée d'Ysengrimus (v. 746). Nipig vient de *nipen* : « plumer ». Guls est dérivé à la fois du latin *gulosus* et du néerl. *gulsich*, glouton, et Spispisa du redoublement du mot *spise*, la nourriture. Worgram signifie proprement « Étrangle-bélier » de *worgen* et *ram*. Pour Sualmo, E. Voigt suggère l'équivalent allemand *Wasserstrudel*, tourbillon. Stormus vient de *storm*, la tempête, et Varbucus est celui dont le ventre inspire l'horreur, de *vaer* (l'horreur) et *buuc* (le ventre). Gulpa est un glouton, de *gulpen*, avaler. Quant à Olnam, son nom signifie phonétiquement « celui qui attrape-tout ».

24. Nous apprenons a posteriori les véritables motifs du pèlerinage.

25. *Effestucare* signifie au sens propre « renier par le fétu ». Le fétu est en effet un instrument de droit formaliste au Moyen Age, et le jet du fétu constitue la contre-partie de l'investiture. C'est le geste qui rompt tout lien entre le suzerain et le vassal.

26. Autre addition du même genre au vers 503.

27. Cette plaisanterie suppose que les ancêtres de Renard ont reçu leur fief des ancêtres de Sprotinus, à la condition de leur rendre régulièrement un service précis, c'est-à-dire de les transporter.
28. Allusion à la fable du renard et des raisins ? (Esope, 32, Phèdre IV, 3.)

Livre V

1. Paul (*Epître aux Romains*, XI 1). Les vers suivants stigmatisent la cupidité des gens d'Eglise : la pêche aux écus a remplacé la pêche aux âmes.
2. Pourquoi ces violentes attaques ? Dans son introduction (p. CIV), E. Voigt fait l'historique de la séparation des évêchés de Noyon et de Tournai : « Si le poète flétrit l'exploitation éhontée dont Anselme se rendit coupable vis-à-vis de son diocèse, les textes nous manquent pour vérifier l'exactitude de ce reproche. Mais il va sans dire que l'obtention d'un nouvel évêché était une chose très dispendieuse (...) et comme Anselme n'apportait aucune fortune personnelle et ne reçut aucune dotation princière, il fut réduit à s'en prendre aux biens de la cathédrale et à imposer son diocèse. Ces impôts furent d'autant plus sensibles que la fortune des contribuables était moindre, les biens les plus considérables ayant déjà passé aux mains de l'évêque de Noyon. De plus la fondation du nouvel évêché s'accomplit en 1146, l'année pendant laquelle une terrible famine désola la France et la Flandre, et déjà à cette époque les plus riches couvents, tel Saint Pierre de Gand, ne payaient plus de cens à l'évêque. » (Traduction de L. Willems, p. 107 sq.)
Une telle hostilité peut aussi résulter de luttes d'influence qui auraient opposé Anselme aux puissantes abbayes de Gand pour le contrôle d'églises paroissiales.
Enfin Anselme de Tournai était moine, comme Eugène III et saint Bernard. Or Nivard ne cesse de condamner les moines qui abandonnent leur couvent pour le clergé séculier (Cf. J. Mann, p. 115 sq).
3. Une glose explique que les condamnés à mort étaient marqués au fer rouge d'un théta (de *thanatos*, la mort ?).
4. Saint Malo, né au pays de Galles, vint s'établir à l'embouchure de la Rance et fonda là un monastère. Evêque d'Alet, il mourut à Saintes vers 640. Son culte se répandit en Bretagne, en Picardie et jusque dans les Flandres.
Si Renard disait vrai, nous serions le 14 novembre. Mais il ment probablement. Le pèlerinage a lieu un an exactement (III 617-8) avant l'épisode à la cour de Noble, qui se déroulait en plein été (III 38). Voir aussi les allusions à la végétation : IV 981, 1032, V 237, 779, 782, 791-2.

5. Lucifer a été perdu par son orgueil. D'où l'apparente modestie du loup.

6. Il s'agit du couvent bénédictin de Saint Pierre au Mont Blandin à Gand. C'était avec Saint Bavon l'un des plus puissants monastères de la ville.

7. L'étoile du matin.

8. L'abbaye d'Egmont se trouvait à Egmont-Binnen, à 26 km au nord de Haarlem, dans le comté de Hollande et le diocèse d'Utrecht. « Walter d'Egmont est un ancien moine de Saint Pierre de Gand. Après la mort de Florent le Gros, comte de Hollande, sa veuve Pétronille, restée régente jusqu'à la majorité de Thierry, fit nommer prieur d'Egmont un chapelain Ascelin (1124-1138). Malheureusement ce dernier administra fort mal son abbaye ; il fut forcé de résilier ses fonctions et sur le conseil de l'évêque d'Utrecht André (1128-1138), Pétronille envoya un délégué auprès d'Arnold, abbé de Saint Pierre au Mont Blandin à Gand, pour lui demander une personne capable de réparer le dommage souffert par l'abbaye hollandaise. » Cet administrateur fut Walter qui releva l'abbaye et s'acquit ainsi une grande réputation. (L. Willems, *op. cit.*, p. 112).

Ce discours ambigu cache-t-il ou non une satire ? Les avis sont partagés. L'excès même de la louange, l'emploi du terme *Lucifer* (v. 456), la collusion des intérêts spirituels et économiques, tout semble suspect. J. Mann voit de façon néanmoins convaincante dans ces vers un éloge sincère, peut-être inspiré par la position et les intérêts personnels de Nivard (J. Mann, p.145 sq).

9. Luc, VI 38.

10. La bardane est une plante commune dans les décombres, dont les fruits terminés par de petits crochets s'accrochent aux vêtements.

11. Matthieu, XIII 12, XXV 29, Marc, IV 25, Luc VIII, 18, 25.

12. Baudoin, qui était frère de l'archevêque de Cologne Arnold Ier (1137-1151), fut abbé de Liesborn, en Westphalie, de 1131 à 1161.

13. Opposition traditionnelle entre Cicéron, symbole de la souplesse morale, et Caton d'Utique, représentant d'une vertu plus austère.

14. Matthieu, XXII 21, Marc XII 17, Luc XX 25.

15. Toute la symbolique du berger est directement empruntée à Jean, X.

16. L'allusion aux bords de l'Escaut laisse supposer que par *teutonicos modos*, l'auteur entend le néerlandais ou francique plutôt que l'allemand.

17. Cf. *Règle de saint Benoît*, chap. 48.

18. Cette « légère prébende » désigne la nourriture habituelle des moines. Ysengrin voudrait en faire l'accompagnement des cinq brebis quotidiennes, mais l'ancienne ration d'un jour servirait maintenant pour deux.

19. Les matines comportaient habituellement neuf lectures (*Lectio*) et neuf chants (*Responsorium*), chanté chacun par un soliste. Toutefois, les dimanches et jours de fête le nombre en était porté à douze. Ysengrin est chargé du dixième répons.

20. Le loup croit d'abord que les frères vont prendre un seul repas de

LIVRE V   265

douze plats, puis douze repas d'un seul plat. Finalement il conjugue les deux possibilités et n'espère pas moins de douze repas de douze plats.
   21. Ysengrin n'est pas issu d'une famille de moutons élevés à Ypres pour leur laine. Il n'est pas non plus un vilain, il n'a pas été bercé dans un panier. A cela s'ajoute sans doute une allusion historique à Guillaume d'Ypres, bâtard de Flandre, fils du comte Philippe et d'une mère de naissance obscure, cardeuse de laine. Guillaume d'Ypres fut un personnage important qui aspira à la couronne de Flandre et fut évincé par Thierry d'Alsace et son rival Guillaume de Normandie. Ysengrin se vante de ses nobles origines, il n'est pas un bâtard comme Guillaume d'Ypres !
   22. Allusion plaisante aux prétentions des grandes familles, comme celle des comtes de Flandre. Celles-ci confiaient à des moines le soin d'établir leurs arbres généalogiques et de faire remonter leurs origines jusqu'aux Écritures.
   Faut-il comprendre que les deux animaux se sont battus à mort (cf. VII 9) ou bien qu'ils se sont unis ? Vaincre un porc n'est pas pour un loup une grande gloire, et les amours de son aïeul avec un animal à soies permettraient de mieux comprendre l'aversion d'Ysengrin pour la laine.
   23. Les vers 818-1-18 ont été considérés par Voigt comme une interpolation parce qu'ils n'apparaissent pas dans le plus ancien des manuscrits, le manuscrit A, qui date de la première moitié du XIIIe siècle. J. Mann voit dans cette absence l'effet d'une censure qui aurait supprimé des vers choquants. Cependant ce passage est quelque peu différent du reste de l'œuvre, où la satire, pourtant violente, épargne les femmes. Jusqu'au vers 818 la conduite de la louve est irréprochable, si on lui pardonne son étourderie et son emportement. Mais les vers suivants indiquent qu'elle prend plaisir à ces ébats. La compagne d'Ysengrimus se met à ressembler à Dame Hersent (*Roman de Renart* II 1100 sq) au point que l'on peut supposer une influence de la branche française.
   24. Matthieu, XX.
   25. Le latin dit exactement : « *Te Deum rapitur* », « on se saisit du Te Deum ». Ce qui a conduit E. Voigt à penser que Te Deum pouvait être le nom donné à la cloche. Il s'agit en fait du chant qui marquait la fin des vigiles nocturnes.
   26. Peut-être s'agit-il de Siger, qui dirigea Saint Pierre de 1138 à 1158 ? Cet abbé devrait sa réputation de cupidité vorace au grand nombre de donations et de privilèges qu'il se fit accorder.
   27. Vraisemblablement quelque spécialité locale particulièrement sèche, à moins qu'il ne s'agisse de biscuits de mer ?
   28. La règle de saint Benoît prévoit effectivement des châtiments corporels pour les frères qui refusent de s'amender (chap. 23-28), mais elle ne mentionne pas explicitement le cachot, désigné par le mot *archa*, qui signifie aussi coffre.
   29. *Règle de saint Benoît*, chap. 40, 6 : « Nous lisons que le vin ne convient aucunement aux moines. Pourtant, puisque, de nos jours, on

ne peut en persuader les moines, convenons au moins de n'en pas boire jusqu'à satiété, mais modérément. »

30. Le jeudi est un jour de joie, qui rappelle la Cène et l'Ascension et précède le jeûne du vendredi et du samedi. Les frères devaient utiliser un fragment de cloche le jeudi pour annoncer les repas de façon amusante. A moins qu'il ne s'agisse d'une allusion anecdotique devenue pour nous incompréhensible.

31. J. Mann a vu dans cette hostilité déclarée aux moines-évêques une des clefs de l'œuvre.

32. *Règle de saint Benoît*, chap. 39 : « Tous s'abstiendront absolument de manger de la viande de quadrupède, sauf les malades très affaiblis. » Le loup espère profiter de ce régime de faveur.

33. Les roux étaient connus au Moyen Age pour leur méchanceté et leur perfidie. Judas et Renard sont roux. Sur les Anglais coués, voir III 659.

34. Le texte parodie la consécration d'un évêque. Après une procession solennelle (v. 1047), l'évêque reçoit l'onction du Saint Chrême (v. 1053), puis on lui remet les symboles de sa charge. On ne nous parle ici ni de l'anneau, ni de la crosse, ni des gants, seulement de la mitre (v. 1063) et du manteau (v. 1074) que portaient les archevêques et les évêques importants. La cérémonie se clôt par la remise des cadeaux au nouveau prélat (v. 1078). Le poète néglige d'autres rites, comme l'examen, le serment ou les prières qui précèdent la consécration, et n'utilise que les moments spectaculaires et propices à des effets comiques.

35. Il y avait trois évêchés en Artois : Thérouanne, Arras et Cambrai. On ne sait lequel est visé ici. Il s'agit sans doute d'une plaisanterie gratuite, à moins que le sens de l'allusion ne nous échappe.

36. La forme de la meule rappelle celle d'un gâteau, *libum*. Or ce mot désigne aussi les présents offerts au nouvel évêque.

37. Ysengrin a le nez rouge, signe d'ivrognerie. D'après E. Voigt, il y aurait là une allusion à la réputation des musiciens qui passaient au Moyen Age pour être de bons buveurs. Souffler dans leurs instruments, ou même seulement jouer de la gigue, leur desséchait la gorge. La gigue était un instrument proche de la vielle mais plus petit.

38. Il est curieux que le premier objet qui tombe sous la main d'un frère soit une tête de cheval (v. 969). Peut-être est-ce là un souvenir du culte païen de Wotan. Ce culte avait donné lieu à une coutume qui voulait que l'on accrochât une tête de cheval aux pignons des maisons pour les protéger des mauvais esprits.

Il se peut également que cette tête soit destinée à un usage agricole. Palladius, un agronome du Ve siècle, indique en effet que pour fertiliser un champ, il est bon d'y enterrer un crâne de jument (Palladius, I 35, 16).

Quant à la comparaison entre la tête de cheval et la gigue, elle repose sur une analogie de forme. E. Voigt, de plus, décèle un lien mythologique entre les deux objets : dans la tradition germanique, pour se rendre au sabbat, les sorcières chevauchaient soit une gigue, soit une tête de cheval.

Maître Blitero était un poète contemporain de Nivard, chanoine à Bruges.
39. La cigogne compare ses serres aux griffes crochues qui sont l'attribut traditionnel du diable.
40. Le métier de barbier était déconsidéré, moins en réalité pour son manque de rentabilité, qu'en raison du vieux tabou condamnant ceux qui font couler le sang : bouchers, bourreaux, soldats et barbiers qui pratiquent la saignée.
41. Allusion à la cérémonie d'excommunication : l'évêque, revêtu d'une aube et entouré de prêtres (12 habituellement) portant des cierges, prononce l'excommunication. A la suite de quoi les cierges sont jetés à terre et éteints.
42. Il n'existe pas de sceau en fer, car le métal entre en fusion à une température si élevée, qu'il brûlerait les objets destinés à être scellés. Le sceau de fer pourrait symboliser le pouvoir de la force face au pouvoir spirituel.

Livre VI

1. *Règle de saint Benoît*, chap. IV, 16.
2. « A chaque forêt était préposé un garde forestier, appelé "gruyer" en France, "verdier" en Normandie, "maître-sergent" en Champagne, "garde" en Languedoc. Ce personnage dirigeait l'exploitation de la forêt, jugeait les délits, procédait à l'adjudication de coupes de bois. Il apportait en outre, deux fois l'an, au bailli, la recette des profits de l'exploitation des forêts, et rendait ses comptes. Malgré la modicité des gages, augmentés il est vrai de gratifications (robes), des nobles ne dédaignaient pas de solliciter cette fonction. Certaines "grueries" étaient données en fief même à de grands seigneurs et leurs détenteurs prêtaient alors foi et hommage au prince. » Lot et Fawtier, *Histoire des Institutions Françaises au Moyen Age*, Paris, PUF, 1962, t. II, p. 252.
3. Allusion à saint Bernard de Clairvaux, moins goinfre peut-être que bavard.
4. Parce que le rouge, couleur de Rufus, est aussi celle de la honte et de la réserve.
5. L. Willems a cherché dans l'histoire de Beauvais un épisode suffisamment grave pour que la nouvelle en soit parvenue en Flandre, et qui illustre le danger de certains partages. Il l'a trouvé dans la querelle qui opposa en 1150 le roi de France Louis VII à son frère Henri, évêque de Beauvais. Par faiblesse, les prédécesseurs d'Henri avaient accordé à plusieurs nobles des bénéfices. Henri refusa de payer ces redevances, les nobles obtinrent l'appui du roi qui partit pour détruire la ville. Finalement tout s'arrangea, en partie grâce à Suger.

Si Ysengrin n'est pas parvenu à diviser le butin, c'est qu'il craint le sort des habitants de Beauvais, victimes du partage des redevances. J. Mann a affiné cette explication, en assimilant le loup à Henri et « les gens de Beauvais » à ses partisans. Renard pourrait suggérer que le loup a été intimidé par son propre camp. Il aurait autrement rendu la génisse à qui de droit !

6. Vincent de Beauvais rapporte que le crapaud se nourrit chaque jour de l'exacte quantité de terre qu'il peut prendre dans sa patte (*Speculum Naturale*, XX lvii).

7. On peut aussi comprendre : « Le vilain est né pour le crible et le seau à traire. »

8. Cet évêque d'osier est un vestige du folklore germanique, souvenir des idoles de bois et dernière figuration des anciens génies domestiques. On peut aussi penser aux mannequins que l'on brûlait dans les feux de la Saint-Jean.

9. Le loup n'exige pas la chair de Carcophas, mais seulement sa peau. Cette peau qui constitue le capital de la dette, tandis que l'embonpoint de l'âne représente les intérêts. En effet, pour devenir si gros, Carcophas a dû manger maintes brebis, attrapées grâce à la peau du loup. Or la chasse aux brebis étant le monopole d'Ysengrin, toutes les proies de l'âne sont autant d'empiétements sur les droits du loup. Il y a là un préjudice dont Ysengrin calcule le montant en multipliant le préjudice annuel par le nombre d'années pendant lesquelles Carcophas a usé de la peau réclamée.

10. A partir d'Auguste, la Gaule forma trois provinces : la Belgique, la Lyonnaise ou Celtique et l'Aquitaine.

11. Le texte dit exactement : « Il cherche les barrières », c'est-à-dire la sortie. Les procès en plein air se déroulaient en effet dans un espace délimité à l'origine par quelques bâtons plantés en terre et entourés de cordes, remplacés plus tard par des barrières de bois.

12. Les parents de Carcophas ne sont pas des témoins, mais des garants, qui s'effaceront devant la respectabilité du loup. « Dans les droits barbares ou coutumiers, le serment purgatoire se prête avec des *compurgatores*, des cojureurs, dont le nombre, variable, est généralement élevé : douze, vingt-cinq (...). Ces cojureurs ne peuvent être assimilés à des témoins : le plus souvent ils n'ont rien vu et ignorent tout des faits. Ce sont plutôt des champions, des partisans, et le procès où ils interviennent est conçu non pas comme une information mais comme une lutte. » J.P. Lévy, « Le problème de la preuve dans les droits savants du Moyen Age », in *La preuve*, Société Jean Bodin, t. XVII, 1965, p. 146.

Livre VII

1. Le nom de Salaura rappelle que la truie est destinée au saloir, et évoque en même temps la saleté de l'animal, non d'après le mot français « sale », plus tardif, mais d'après le vieil allemand *salo*.

2. Cf. V 700. Reingrimus est peut-être le nom de la truie éventrée par Lovo ? Nous n'en saurons pas davantage.
3. Lors de l'office le célébrant était précédé à son entrée de deux acolytes porteurs de chandeliers. Il s'agit ici des pattes du loup.
4. Le prêtre baisait l'autel ou l'hostie, puis il embrassait le diacre, et ce baiser se transmettait ensuite à toute l'assemblée, en signe de paix et de préparation à la communion.
5. L'ancien droit écartait de la prêtrise tous ceux qui souffraient d'une quelconque infirmité.
6. Cf. I 229.
7. Les Souabes ne jouissaient pas d'une réputation particulière en tant que fondeurs de cloches. Il semble qu'il y ait plutôt là une allusion historique : depuis 1137, l'Empire était passé à la maison de Souabe par Conrad de Souabe, auquel Frédéric Barberousse succéda en 1152. Les deux empereurs tentèrent d'établir un accord entre le Saint Siège et l'Empire. Nivard joue peut-être sur cette notion d'accord. La plus juste des cloches serait donc l'œuvre d'un pape souabe, maître suprême en matière d'harmonie, car appartenant par nature et au Saint Siège et à l'Empire (voir L. Willems, *op. cit.*, p. 118).
A moins que cette allusion n'évoque tout simplement la voracité du clergé allemand?
8. Prêtre et fidèles devaient être à jeun pour la communion.
9. Les Allobroges habitaient une région comprise entre le Rhône, l'Isère et le lac de Genève, correspondant au royaume burgonde et à notre Savoie. Mais le poète pense sans doute à la riche Bourgogne.
10. Le morceau — ou *organum* — chanté par Salaura et les siens est une pièce à quatre voix, de polyphonie parallèle où les voix se suivent à des hauteurs différentes. Salaura est donc soprano, Becca alto, Sonoche tenor et Baltero basse. Les propos de Salaura sont techniquement exacts, et l'ensemble pourrait être audible si Salaura ne chantait pas six quintes trop haut. Sur tout ce passage, voir les notes très complètes de J. Mann.
11. Plaisanterie car cette technique musicale était connue depuis longtemps.
12. *Apocalypse*, XX 7 sq. Première apparition d'un thème qui sera abondamment développé par la suite.
13. Jeu sur le mot messe, *missa*, qui signifie le renvoi, la dispersion des fidèles. Cette messe marque en effet le renvoi d'Ysengrin du monde des vivants.
Chaque épisode du martyre du loup est ainsi assimilé à un moment de la messe. Tout commence par l'*officium* de Salaura, dont le premier temps (v. 105) correspond à l'introït, tandis que le second (v. 133) évoque le Kyrie et le Gloria. Suit la confession (v. 165), silencieuse et publique, l'épître (v. 189) et le graduel (v. 197). Puis la parodie se fait plus discrète. Mais si l'on accepte de voir dans le discours de Baltero (v. 208-232) quelques allusions aux Evangiles (v. 225), le premier assaut des porcs se situe au moment de l'Alleluia. Instant d'allégresse que celui de la mort du loup ! Salaura prend ensuite la parole, et de

même que l'homélie est une utilisation des textes de l'Écriture que l'on vient de lire, de même son discours commente la réalité de la *lectio* : les coups infligés au loup. Aucun élément ne manque au sermon : exhortations au repentir et à la pénitence, peinture des peines infernales, il y a même un petit *exemplum* : v. 236-7. Puis le loup tombe à genoux, comme pour prier (v. 281). Sans doute au moment du Credo qui suit l'homélie.

14. Expression proverbiale d'une toute petite somme. Mais les Bretons, amateurs de contes, sont les pires menteurs qui soient.

15. Le martyre d'Ysengrin est assimilé à la passion du Christ.

16. Ce livre n'est pas destiné à l'échange du baiser de paix. C'est le traité de paix lui-même, qui sera suivi de deux autres accessoires : la trompette et le sceau.

17. Les écrivains chrétiens n'ont pas manqué d'entourer la mort du prophète des circonstances les plus injurieuses. Le poète semble s'être inspiré de *La Vie de Mahomet* d'Embricon de Mayence (éd. G. Cambier, Latomus, Bruxelles-Berchem, 1961).

Le matin de sa mort, le Prophète partit en promenade et fut saisi d'une crise d'épilepsie, alors qu'il était seul dans la campagne. Il est attaqué par un troupeau de porcs (v. 1035 sq). Son inséparable compagnon, le Mage, arrive à temps pour recueillir le cadavre déchiqueté, et l'expose devant le peuple à qui il interdit de manger de la viande de porc (v. 1103 sq). D'où la malédiction d'Ysengrin : v. 327 sq.

18. Nom qui peut signifier « celui qui rend propre », par allusion aux services domestiques que pouvaient rendre les génies familiers de la mythologie germanique. Mais les Kobolde pouvaient aussi jouer les tours les plus pendables. « Comme lutins domestiques, ils habitent dans les granges, les écuries, font la cuisine, vont chercher la bière, étrillent les chevaux. Tant que la bonne harmonie règne entre eux et la domesticité, tout va bien dans la maison ; si, pour quelque raison que ce soit, une brouille survient, les hommes ont soudain la main malheureuse, cassent les assiettes, se brûlent les doigts, renversent la soupière. » (*Histoire des Religions*, publiée sous la direction de M. Brillant et R. Aigrain, Bloud et Gay, t. V, p. 158.)

Néanmoins, l'apparence d'Agemundus n'a pas grand-chose à voir avec celle des Kobolde, qui, bien qu'ils puissent apparaître aussi sous la forme de chats ou de serpents, sont le plus souvent des petits hommes gris, avec des yeux de feu, un chapeau rouge et des bottes. C'est que Nivard a voulu parer sa créature de tous les attributs traditionnels du diable : le chat et le chien sont des animaux du démon, ainsi que le bouc. Les cornes sont diaboliques. Le bec d'épervier d'Agemundus s'explique par la réputation maléfique des oiseaux de proie, sa crinière par la place que tient le cheval dans le sabbat germanique, et ses pattes de coq rappellent les serres diaboliques.

Agemundus est donc né d'une tradition folklorique mitigée de symbolique chrétienne. Le résultat est d'ailleurs si peu crédible que la fonction d'Agemundus semble essentiellement parodique. Ce monstre curieux et invraisemblable, fait de bric et de broc, ne représenterait-il pas le regard sceptique et moqueur jeté par un clerc sur la culture et l'imagination populaire ?

LIVRE VII

19. Matthieu, V 44 sq.
20. Plusieurs lectures du texte latin ont été proposées pour rendre cohérent cette curieuse épitaphe, qui situe la Saint-Jean au début du printemps. Mais le texte semble une fois de plus pratiquer l'humour par l'absurde. Cf. I 919, III 688.
21. Matthieu, XXIII 12, Luc, XIV 11, XVIII 14.
22. Les événements historiques auxquels il est fait allusion ont été évoqués dans l'introduction.
23. Eugène III était un moine cistercien. Les deux royaumes sont la France et l'Allemagne.
24. Si Ysengrin s'est amendé, c'est qu'il est mort.
25. *Genèse*, VI 4.
26. Dathan, Abiram et Koré se révoltèrent dans le désert contre Moïse et Aaron. En punition, ils furent engloutis vivants dans le sol, avec leurs biens et leurs familles. Cf. *Nombres*, XVI. — Au sortir du désert, les Hébreux campèrent dans les plaines de Moab, au-delà du Jourdain. Le roi du pays, Balac, effrayé de leur multitude, demanda à un saint homme, Balaam, de maudire les envahisseurs. Balaam refusa et bénit les enfants d'Israël. Cf. *Nombres*, XXII, XXIV. — Sur les Amalécites, ennemis des Hébreux, voir *Exode*, XVII 8, *Deutéronome*, XXV 17, *I Rois* XV 2, *Nombres* XIV 39, *Juges* III 13, VI 3, *I Rois* XIV 48, XXVII 8, XXX 1, 2 Rois VIII 12, I Chroniques IV 43. — *Josué* VI. Ismaël est le fils d'Abraham, et représente ses descendants, les Ismaélites, mentionnés parmi les ennemis d'Israël (*Psaumes* LXXXII 7). — Antiochus IV Epiphane fit périr les frères Maccabées en raison de leur foi. — Supplices infligés à Daniel et ses compagnons (*Daniel* III, VI). — Daniel avait prédit à Nabuchodonosor qu'il perdrait la raison et brouterait comme les bœufs l'herbe des champs, jusqu'à ce qu'il se repente de son orgueil (*Daniel* IV, V 18-21). — Dix mille ennemis d'Israël périrent devant le torrent Kison (*Juges* IV sq) et Saül et son armée furent défaits par les Philistins près de la petite ville d'Endor (*I Samuel* XXXI). — Canath fut prise par les Gueschuriens et les Syriens avec soixante autres villes (*I Chroniques* II 23). Mais la Bible ne nous dit rien de sa douleur. J. Mann propose donc de lire Canaan. — Selon la tradition, le roi de Juda Manassés aurait condamné le prophète Isaïe à être coupé en deux. — Sur Hélias et ses épreuves, voir *I Rois* XVII 1-6. Zacharie mourut lapidé « entre l'autel et le temple » sur l'ordre du roi Joas (*2 Chroniques* XXIV 20 sq et Matthieu XXIII 35). — Il s'agit des deux prophètes Elie et Elisée, au temps desquels la reine Jézabel voulut rétablir le culte des idoles, notamment de Baal et d'Astarté. Il s'ensuivit de grandes persécutions (*I Rois* XVIII 4-13).
27. L'appel à la seconde croisade lancé par saint Bernard fut cause de massacres de Juifs en Rhénanie en 1146.
28. *Esaïe* V 1 sq.
29. La Bible donne une image tripartite de l'univers : Dieu a créé les cieux, la mer et la terre.
30. Hylas était l'écuyer aimé d'Héraklès. Un jour qu'il plongeait sa

jarre dans une source, une dryade l'aperçut et l'attira dans les profondeurs de l'eau. On ne le revit plus. Hylas représente la constellation du Verseau, traversée par le soleil du 20 janvier au 20 février.

31. E. Voigt date cette inondation de 1143.

32. Témoignage du goût médiéval pour la justice et les procès. Même au sein d'un cataclysme, la chicane ne perd pas ses droits! Le poète n'approuve pas le jugement rendu : selon lui, le propriétaire du sol, *fundus*, possède légitimement tout ce qui est construit ou pousse sur ce sol, *ager*.

33. Tous ces phénomènes peuvent avoir une explication naturelle : tremblement de terre (v. 631-632), éclipses de soleil (v. 655-6) (souvenir des éclipses du 2 août 1133 et du 26 octobre 1147?), inondation (v. 633), ouragan (v. 645 sq), aurore boréale ou comète (v. 651 sq). Mais le poète veut avant tout évoquer l'Apocalypse.

34. Au Moyen Age, on croyait le ciel divisé en sept ou onze sphères : les sept premières sphères correspondaient aux sept grandes planètes (le Soleil, la Lune, Mercure, Vénus, Mars, Jupiter et Saturne), tandis que les autres astres se partageaient la huitième sphère. Venaient ensuite le ciel de cristal, l'empyrée et le *caelum Trinitatis* (selon le *Speculum Naturale* de Vincent de Beauvais).

35. Allusion aux événements de la seconde croisade. La réputation de traîtrise des Grecs remontait à l'Antiquité et était proverbiale. Mais Nivard fait ici allusion aux différends qui opposèrent Grecs et Latins : les empereurs byzantins considéraient les Latins comme des barbares et se méfiaient d'eux. Au printemps 1147, Manuel Comnène aggrava la situation en signant la paix avec le sultan. Geste que les Croisés considérèrent comme une trahison. De plus de nombreux accrochages se produisirent entre Grecs et Latins au cours de la traversée de l'Empire grec, car les troupes de Conrad et de Louis étaient nombreuses et indisciplinées.

36. Pendant qu'ils traversaient l'Empire grec, les Croisés allemands firent halte le 7 septembre 1147 dans une vallée encaissée, nommée plaine de Choerobacci et irriguée par le Mélas. Au cours de la nuit, une crue de la rivière inonda leur campement et deux mille pèlerins périrent noyés.

37. Beaucoup de monnaies portaient la marque de la croix. Selon une pratique illégale mais fréquente, les gens du peuple coupaient en deux les pièces pour obtenir des espèces de moindre valeur.

Bibliographie

Éditions

F.J. Mone, *Reinardus Vulpes*, Stuttgart-Tübingen, 1832.
E. Voigt, *Ysengrimus*, Halle, 1884. Réédition : Hildesheim, 1974.

Traductions

J. Mann, *Ysengrimus*, Brill, Leiden, 1987.
J. Van Mierlo, *Het vroegste Dierenepos in de Letterkunde der Nederlanden*, Utrecht, 1946.
A. Schoenfelder, *Isengrimus, das mittelalterliche Tierepos aus dem Lateinischen verdeutscht*, Münster, Köln, 1955.
F.J. et E. Sypher, *Ysengrimus*, New York, 1980.

Études

L'*Ysengrimus*, longtemps négligé, est l'objet depuis quelques années d'un grand intérêt. Des articles, en particulier, lui ont été consacrés, qu'il est difficile de recenser ici. On se référera donc aux bibliographies des ouvrages mentionnés ci-dessous.

J. Mann, *Ysengrimus*, p. 190 sq (l'introduction de ce travail constituant elle-même une étude très complète).

Et sur le *Roman de Renart* : J. Batany, *Scènes et Coulisses du Roman de Renart*, SEDES, 1989, p. 279 sq.

Voir aussi les Actes des Colloques d'Epopée animale, Fable et Fabliau :
— Glasgow : *Proceedings of the international colloquium held at the University*

of Glasgow, 23-25 sept 1975, ed. by K. Varty, Glasgow, 1976 (polycopié).
— Amsterdam : *Marche Romane*, XXVIII, 3-4, *Epopée animale, fable et fabliau* (colloque 21-24 oct. 1977), Association des Romanistes de l'Université de Liège, 1978.
— Münster : *Third international Beast Epic, Fable and Fabliau Colloquium*, Münster 1979, ed. by J. Goossens et T. Sodmann, Niederdeutsche Studien, Böhlau Verlag, 1981.
— Evreux : *Epopée animale, Fable et Fabliau*, IVe Colloque de la Société internationale renardienne, Evreux 1981, éd. par G. Bianciotto et M. Salvat, Publications de l'Université de Rouen 83, Cahiers d'Études médiévales 2-3, Paris, PUF, 1984.
— Turin-Saint-Vincent : *Atti del V° Colloquio della International Beast Epic, Fable and Fabliau Society*, Saint-Vincent, 1983. A cura di A. Vitale-Brovarone et G. Mombello, Alessandria, Edizioni dell'Orso, 1987.
— Spa : *Actes du VIe Colloque*, Spa, 1985, à paraître dans *Marche Romane*.
— Durham : *Reinardus*, Yearbook of the International Reynard Society : vol. I, ed. by Brian Levy and Paul Wackers, Grave, Alfa, 1988 (actes du colloque de Durham, juillet 1987) ; vol. II, *Reinardus*, 1989.
— Lausanne : *Reinardus*, vol. III, 1990.

Quelques articles ne sont pas évoqués dans les bibliographies ci-dessus. Voir « Avatars du Roman de Renart », *Revue des Langues Romanes*, tome XC, n° 1, 1986 — Actes du colloque « Manger et boire au Moyen Age », Nice, 1982, Les Belles Lettres, 1984 — Actes du colloque « Le dernier âge de la vie : vieillesse et vieillissement au Moyen Age », Aix-en-Provence, 1986, Senefiance n° 19, 1987.

Pour les nombreux proverbes, voir S. Singer, *Sprichwörter des Mittelalters*, t. 1, Berne, 1944 ; J. Moravski, *Proverbes français antérieurs au XVe siècle*, CFMA, Champion, Paris, 1925.

Index des noms d'animaux

Les chiffres romains renvoient au livre,
les chiffres arabes au vers

Baudoin, père de l'âne Carcophas, VI 369.
Baltero, cochon, VII 121, 147, 207, 233, 253.
Becca, truie, VII 119, 126, 144, 253, 258, 262, 274, 429, 451.
Belin, mouton, II 279, 299, 414, 457, 495, 569, 581, 589, 590, 675, 676.
Berfridus, bouc, III 48, 250, 401, 715, 937, 1013, 1103, IV 7.
Bernard, mouton, II 275, 301, 422, 495, 499, 536, 543, 545, 562, 567, 576, 579, 585, 603, 605, 666.
Bertiliana, chevreuil, III 53, IV 2, 214.
Bruno, ours, III 49, 137, 481, 537, 563, 873, 877, 887, 891, 929, 938, 975, 987, 991, 992, 994, 996, 1193, 1194, V 1129.
Burgissa, truie, VII 145.

Carcophas, âne, III 50, 683, 688, 689, 967, 1024, IV 9, 103, 473, 503, 827, VI 375, 408, 469, 499, 517.
Colvarianus, mouton, II 278, 300, 358, 427, 496, 564, 568, 594, 595, 599, 608, 613, 670.
Cono, cochon, VII 141, 143, 146, 170, 432, 511, 513.
Corvigarus, cheval, V 1135, 1143, 1175, 1183, 1217, 1236, 1242, 1259, 1282, 1309, 1313, 1322, VI 49.

Gérard, jars, II 11, IV 15, 298, 319, 795, 817, 881, V 849.
Grimmo, sanglier, III 48, 137, 223, 481.
Grimo, loup, IV 746.
Gripo, loup, IV 742, 748, 751.
Gulpa, loup, IV 754, 755.
Guls Spispisa, loup, IV 749.
Gutero, lièvre, III 43, 281, 1196, IV 912, 923.

Gvulfero Worgram, loup, IV 749.

Joseph, mouton, II 199, 302, 327, 335, 341, 403, 419, 473, 535, 544, 549, 555, 581, 585, 612, 663, III 51, 534, 538, 628, 677, 701, 877, 899, 927, IV 7, 97, 99, 103, 121, 133, 215, 241, 263, 357, 365, 476, 529, 545, 563, 574, 575, 579, 653, VI 39, 50, 107.

Larveldus, loup, IV 745.
Lovo, loup, V 699.

Nipig, loup, IV 747.

Olnam, loup, IV 756.

Rearidus, cerf, III 49, IV 5, 593.
Reinardus, renard, I 3, 11, 49, 61, 91, 123, 125, 239, 269, 271, 295, 323, 426, 437, 443, 449, 491, 521, 607, 735, 827, 944, II 164, 187, 305, 313, 606, 609, 617, 672, III 52, 63, 93, 132, 261, 281, 284, 285, 311, 322, 328, 409, 471, 489, 541, 591, 637, 658, 676, 795, 869, 900, 908, 1152, 1184, 1189, 1191, IV 11, 39, 69, 201, 203, 221, 249, 250, 251, 269, 283, 375, 423, 650, 683, 737, 809, 830, 837, 888, 921, 987, 991, 1023, V 5, 135, 189, 233, 307, 330, 336, 349, 354, 357, 358, 373, 416, 435, 705, 765, 818.11, 819, 1122, 1123, VI 3, 9, 125, 162, 201, 221, 253, 352, 393, 495, VII 506, 517, 519.
Reingrimus, cochon, VII 9.
Rufanus, lion, III 33, 1179.

Salaura, truie, II 541, VII 36, 44, 99, 178, 234, 282, 313, 369, 444, 505, 507, 531, 547, 663, 664.
Sonoche, truie, VII 119, 125, 143, 287, 427.
Sprotinus, coq, IV 17, 101, 816, 893, 929, 939, 945, 963, 993, V 137, 171, 231, 247, 269, 293.
Stormus, loup, IV 753, 754.
Sualmo, loup, IV 750, 752, 753, 755, 805.

Teta, poule, II 12, 15, 26.
Turgius, loup, IV 751, 786, 805.

Ysengrimus, loup, I 1, 13, 127, 203, 423, 435, 965, II 159, 303, 322, 459, 465, 531, 577, III 21, 51, 93, 157, 259, 265, 309, 399, 465, 485, 531, 535, 597, 657, 663, 685, 721, 765, 869, 913, 923, 974, 1125, 1151, IV 71, 191, 195, 213, 323, 429, 455, V 345, 439, 541, 548, 631, 707, 983, 1093, 1131, 1179, 1277, 1281, VI 3, 15, 27, 107, 147, 179, 189, 193, 235, 413, 451, VII 11, 181, 281, 371, 419, 437.

Index général

Cet index ne saurait prétendre à une absolue rigueur, un même mot pouvant renvoyer dans le texte à plusieurs traductions.

Abel, fils d'Adam, VII 568.
agneau, III 978.
Abyron, VII 571.
Adam, VII 568.
Agemundus, VII 309.
Aldrada, II 3.
Alléluia, femme de Pierre, II 66.
Allemagne, Allemand, III 770, 965, 771, V 549, 552, 558, VI 381.
Allobroges, VII 103.
Alpes, I 892, III 405, IV 355.
Amalécites, VII 575.
Angleterre, Anglais, I 50, 595, III 659, IV 279, V 1041, VII 111, 121, 690.
Anna, II 63.
Anselmus, V 110.
Antiochus, VII 576.
Argiens, VII 674.
Artois, V 1061.

Arras, I 193.
Avernus, I 343, IV 756, VII 467.

Bacchus, V 938.
Balaam, VII 574.
Balac, VII 574.
Bavon (St), III 717.
Beauvais, VI 290.
Benjamin (l'apôtre de la tribu de), V 101.
Bernard (St), VI 89, V 126.
Blandin (Saint-Pierre-au-Mont-Blandin), V 447.
Blitero, V 1100.
Bohémien, I 48, II 678.
Botulphus (St), III 939.
Bovo (nom du prêtre?), I 1027.
Brabançon, I 49, IV 609.
Breton, VII 191.
Brigida (St), II 68.
Burgonde, VI 449.

Canath, VII 581.
Cancer, II 38, 761.
Capricorne, III 761.
Carybde, I 641.
Caton, V 511, 512.
Célébrant (St), II 69.
Chaldéen, IV 1034 (cf. VII 577).
Christ, VII 597.
Cicéron, V 512.
Clairvaux, V 126.
Cluny, VII 422.

Danois, I 229, IV 299, 302, VII 43, 690.
Danube, Danubien, I 666, IV 332, VI 380.
Dathan, VII 571.
David, VII 461.
Dédale, I 278.
Don, III 1027.

Écosse, Écossais, I 890, V 875.
Egmont, Gautier, abbé d', V 460, 501.
Égypte, VII 570.
Elbe, I 919.
Élie, VII 582.
Emmanuel, VII 591.
Endor, VII 579.
Escault, IV 592, V 551.
Espagne, Espagnol, III 799, IV 350, VI 445.
Etampes, III 687.
Eugène III, pape, V 100, VII 468, 669, 672.
Excelsis (St), II 61.

Falerne, V 871.
France, Français, III 407, 769, 774, 798, 947, 950, IV 614, VI 379, 380, 383, 445, 494, VII 689.

Frise, frison, II 282, IV 503, VII 635, 643.

Gabriel (St), III 1089.
Gaule, Gaulois, voir Français.
Gehenne, V 28, 130, 1261, IV 754, VII 555.
Géréon (St), II 179, IV 25.
Gète, IV 734.
Gilles (St), III 536.
Gog, VII 140.
Gomorre, VII 567.
Grèce, Grec, I 229, III 382, 720, IV 355, 1034, V 559, 701, VII 671.

Hébreux, V 701, VII 603.
Hélias, VII 583.
Helpuara (Ste), II 67.
Hérode, II 73.
Hérodiade, II 93.
Hongrie, Hongrois, III 34, 382, 388, 1034.

Ilas, VII 624.
Indien, I 595, IV 349.
Ismaël, VII 575.

Jean-Baptiste (St), II 75.
Jéricho, VII 575.
Jérusalem, II 180, VII 667.
Job, IV 43.
Jonas, I (35), 692, (II 226), VII 374.
Judas, VII 458.
Juif, I 566, VII 225, 591.

Kison, VII 579.
Koré, VII 571.

Latin, V 701.
Latium, VII 666.

Liesborn, Baudoin, abbé de, V 498.
Lucifer, diable, V 442; étoile du matin, V 456.

Magog, VII 140.
Mahomet, VII 295.
Malo (St), V 220.
Marie (Ste); I 956, II 64.
Martin (St), III 742.
Michel (archange), II 65.
Meuse, IV 254.

Nabuchodonosor, VII 578.
Ninive, VII 381.
Noburgis (Ste), II 67.
Noé, VII 569.

Obizo, I 27.
Orcus, III 901.
Osanna, II 61.

Palestine, IV 163.
Phanuel, II 63.
Pharaildis (Ste), II 71, 93.
Pharaon, VII 570.
Philistins, VII 576.
Phoébus, VII 51, 651.
Pierre, II 66, 70, III 690, V 101.
Poitevin, III 966.

Reims, I 467, 933, III 688, IV 592, VII 174, 192.
Rhin, I 919, IV 254.
Rome, Romain, I 467, II 70, 180, IV 35, 162, 273, 631, V 109, 1307, 1310, VII 130, 174.

Salerne, III 375.
Satan, I 21, 50, 190, 227, 344, 567, 696, 748, 863, II 23, 660, III 754, 1115, 1116, 1135, IV 236, 317, 343, 633, 708, V 25, 28, 130, 349, 357, 358, 416, 420, 680, 981, 1156, 1260, VI 162, VII 104, 230, 613, 684 (traduit par diable, démon, etc.).
Saul, VII 462.
Saxon, I 124, VII 627.
Scythe, I 124, IV 349.
Sicile, VII 466, 667, 669, 689, 697.
Simon, V 108.
Sithiu, IV 285.
Sodome, VII 567.
Souabe, VII 66, 197.
Suève, I 124, III 34, IV 734.

Tempé, V 779.
Titan, VII 360, 655.
Tournai, V 109, 111.
Troie, IV 110.
Tyr, III 1037, 1053.

Vaast (St), IV 286.
Virgile, VII 490.
Vulcain, VII 625.

Ypres, V 697.